普通高等教育“十四五”会计与财务管理专业系列教材

财务管理数字化基础

主编 李　彬

内容简介

本书是一本介绍财务管理数字化理论与实践的教材。本书从数字技术对企业财务管理的影响入手，系统地阐述了财务管理数字化的概念、制度、系统和应用。书中通过 Excel、Stata 等软件工具，结合实例讲解了企业财务分析与评价、投资决策分析、筹资决策分析、利润规划分析、成本管理、资产管理、全面预算管理等方面的数字化方法和技巧。本书强调实用性与实践性，紧跟时代步伐，还介绍了企业级、集团企业级及供应链级的财务管理数字化应用以及财务共享服务的模式和实施方案。本书既可作为高等院校财务管理专业的教材，也可供企业财务管理人员和相关从业者参考。

图书在版编目(CIP)数据

财务管理数字化基础 / 李彬主编. -- 西安 ：西安交通大学出版社，2023.11
ISBN 978-7-5693-3304-6

Ⅰ. ①财… Ⅱ. ①李… Ⅲ. ①企业管理－财务管理－数字化－教材 Ⅳ. ①F275

中国国家版本馆 CIP 数据核字(2023)第 119783 号

书　　名 财务管理数字化基础
CAIWU GUANLI SHUZIHUA JICHU
主　　编 李　彬
责任编辑 史菲菲
责任校对 王建洪
封面设计 任加盟

出版发行 西安交通大学出版社
(西安市兴庆南路 1 号　邮政编码 710048)
网　　址 http://www.xjtupress.com
电　　话 (029)82668357　82667874(市场营销中心)
(029)82668315(总编办)
传　　真 (029)82668280
印　　刷 西安日报社印务中心

开　　本 787mm×1092mm　1/16　**印张** 16.75　**字数** 419 千字
版次印次 2023 年 11 月第 1 版　2023 年 11 月第 1 次印刷
书　　号 ISBN 978-7-5693-3304-6
定　　价 49.80 元

如发现印装质量问题，请与本社市场营销中心联系。
订购热线：(029)82665248　(029)82667874
投稿热线：(029)82665379
读者信箱：511945393@qq.com

前言

在当今数字化浪潮的冲击下，企业的财务管理正面临着前所未有的机遇和挑战。为了应对这一变革，我们特意编写了这本教材，旨在为高等院校的相关专业学生提供全面而实用的指导，同时也为企业财务管理人员和相关从业者提供宝贵的参考。

本书紧跟时代的步伐，深入探讨数字技术对企业财务管理的影响。我们从理论与实践的角度出发，系统地阐述了财务管理数字化的概念、制度、系统和应用。第1章至第3章以理论为主，阐述财务管理数字化的概论与建设；第4章至第10章以实践为重心，阐述财务管理数字化的基础内容；第11章和第12章从企业集团层面介绍财务管理数字化的应用与财务共享服务。通过对Excel、Stata等软件工具的介绍和实例讲解，以期读者能够掌握企业财务分析与评价、投资决策分析、筹资决策分析、利润规划分析、成本管理、资产管理和全面预算管理等方面的数字化方法与技巧。

本书的主要特色如下：

(1)实践性导向。我们深知理论知识的学习只有与实际应用相结合，才能真正发挥其价值。因此，本书强调实用性与实践性，旨在帮助读者将理论知识应用到实际工作中。通过大量的实例分析和操作演练（可扫封底二维码观看操作视频），读者可以直观地理解数字化工具在财务管理中的具体应用方法，培养实际操作的能力。同时，本书还涵盖了企业级、集团企业级及供应链级的财务管理数字化应用和财务共享服务，使读者能够更好地了解实际业务环境中的数字化应用案例。

(2)综合性内容。本书全面介绍了财务管理数字化的理论和实践。除了传统的财务分析与评价、投资决策分析、筹资决策分析等方面，本书还特别强调了利润规划分析、成本管理、资产管理、全面预算管理等数字化方法和技巧。通过对这些关键领域的深入学习，读者可以对财务管理数字化有更为全面的了解。

(3)工具与技巧指导。本书详细介绍了常用的数字化工具和技巧，如Excel、Stata等软件的应用。读者可以学会如何灵活运用这些工具进行财务数据的分析、处理和决策支持。这种实用的工具与技巧指导使得本书更贴近实际工作需求，读者可以通过学习和实践，提高财务管理数字化的操作水平和效率。

(4)紧跟时代步伐。本书始终紧跟时代的发展步伐，关注数字技术在财务管理领域的应用。随着科技的不断进步和创新，数字化在财务管理中的作用和影响也在不断演进。本书将介绍数字化应用的趋势，帮助读者跟上时代的脚步，把握财务管理数字化的最新发展动态。

本书由西安交通大学李彬主编。在本书编写过程中，西安交通大学经济与金融学院的领导和同事们给予了支持与鼓励，在此表示感谢。同时，西安交通大学经济与金融学院博士生姚瑶、徐欣泽，以及硕士生刘昊玮、楼鑫娜、薛家琪、杜思懿、魏资尧、胡涵，西京学院会计学院硕士生张帅、孙雪斌、王瑶瑶、任静文、王园青等参与了教材编写和校对，在此表示衷心感谢。此外，要特别感谢西安交通大学出版社史菲菲编辑及其同仁们的支持，为本书的编写提供了许多宝贵意见。最后，在本书编写过程中，借鉴和参考了国内外学者的相关研究成果与实例，在此一并表示感谢。

由于编者知识有限，书中难免存在错误与不足之处，恳请广大读者多提宝贵意见，以期在未来的版本中更新。

最后，衷心感谢广大读者的支持，祝愿在财务管理数字化的旅程中取得成功！

编　者

2023年5月

目录

第1章 财务管理数字化概论

学习目标

1. 了解数字技术对财务管理理论和实务的影响。
2. 掌握财务管理数字化的基本概念和特点。
3. 掌握财务管理数字化系统的基本概念和运行框架。

1.1 数字技术对企业财务管理的影响

1.1.1 数字技术对企业发展的影响

1. 企业形式虚拟化

数字技术为企业加入虚拟化的市场平台提供了易于操作的技术支撑;在大量企业和个人加入平台后,数字技术能够汇集海量供求信息,其计算能力和搜索功能为供需信息的精准配置提供技术保障。同时在虚拟世界,企业掌控的资源可以超越实体边界进行集中、分散、整合,协同合作生产出独立生产无法完成的产品,以满足客户个性化需求;并且企业也能从虚拟市场快速得到消费者对产品需求的信息,使得供求双方信息及时有效互动。这些因素促使企业向虚拟化发展。

2. 内部管理精益化

在数字技术的支撑下,企业围绕客户追求个性化产品的需求,将精益化管理向两个方面发展,即对消耗资源的管理更精细以及注重资源整合。企业围绕生产经营目标确定实现目标的关键节点以及在这些节点耗用的资源,在对耗用资源进行管理的基础上,又深入对影响耗用资源价格与数量及二者关系的因素进行管理。企业利用虚拟世界的信息与其管理的关键节点做比较,当某些内部作业与外部资源整合效益明显优于现有经营模式时,会及时调整经营模式。

3. 组织、调整能力增强

数字技术为企业内部的每个部门甚至是每个岗位的高效配置提供了技术支持。日益精细化的经营管理使企业设置的每个部门与岗位都有自己的利益边界。为寻求自身利益,通过网络资源配置,它们既可以与企业外部单位合作,也可以与企业内部其他部门和岗位合作。数字技术不仅可以提高企业在价值链、生态网中适应变化的自我调节能力,也能提升企业部门和岗位适应外界变化的自我组织能力。

4. 数字信息资产化

信息最大的作用在于，人类开始实体活动前，先从思维意识上进行充分沟通交流，以控制实体活动结果与设定目标之间的偏差，减少对实现目标无效的生产活动。正是由于这一作用，数字技术被广泛使用后，人类利用信息极大提高了企业的生产经营活动效率，其有效配置资源生产的产品价值高于原有生产模式，因此数字信息的价值性凸显出来。企业价值创造开始由实物资产转向以信息为表现形式的“智慧资本”，在此背景下数字信息被企业作为资产重新认识。

1.1.2 数字技术对企业财务管理理论的影响

自 20 世纪以来，西方的财务管理发展共经历了筹资管理阶段、资产管理阶段、投资管理阶段、通货膨胀阶段和国际经营阶段，研究的核心内容也从如何筹集资金扩大企业生产经营规模到国际化背景下多元化决策分析，其深层次原因主要在于财务管理理论的发展变化是财务管理环境综合作用的结果。而随着数字技术在企业发展中的应用，财务管理的基础理论也受到了一定的影响，主要体现在以下三个方面。

1. 数字技术对企业财务管理目标的影响

财务管理目标就是指企业在一定时间内的经营管理活动中，财务关系处理和财务管理等多项经济活动的根本目标，主要体现在投资、筹资、分配等方面。财务管理目标与企业发展目标具有一致性，因此企业财务管理目标也会受到特定市场环境变化的影响。在不同的发展阶段分别产生了以下四种具有代表性的财务管理目标：利润最大化、每股盈余最大化、股东权益最大化和企业价值最大化。在数字化发展的背景下，企业价值最大化将成为企业财务管理目标的必然选择，这是因为企业是各方面利益相关者契约关系的总和。在数字化技术发展的推动下，企业的所有者、债权人以及其他相关利益者必将联系更加紧密，同时物联网将企业纳入产业价值链上，让企业成为多个价值链上的节点，以单一契约方为目标的财务管理将势必影响企业的发展。单纯追求个体企业的利润最大化和股东权益最大化并不能提升整个价值链的价值，反而会影响企业的长期发展和获利。只有确定企业价值最大化的财务管理目标，才能实现企业利益相关者整体价值的提升。

2. 数字技术对企业财务管理对象的影响

财务管理的对象是资金的运动。资金流转的起点和终点都是现金，而经营过程中形成的资产也是现金在财务流转过程中的不同表现形式，因此财务管理的对象就是资金及资金的流转。

在数字技术发展的背景下财务管理对象依旧是资金及资金的流转，从本质上并未发展改变，但数字技术在财务领域的应用依然对财务管理对象产生了一定的影响：第一，数字技术拓展了现金的概念。在数字化进程中，电子货币特别是数字货币的出现极大地扩展了现金的概念。此外，数字资产和虚拟资产的出现，也扩展了现金的转化形式。第二，数字技术加快了现金的流转。数字技术与物联网的进一步应用与推广，极大地加快了货币及其资产的流转速度，在提高企业财务效率的同时也产生了一定的风险。

3. 数字技术对财务管理职能的影响

数字技术强化了财务管理的基本职能，即优化了财务分析、财务预测、财务决策职能。传统财务管理职能只依照既定会计准则结合相关财务数据信息，对企业日常生产经营中涉及的

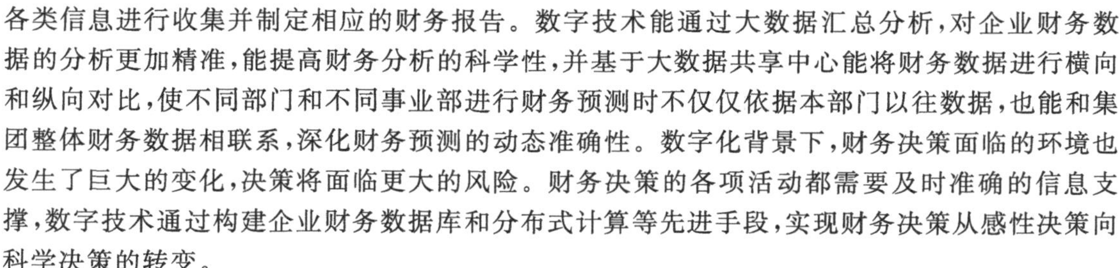

各类信息进行收集并制定相应的财务报告。数字技术能通过大数据汇总分析，对企业财务数据的分析更加精准，能提高财务分析的科学性，并基于大数据共享中心能将财务数据进行横向和纵向对比，使不同部门和不同事业部进行财务预测时不仅仅依据本部门以往数据，也能和集团整体财务数据相联系，深化财务预测的动态准确性。数字化背景下，财务决策面临的环境也发生了巨大的变化，决策将面临更大的风险。财务决策的各项活动都需要及时准确的信息支撑，数字技术通过构建企业财务数据库和分布式计算等先进手段，实现财务决策从感性决策向科学决策的转变。

1.1.3　数字技术对企业财务管理实务的影响

1.传统财务业务向自动化发展

数字技术的发展使得电子付款方式变得普及，促使了数字货币的产生。而在外部收支环境数字化的背景下，企业内部的财务审批也会从手工审批转向软件程序审批，以人工出纳为代表的重复性工作很快将会被机器所取代。物联网的感知、辨识功能结合人工智能(AI)的理解、行动功能，可以将大批量、重复出现、具有一定规则性的核算业务交由机器人处理，并且人工智能技术中的学习功能可将机器人核算业务面不断扩大直至完全取代人工。传统财务业务自动化程度会越来越高，财务人员也将从大量低附加值的活动中解脱出来。

2.财务管理关注的焦点从实物转向信息

传统工业时代，企业创造价值倚重机器化的大规模生产；信息时代，企业价值创造倚重的是以数字信息形式表现的人类智力成果。主要原因在于价值创造源不同，企业财务管理的关注点也不同。传统工业时代，财务管理关注的是以机器设备、财务资本为代表的实物资产在企业中的配置及其对企业价值的影响；信息时代，财务管理关注在大数据视野下如何利用数据信息，将自身的核心竞争力与其他优势资源进行整合，以满足客户个性化需求。

3.管理会计将数据信息纳入资产管理

尽管目前社会各界还没有一个公认的标准把数据信息作为资产定义，对数字信息的初始及后续计量也处于探索阶段，也没有规范信息价值的列报形式，但数据信息创造价值的能力已被世人认同。因此，已经有企业开始让管理会计把数字信息作为资产管理，以便更全面地反映企业所控资源。在创造价值的驱动力发生转变的形势下，数据信息作为企业资产进行管理的必要性已经凸显。如果不将数据信息纳入资产范畴会使企业管理失焦，让企业陷入“重实物轻智本”的资源错配状态，进而误导投资和管理决策，因此，将数据信息作为企业资产管理成为企业财务管理的一种趋势。

1.2　财务管理数字化

1.2.1　数字化的概念及发展历程

1.数字化的概念

数字化是一种在现实世界中运用数字技术来改变商业模式、提高效率和提高客户体验的过程。数字化是通过数字技术，如互联网、移动通信、大数据分析、人工智能、云计算等来实现的。数字化进程主要通过三个方面的转型来实现:数字化资产转型、数字化业务转型和数字化文化转型。数字化资产转型指的是通过数字技术将物理资产转化为数字资产,以提高效率和可操作性。例如,在制造业中,通过设备连接和数字化生产线来实现智能制造,以提高生产效率和降低成本。数字化业务转型指的是通过数字技术改变商业模式,提高客户体验和提高效率。比如在银行业中,通过数字技术推出移动银行和网上银行来实现 24 小时线上服务,以提高客户体验满意度。数字化文化转型指的是通过数字技术改变社会文化,提高社会效率进而改变人们的生活方式。例如,通过社交媒体和在线教育等数字技术来实现远程交流和学习,以改变传统的社交和教育模式。

2.数字化的发展历程

(1)2000 年之前:以"连接"互联网为特征的数字化发展。20 世纪 80 年代后期至 90 年代,计算机在美国得到普及。对计算机等电子设备的强劲需求也促进了美国信息工业的发展,20 世纪 80 年代计算机、半导体以及软件产品出口是美国重要的贸易收入来源。在计算机硬件和通信技术的快速进步下,信息技术通过网络将大量计算机"连接"起来,推动了全球互联网繁荣。中国也于 1994 年正式接入全球互联网,融入全球数字化转型浪潮。这一时期的数字化转型,以"连接"为主要特征,以改革通信方式为主要表现形式,主要由互联网企业推动。在网络基础设施和软件的支持下,以搜索引擎为代表的互联网企业成了数字化转型的先驱,人们发现互联网和信息化方式不仅可以提供新的联系方式,还可以大幅度降低搜寻成本,减少信息不对称。

(2)2000 年至 2016 年:以"分享、共享、融合"为特征的数字化发展。进入 21 世纪,数字化转型继续在服务业领域推进,率先数字化转型的是具有"分享""共享"特征的内容产品或服务。社交网络企业让用户乐于"分享"自己的情绪、见闻等,数字化内容提供商等分享媒介和平台的出现将线下的音乐、图书、电影等产品数字化;随后优步(Uber)、爱彼迎(Airbnb)、摩拜、闲鱼等提供网约车、民宿、共享单车、二手商品交易等服务的出现,推动内容与服务由"分享"向"共享"形态演进。数字交易、数字金融、数字发行等数字产品和服务逐步向消费者推广,更有厂商试图通过打造"社区"等手段提高用户的黏性,数字经济整合服务业的速度不断加快。与此同时,制造业与服务业"融合"形式的数字化转型也大规模开启。计算机和电子设备厂商成为制造业领域"融合"服务的主要推动力,数字内容开始被融入新开发的电子设备中,以工业产品的形式为消费者提供服务,在跨国企业的推动下,电子设备制造业在全球布局。IT(信息技术)企业则开始数字化转型路径的探索,率先将软硬两个层面的能力打通,利用数字技术进行二、三产业融合。更多的制造业企业则通过购买数字化服务来提升企业的生产效率,对数字服务的购买也降低了企业独立进行 ICT(信息与通信技术)基础设施开发投资的成本,节约了社会资源。在数字产品软硬件的综合作用下,企业对数据的分析和运用能力大大提升,数据的重要性开始凸显。

(3)2016 年至今:以平台化、智能化为特征的数字化发展阶段。大数据、云计算、人工智能技术的进步和应用,大大提升了企业分析和使用数据的能力,增加了数据规模;加之各大场景用户规模的增长,平台成了新的产品和服务载体,围绕平台形成数字产业生态。这也使得数字化转型呈现出新的特点:以平台化为转型基础,以智能化为转型目标。实体经济与数字经济融合方式也出现了两种典型路径:一种由互联网企业推动,通过提供云服务、数据服务、平台服务及数字化基础设施为其他产业进行数字赋能,促进业务流程的数字化转型,例如腾讯、阿里提

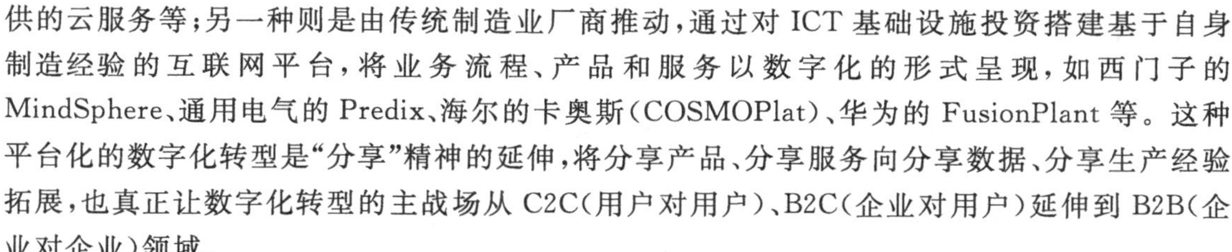

供的云服务等；另一种则是由传统制造业厂商推动，通过对ICT基础设施投资搭建基于自身制造经验的互联网平台，将业务流程、产品和服务以数字化的形式呈现，如西门子的MindSphere、通用电气的Predix、海尔的卡奥斯(COSMOPlat)、华为的FusionPlant等。这种平台化的数字化转型是“分享”精神的延伸，将分享产品、分享服务向分享数据、分享生产经验拓展，也真正让数字化转型的主战场从C2C(用户对用户)、B2C(企业对用户)延伸到B2B(企业对企业)领域。

1.2.2　数字化企业的特征

近年来，企业的数字化转型也成为数字化发展的重要领域，而业界对“数字化企业”并没有统一的定义。埃森哲公司认为数字化企业并非只依靠新技术取得成功，以客户和员工为中心的企业文化、战略和运营模式才是令数字化企业脱颖而出、拥有竞争优势的关键所在。高德纳公司则认为，数字化企业是以客户为中心，利用数字化技术不断推动自身业务重塑和转型的企业。结合业界对数字化企业的定义和本书对数字化企业实践的总结，本书认为数字化企业是具有连接、在线、共享、智能四大关键特征的企业。

1. 连接

连接是企业数字化转型的基础。数字化企业首先是在基础层面互联互通、打通内外部连接的企业。一方面，数字化在企业内部实现了人与人、物与物、人与物、人与组织的全连接；另一方面，数字化在企业之间实现了与企业员工、客户、合作伙伴、供应商、外部数据空间的连接。无论是企业内部的流程协同、与外部关联组织的上下游协作，还是与各类物理环境及设备的信息交互，都需要可靠、安全、高效率、高集成的全连接网络。随着移动互联网和云计算技术的发展，企业逐步走向泛在互联，即连接无处不在。互联网、移动互联网、物联网、人、机器、设备、物体都成为数字网络中一个个有机联系的节点，从而形成一个相互连接的数字网络世界。基于这个相互连接的网络世界，企业数字化应用可以实现无处不在的在线化。

2. 在线

在线是企业在连接的基础上，通过业务流程化和流程数字化实现的业务在线和组织在线。业务在线是数字化企业的底座。企业通过流程数字化实现业务流程化、流程在线化，使流程从手工模式转变为在线自动化模式，使企业的业务流与数据流实现同步和共生；推动以客户为中心的全业务从线下走向线上，通过数字化打通线下线上，创新商业模式。组织在线是指利用数字化技术建立承载企业文化、员工与组织互动、团队协作、组织赋能、知识探索、员工服务的企业在线协同平台，实现组织的全天候在线服务。

3. 共享

共享是指企业在数字化进程中的两个关键的服务：共性业务的平台化、数据的资产化。共性业务的平台化是通过数字化聚合业务职能。在经过平台化共享之后，共性业务以服务包的方式被提供给各职能部门，使得各职能部门不再在常规性业务活动中重复耗费时间，更能聚焦于新的价值创造，增强企业全局的敏捷应变能力，提升企业的协同效率。数据的资产化就是要实现全公司生产到变现的数据共享，将不同部门的数据赋予新的价值，并对其产生的数据进行资产化的衡量。

4. 智能

智能是企业数字化在连接、在线、共享的基础上衍生出的核心特征，主要体现为业务流程智能化和管理决策智能化。业务流程智能化是企业通过大量运用人工智能、机器学习、视觉感知等新技术对业务流程进行少人化、智能化替代，实现技术与业务场景的深度融合，为企业管控成本、作业安全和客户满意方面创造价值。例如，智能化生猪养殖是许多养殖企业进行数字化转型的重要方向，国内生猪养殖龙头M企业通过建立全面智能的养殖工厂，实现了生物安全全方位防控、生物资产全生命周期跟踪、精准个性化自动饲喂、环境监控、机器人清洁等，使生猪死淘率明显低于同期全国平均水平，而且喂养成本和安全风险大大降低。管理决策智能化是基于大数据的智能分析平台，通过大数据和人工智能模型对数据进行有效分析，为管理者和用户提供个性化、推送式的战略分析信息，推动企业决策精准科学，引领企业战略前瞻部署，增强不确定环境下的竞争优势。

1.2.3 财务管理数字化的特点

财务管理数字化是当前财务管理的发展趋势之一，是通过数字技术手段提高财务管理效率和质量的过程。财务管理数字化不仅是一种技术问题，更是一种组织文化和管理模式的转变。毕马威在关于财务数字化的报告中指出，随着数字技术的快速发展，财务管理数字化不仅可以提高财务管理的效率和质量，还可以帮助企业更好地应对市场变化和竞争对手的威胁。

财务管理数字化具有自动化、智能化、可视化和数据安全性四大特点，并且基于上述特点有效实现了现代企业财务管理理念与数字技术的有机结合。

1. 自动化

数字技术能实现许多重复性工作的自动化，从而降低冗余的工作量。使用数字技术，可以实现账单自动生成、自动匹配、自动核对等功能，有助于消除人工工作的误差，提高工作效率。比如，通过使用财务管理软件，可以自动完成应收账款的核对和计算，而不需要人工干预。

2. 智能化

数字技术可以有效提升决策的科学性和准确性，并基于此实现预测分析、风险评估、决策支持等功能。这些功能使得财务管理更加智能，决策更加准确和高效。例如，通过使用财务预测分析工具，财务人员可以预测未来的财务状况，从而帮助企业做出更好的决策。

3. 可视化

数字技术可以使财务信息以图形、表格等形式呈现，使管理者更容易理解和使用，更快地识别财务状况的趋势和问题。同时，可视化还可以提高财务数据的可靠性和可信性，使得财务信息的审核和评估更加简便和准确。

4. 数据安全性

数字技术可以大大提高财务数据的可靠性，在财务共享数据库中，不仅能避免信息的泄露与遗失，也能让信息在运行的各个环节留下痕迹，极大提升信息储存和使用的安全性。

1.3 财务管理数字化系统

1.3.1 智慧报销系统

传统的费用报销流程主要基于发票信息的手工采集查验、纸质单据的线下流转与人工审核。智慧费用报销实践引入OCR(光学字符识别)技术、语音识别技术、RPA(机器人流程自动化)等自动化与智能化技术,致力于将费用报销各流程环节打造得更加合理高效,具体表现为智慧费用报销"五部曲"。

1. 智慧采集

发票智慧采集可以直接获取电子发票或采用票据切分分类+OCR智能识别的整体解决方案,实现各类纸质发票及通用票据的精准切分分类以及快速识别输出,通过对接税务局系统实现发票的自动查验。

2. 智慧填单

智慧填单通过自动关联商旅订单等内外部信息,同时将差旅标准、借款要求、内控规则等规则信息内嵌系统,依托语音识别技术实现备注信息的语音输入,进而使"零手工输入"成为可能。

3. 智慧审核

智慧审核将可配置的审核规则内嵌系统,针对前端智能采集获取的结构化数据,利用机器学习的规则库以及规则引擎进行全方位智能审核。

4. 智慧支付

银企互联系统接受资金支付指令后,通过调用支付请求API(应用程序接口)发起付款请求指令,生成银行可识别的文件,自动完成付款,极大提升资金支付效率。

5. 智慧入账

单据通过会计引擎按照统一的会计核算规则,基于交易信息,自动生成会计分录、输出会计凭证,并自动流转至会计核算系统,避免了人工造成的失误,也降低了财务运营成本。

1.3.2 数字纳税系统

传统纳税计算多为人工算税,由于税务数据缺乏统一、全面信息化的管理,且数据提取、核对难度大,因此数据加工效率低、错误频发,存在很大的税务管理风险,申报时效性也无法得到保障。而数字纳税系统面向不同企业场景(企业类型、所属行业等),根据纳税计算逻辑需求自动从企业各系统中提取数据,针对不同税种,自动精准完成纳税计算和纳税申报表的填列,从而提高质效,把控税务核算风险。具体实现步骤可主要分为数据追溯、采集与自动计算。

1. 数据追溯

数字纳税系统根据不同企业场景,判断纳税企业在纳税申报表上需要计算、填列的纳税项目,从而全面追溯所需的纳税数据;同时,统一规范纳税数据的数据名称、数据类型、业务含义、校验规则等,确保数据的一致性、准确性、完整性;明确纳税数据分布在哪些系统当中,通过打通系统间连接,精准锁定所需提取的数据并支持接口自动化抓取导入,以联动多数据源实现随需灵活取数。

2. 采集与自动计算

数字纳税系统构建纳税计算的全流程算法模型，包括字段间逻辑算法与对应关系，以及表间逻辑规则；通过配置算法公式固化底层逻辑规则，实现纳税数据到纳税申报表的自动生成及灵活调整。

1.3.3 预算管理系统

预算管理数字化以战略导向为原则，实现系统间的全面联动以及多源数据的灵活调用，构建敏捷反馈、动态调整、全周期闭环的预算管理机制，主要分为目标规划、预算编制与推演、预算执行与控制、分析报告与绩效考核四个环节。

1. 目标规划

从战略目标出发，搭建经营预测体系，通过预测模型构建及算法应用实现更为精准的短期、中期及长期预测，确定经营策略，指引资源最优配置。

2. 预算编制与推演

全面梳理预算指标体系、预算编制规则，逐层自动计算及汇总，同时根据业务逻辑，将经营过程抽象成业务模型，通过不断模拟经营过程，利用机器学习技术反复进行预算模型推演与训练，构建最优预算模型，实现预算精细化、科学化自动编制。

3. 预算执行与控制

在预算执行过程中，将预算计划嵌入采购平台、合同管理系统、费用管理系统等前端平台，以在订单下达时就触发预算控制，将预算控制移至事前，简化传统控制程序，提升控制效率。同时，建立自动化预警机制，实时跟踪预算执行进度，实现刚柔并重的预算控制。

4. 分析报告与绩效考核

通过对预算数据和实际执行数据的自动抓取、数据计算逻辑配置以及数据指标体系构建，自动出具预算分析报告，为绩效考核提供可靠依据，保证预算目标有效实现，发挥评价与激励作用。

1.3.4 采购管控系统

采购作为企业供应链管理的起点，对于企业而言，既承担着管控企业资源输出的重要责任，又是物资流入企业的重要环节，需要重点进行合规管控。采购合规管控数字化将基于供应商以及采购全流程数据的获取，借助知识图谱、自然语言处理(natural language processing, NLP)、机器学习等技术的融合应用，为采购环节提供全生命周期的合规管控，重点包括招标合规、合同合规、供应商合规三个方面。

1. 采购招标

在企业招标过程中，供应商关联关系图谱能够深入挖掘企业之间的显性、隐性关系，增强对企业内外部多种关联关系的洞察；深度排查供应商企业集团、子公司与其他投标企业的合作关系，判断是否存在围标、串标、陪标等风险，同时，深度核查供应商与企业内部股东高管的关系，严格防范商业贿赂、利益输送等风险。

2. 合同审核

对采购合同进行审核，利用NLP技术对合同关键信息进行数据比对分析、一致性校验，分析合作方及其联系人、合作金额、合作业务等关键要素是否存在风险。例如，审核合同标题是否与合同约定的业务类型相符、合同金额是否超过了合作方注册资本等，在对合同条款进行合规性审核的同时，对供应商风险进行正式合作前的最后轮“把关”。

3. 供应商管理

在供应商准入阶段，需要全面汇聚市场监管、司法、税务、知识产权、资产、舆情等维度信息，对目标供应商进行360度全景尽调；在供应商评估分级阶段，根据供应商的产品质量、价格、生产能力、结算方式等指标排序打分，实现供应商分级管理；在供应商履约阶段，对供应商进行多维度实时风险监控并基于风险传导网络通过机器学习建立风险模型，智能判断供应商风险事件可能造成的扩散影响。

1.4 案例分析：A公司的财务管理数字化转型之路

1.4.1 A公司背景介绍

A公司作为一家多元化的制造企业，其主营业务涵盖了日常消费品、电子设备和多样的食物，其产业链极其烦琐，而且运作流程极其复杂，加上拥有众多的工作团队，因此，实施数字化转型已变得不可避免。近年来，A公司不断推进产供销一体化、理财经营一体及其产品信息化建设，并在此基础上，构筑起一个完善的财务共享服务体系，使得各项资源可以有效地流动，从而有效地解决了生产中的财务管理信息孤岛问题。此外，该企业也推出了BI（商业智能）平台及其相关的商业智能分析系统，包括相关的数据模型与洞察。

1.4.2 A公司财务管理数字化转型原因

随着数字时代的到来，A公司认识到了财务的作用，并将其作为集团管控的核心。因此，它首次推出了财务共享服务中心，旨在帮助其达到更高的绩效，增强市场份额，从而获得更大的商机。

1. 发展面临的机遇

2014年起，“一带一路”、大众创业、大众创新、供给侧改革等战略规划的实施，为实体经济的可持续增长提供了强有力的政策和资金保障，使公司的外部发展条件显著优化。A公司紧紧把握时代脉搏，全面整合了生产、销售、技术开发、品牌塑造、品牌管理等多方面的资源，搭建起完善的国际化供应链，使得其销售额迅速攀升，然而，其成本管理方法仍有改进空间。

2. 财务任务繁重

A公司在建设共享服务中心之前，已经拥有超过500个独立的法律主体、1万多个银行账户、1.4万多个会计账户、超过1.7万名专职的财务管理者以及超过28万名普通职员。然而，由于管理层的过度繁忙，以及过多的管理者，企业的运营压力巨大。A公司通过实施多层次、分布式的财务管理，让每个子公司都能够有效地控制和监督其财务，从而缓解了总部的运作压力。随着企业的壮大，其分支机构、子公司的数目以及地域范围的拓展，A公司采取了一种新的财务管理方式，即建立一套全面的财务体系，以满足日益增长的客户群体的需求，同时，由于管理费用与劳动力成本的持续攀升，企业的经营压力日益沉重。

3. **财务管理缺乏监督和管控**

A 公司的财务部门负责监督并评估其内部的财务流程，并负责审计和监督其内部的财务报表。然而，由于这些部门很少直接干涉企业的日常事务，因此它们很可能会被视为独立的部门，从而导致它们很难为客户提供准确的决策信息。由于没有有效的审核与控制，上层公司的会计数据无法及时准确地反映实际情况，从而影响了公司的运行状况；同时也使得财务部门在业务前端缺乏统一规范的财务监管，增加了公司的违约风险。

1.4.3 A 公司财务管理数字化转型目标

为了能够针对不同的需求搭建数据管理平台，建立针对性的财务数据管控枢纽以及信息处理中心，从源头上提高数据收集与共享运用的效率，帮助企业找寻财务工作的最优解，A 公司总结了以下几种路径探讨如何实现财务管理数字化转型。

1. **统一标准化会计服务，规避企业财务风险**

风险管控制度的建设是保障企业财务管理质量的关键，也是财务管理创新的重点。在数字化进程中，企业需要统一标准化会计服务，完善风险管控机制，从而提升企业财务管理的科学性，降低风险隐患。企业要统一核算，统一资金，统一会计流程，统一财务管理会计系统等，使整个财务工作的数据信息能够面向全集团提供，提高统计数据效率，提升统计数据质量。

2. **建设财务管理会计平台，提供大数据支持**

在信息化背景下，企业财务管理工作变得更加简单、便捷，可通过财务管理会计平台的搭建，提升财务管理水平。企业应建设财务管理会计平台，包括预算管理、成本管理、绩效管理、内控管理等，借助大数据等技术形式，配合物联网、云计算等强化数据分析与运算质量。云计算是信息化时代实现工作智能化、数字化的重要技术形式，可以提升财务数据的计算水准，降低数字化的成本，实现高效的数据运用。

3. **搭建数据应用平台，实现财务数字化应用**

在财务管理会计平台的基础上，搭建数据应用平台，用数据流实现财务数字化转型。财务数字化转型要求加大对财务管理会计平台的应用，同时综合云计算、大数据等技术形式，强化数据管控枢纽以及信息处理中心的作用，为后续决策、战略目标提供依据。企业数据应用平台建设要实现从数据管控拓展至信息的输入、输出，可针对数据信息采集、筛选、存储、分析、赋能等多种需求提供服务。

4. **加强财务队伍建设，强化数字化应用**

在转型进程中，为强化数字化应用质量，企业要加强队伍建设，以信息化为踏板，实现核算型财务向业务型财务升级，从业务型财务向战略型财务转型。一方面，对于现有员工要进行专业团队选拔，在公司内部选拔工作能力、道德水平均能够满足要求的人员进入财务关键岗位；另一方面，要强化人才引进，增加高素质团队的人员数量，引进具备丰富经验以及知识理论的行业人才，从而强化财务信息化运用。

5. **建立考核规则，发挥数字化转型优势**

为真正发挥数字化转型的优势，在转型过程中，先要设置数据质量考核规则以保证数据源头质量，确保后续数据应用，如多维分析、智能报表等信息处理中心的准确性，再设置数字化质量考核规则以强化员工数据运用的效果，确保工作人员科学地使用数字化技术，发挥数字化转型的作用。

6. **财务数字化背景下的其他财务转型分析**

在财务数字化运用的背景下，企业在审计方面也会得到有效提升。内部审计是实现财务管控的关键。在财务数字化的过程中，不仅可以通过相应服务的设计强化企业财务管理工作的有效性，而且还会加大对工作人员的监督，确保审计部门能够科学地收集财务信息，并按照要求做好审计工作，帮助企业规避财务风险。

总而言之，对于 A 公司而言，由于在财务管理方面工作内容更为复杂，必须强化对财务数字化的设置，构建财务数字化体系，让财务更好地服务于企业，为企业发展创造更多的价值。

习题

名词解释

财务管理　财务管理数字化　财务管理数字化系统

简答题

1. 简述数字技术对企业财务管理理论的影响。
2. 简述并举例说明数字技术对企业财务管理实务的影响。
3. 财务管理数字化有哪些特点？
4. 财务管理数字化系统包括哪些？它们有哪些功能？

第2章 财务管理数字化制度建设

学习目标

1. 了解财务管理数字化制度框架和内容。
2. 了解财务管理数字化制度的执行和完善过程。

2.1 财务管理数字化制度建设概述

企业的制度建设是企业在生产与发展的过程中围绕管理工作的科学化、规范化、标准化、程序化、系统化等进行的一系列活动的总称。财务管理数字化制度建设是财务管理制度建设的一部分。财务管理数字化制度是指在互联网技术的应用下，财务管理实现数字化所必须遵守的财务制度。

2.1.1 建设财务管理数字化制度的必要性

财务管理数字化制度是企业实现财务管理数字化过程中需要共同遵循的办事规程与行动准则，是财务管理数字化系统顺利运行并有效实现的重要保证。只有建立规范、严谨的财务管理数字化制度，且严格落实执行，才能更好地发挥财务管理数字化系统的作用。因此，建设财务管理数字化制度对企业的发展具有举足轻重的作用，是必不可缺的，具体表现在以下几个方面。

1. 完善企业财务管理制度体系

企业的财务管理制度体系，包括财务管理相关的法律法规和规章制度，不仅能为企业的有序发展保驾护航，也是企业发展壮大的根本保证。但是企业的财务管理制度体系不是一成不变的，应该随着管理需求而不断完善与发展。财务管理数字化制度便是新时代适应新需求的表现。建设财务管理数字化制度能使国家财务法律法规的普遍指导意义更加具体化、形象化，为国家财务法律法规，尤其是数字化方面的内容在企业中的实施奠定良好的基础。因此，建立财务管理数字化制度能够完善企业财务管理制度体系，能够保护和推动国家财务法律法规的贯彻执行。

2. 规范企业财务管理数字化行为

制度能有效约束企业的行为，财务管理数字化制度能规范企业在财务管理数字化过程中的一系列工作。财务管理涉及企业资金使用、资金规划、资产管理等多个环节，直接影响企业的运营状况，而随着时代进步，数字经济、互联网高速发展，财务管理逐步实现数字化，企业的经济活动更加频繁、复杂，对财务人员工作带来较大困难，使其容易发生工作分歧与错漏。财务管理数字化制度建设，能为企业财务管理数字化的各环节保驾护航，保证运行合法合规，在规范企业行为的基础上帮助企业规避潜在的风险隐患。

3. 保证财务信息的准确性和防止贪污舞弊行为

由于财务管理数字化的应用与普及，原有的财务管理制度无法完全覆盖新型财务管理的监督需求，因此，建设财务管理数字化制度便于财务部门基于公司管理原则开展数字化财务监督。完善的财务管理数字化制度能够有效规避企业内部不合规和舞弊的行为，还能约束财务人员，消除财务造假行为，避免出现数据错误，确保财务信息的准确性。

4. 提升企业综合管理水平

有效的财务管理制度，必然会为企业带来高效率的企业管理，就如同一台运转良好的发动机，源源不断地为企业发展注入动力。财务管理数字化制度的建设目标是在数字经济背景下，结合数字化相关技术，形成一个与公司整体发展目标相衔接、覆盖企业全部数字化管理事项、与各项规章制度相互协调、工作流程顺畅高效的制度体系。财务管理数字化制度建设是新时代的产物，体现了企业紧跟现代科技的发展，不断地进步和优化，有助于企业更加科学有效地进行资金的规划和项目的运筹，从而促进企业生产效率的提高和综合管理水平的提升。

5. 降低企业财务管理的成本

财务管理数字化制度的建设与落实，使得财务管理的手段与流程得到优化，财务信息的规范性与完整性实现提升。在原有的财务管理流程中，由于原始数据的收集可能存在数据冗余与数据缺失问题，容易消耗大量的人力、物力以及时间成本重新搜集与处理数据。而建设财务管理数字化制度，将对企业财务工作应遵循的原则、应采用的程序和方法、应达到的要求等做出具体、明确的规定，这也就充分保证了财务数据的准确性与可靠性，能大大降低企业在财务管理方面产生的成本。

2.1.2 财务管理数字化制度建设的要求

财务管理数字化制度建设不仅要延续手工方式的要求，更需要结合数字化的相关特点，做到因时制宜、因事制宜。其具体主要包括以下几点要求。

1. 遵循会计相关法规与准则

财务管理数字化制度的建设必须以法律为准绳，以准则为依据，符合《中华人民共和国会计法》《中华人民共和国注册会计师法》《企业财务会计报告条例》《企业会计准则》《企业会计信息化工作规范》等法律法规的要求。企业在建设财务管理数字化制度中所涉及的专业名词、表单等必须符合相关要求与标准。

2. 保障财务信息安全可靠

财务管理数字化制度必须保障财务信息的安全性与可靠性。财务信息是企业运行与发展过程中的关键信息，对准确性和保密性要求较高。因此，财务管理数字化制度必须对财务信息的输入、整理、输出有严格的质量控制，设置合理的校验过程，防止财务信息出现错误，同时也要避免财务信息的泄露。

3. 制度明确、内容无歧义

财务管理数字化制度是企业财务管理数字化过程中的行为规范与准则，因此必须清晰明确、权责分明，不产生歧义，也不存在漏洞。否则，不仅不利于规范企业的财务管理数字化行为，甚至可能导致管理混乱、管理失效。

4. **具备可操作的特点**

一方面，由于财务管理数字化制度主要运用于具体的财务管理行为中，因此需与企业实际结合，符合本企业的特点，满足可实践与可操作的要求，而不能空谈理论；另一方面，财务管理数字化制度主要面向企业财务人员，因此制度需满足通俗易懂、便于操作执行的要求。

5. **具有良好的统筹效能**

财务管理数字化系统包括多个板块，如投资板块、筹资板块、资产管理板块等，而多个板块之间常存在数据勾稽与关联的情况，因此财务管理数字化制度在建设的过程中，必须充分考虑这一因素，保障各板块数据的统一性，能够及时实现数据全板块的更新，具有良好的统筹效能。

6. **留有一定的升级空间**

财务管理是与时俱进的，会受到企业内外部的影响而发生变化，如《企业会计准则》的变动、企业业务的变动等。因此，财务管理数字化制度在建设的过程中，必须留有一定的升级空间，保证在必要时及时改进而不必重新建设。通过升级，不仅能最大程度保证财务管理制度的稳定性，更能降低制度建设成本，提高制度建设的利用率。

2.1.3 财务管理数字化制度建设的方式方法和具体步骤

1. **方式方法**

财务管理数字化制度建设的方式，根据企业的性质、战略需求，以及企业财务人员的业务素质、知识水平的不同，而略有差异。具体来说，财务管理数字化制度建设的方式有以下几种。

1)自主建设

自主建设是指由本企业工作人员组成建设小组，独立完成财务管理数字化制度建设。现阶段大部分企业均采用自主建设的方式。自主建设具有诸多优点。本企业工作人员对企业业务、流程有更高的把握，因此在制度建设时能够提高工作效率，激发本企业工作人员的积极性，也能保障制度的安全性。同时，自主建设也存在一定的弊端：只通过本企业的工作人员进行制度建设，容易导致知识受限、经验受限等情况，创新力不足。

2)委托建设

委托建设是指由本企业委托外部单位进行财务管理数字化制度建设。受委托的外部单位常为会计师事务所等专业机构。由于会计师事务所的业务特征，委托建设的数字化制度通常更加完善，也具有更高的专业性。但由于外部单位对企业的了解不够，也常存在制度与企业实际脱轨的情形。

3)合作建设

合作建设是指由本企业工作人员与从外部聘请的专业人士共同组成建设小组，完成财务管理数字化制度建设。合作建设也是常见的制度建设方式，综合了自主建设与委托建设的优点，能够取长补短，更专业高效地完成制度建设。但在合作建设的过程中，必须坚持及时沟通、协调配合的原则，才能将高水平知识体系与企业现实状况充分融入企业财务管理数字化制度中。

2. **具体步骤**

选定财务管理数字化建设方式之后，便要开展具体的财务管理数字化制度建设。具体建

设步骤如下。

1)开展广泛而深入的调研工作

企业在进行财务管理数字化制度建设时要开展广泛而深入的调研工作,并与本企业实际业务情况相结合。在调研中不仅要关注企业自身财务管理数字化制度建设的情况,还要深入市场调研其他同类型企业的类似制度建设情况,通过对比发现可取之处和不足之处,实现取长补短,在此基础上制定具体的财务管理数字化制度内容,确保企业制定的制度更加适用和实用。

2)制订有效的策划方案

企业在制定财务管理数字化制度的过程中,要进行有效的策划。在策划环节中,召集企业不同部门、不同岗位人员参与相关会议,并在会议上广泛听取各方意见,在对各方意见汇总之后,由财务管理数字化制度建设小组或聘请的专业机构出具具体的制度意见和建设方案。

3)起草财务管理数字化制度

企业在策划之后要建立企业的财务管理数字化制度。财务管理数字化制度建设小组或聘请的专业机构安排专人起草制度。

4)审查财务管理数字化制度

企业应对已经起草的财务管理数字化制度进行严格的审查。通过审查这一环节,确定制度是否切合本企业的实际情况,是否存在漏洞。审查这一环节要针对制度的合法性、规范性、操作性、可行性等方面进行全方位的审核与检查。

5)财务管理数字化制度的发布

审查环节完成之后,财务管理数字化制度应达到科学合理且适用于本企业的要求。接下来,企业以正式文件的形式发布审查通过的制度,确保企业的管理层与每一位职工都能够领会该制度的精神。在制度正式发布之后,企业的员工应该严格按照新发布的财务管理数字化制度进行财务管理活动。

2.1.4 财务管理数字化制度建设的挑战与应对方法

1.挑战

财务管理数字化制度建设过程中,面临着一些问题与挑战,具体包括以下几个方面。

1)企业财务管理数字化理念相对滞后

传统的企业财务管理理念偏重于数据的核算,局限于使用财务数据进行单一化的分析。而在数字经济背景下依然坚持这种传统的财务管理理念是不行的,这样相对滞后的理念满足不了现代企业的管理需求,也会影响企业财务管理数字化制度建设,导致制度建设缺乏数字化特征,难以发挥其本质的用途。

2)企业财务管理工作人员能力相对滞后

企业主要管理人员与普通工作人员对财务管理数字化方式的接受程度滞后。企业财务管理工作人员还是难以转变传统的思维定式,他们依旧被动地进行数据收集和核算,没有主动对财务管理进行数字化升级的意识和动力,也没有积极应用财务管理数字化制度,从而导致企业财务管理数字化进程远远落后于企业本身数字化的速度。这会直接影响财务管理数字化制度的落实与实践应用,大大降低财务管理数字化制度的效益。

2.应对方法

为应对以上挑战,企业可以从以下几个方面出发。

1)全面提升财务管理数字化理念

企业应当努力提高企业整体对企业财务管理往数字化方向发展的意识。一方面,通过进行日常宣传、举办特色活动,让管理者认识到当今社会已经在朝着数字化、智能化方向迈进,如果企业依然思想僵化、故步自封,将会被时代所淘汰;如果企业的管理、决策使用了数字化的财务管理模式,则能够增强企业在大数据时代的竞争能力,提高管理层的决策准确性,令企业得到巨大的转型红利。另一方面,企业可以通过小步快走的形式,使员工在工作中进一步接触到财务管理数字化模式,提升员工的办公体验,在循序渐进的过程中令员工感受到大数据、云计算、物联网等技术带来的工作效率的提升,进而改变员工在对待财务管理数字化问题上的僵化思想。通过这两种形式,全面提升企业财务管理数字化理念,以此为财务管理数字化制度建设提供信念支持与动力支持。

2)加强人才队伍建设,提升企业财务管理工作人员能力

企业可以强化财务管理数字化团队建设,提升财务管理工作人员的数字化实践能力。通过招聘具有数字化转型能力的员工加入企业财务管理数字化转型团队,使其成为推动财务管理数字化发展的主体,帮助实现财务管理数字化制度的快速建设与应用。同时,应当自上而下进行财务管理数字化相关培训,包括财务管理数字化制度建设的必要性、财务管理数字化制度的具体落实、财务管理数字化平台的操作等,从思想与行动上全面提升财务管理工作人员的数字化工作意识与工作能力。

3)多措并举,强化落实制度建设的保障机制

在宏观经济形势日趋复杂的当下,完善财务管理数字化制度建设已成为必然趋势。加快推进企业财务管理数字化制度的完善工作,是企业在危机中孕育新机、于变革中开创新局的重要切入点。财务管理数字化制度建设是一项系统性工程,需要企业结合自身特点,从管理机制和组织保障等方面提供保障措施,具体表现在:一方面,加强顶层设计,由管理层商议合适的制度建设方案,且持续监督推进;另一方面,加强企业内部各部门之间的协同合作,打破企业内部各部门之间的壁垒。

2.2 财务管理数字化制度框架和有关设计

2.2.1 财务管理数字化制度框架

财务管理数字化制度通常包括总则、适用范围、相关术语、具体细则、监督办法、解释与修订人员、备注以及附件等内容。

1. 总则

总则需对财务管理信息化制度总体内容与思想进行概况和说明,通常会阐述财务管理数字化制度的运行目标。

2. 适用范围

财务管理数字化制度的适用范围,通常涵盖企业所有财务管理数字化的流程与行为。

3. 相关术语

由于财务管理涉及会计术语,数字化涉及计算机术语,具有一定的专业性,因此,为便于企

业员工对财务管理数字化制度的理解与落实，必须对涉及的术语进行详尽的解释与说明。

4. 具体细则

财务管理数字化制度涉及多个方面：从财务管理数字化系统运行情况分析，涉及系统的开发和测试、运行管理、运行维护、安全控制等多个方面；从财务管理数字化系统功能分析，涉及财务分析、筹资决策、利润规划、成本管理、资产管理、全面预算管理等多个模块。因此，具体细则需对这些方面进行详细的阐述与说明。

5. 监督办法

制度的落实需要监督，只有健全的监督机制，才能保障财务管理数字化制度更好执行，并发挥应有的作用。监督办法中需明确负责监督的机构和人员、监督的方式、评价标准、奖惩情况等。

6. 解释与修订人员

财务管理信息化制度需要根据外界环境、企业内部情况等不断完善，因此，需在制度中说明解释与修订的人员，明确责任任务。

7. 备注以及附件

备注以及附件主要包括一些注解说明、表格、单据等未在制度正文中阐述的内容。

2.2.2 财务管理数字化制度的有关设计

财务管理数字化制度从系统运行情况分析，主要包括财务管理数字化系统的开发制度、测试制度、试运行制度、运行管理制度等。其中，相对复杂与关键的主要是开发制度和运行管理制度。

1. 财务管理数字化系统的开发制度

财务管理数字化系统的开发是财务管理数字化活动的起点，也是财务管理数字化活动顺利进行的保障。开发制度需满足合法性和可操作性的特点。开发制度主要包括：明确开发的意义，明确开发相关模块的设计原则，明确相关模块的设计方法和内容。由于现金流是企业的生命线，因此资金管理模块在企业财务管理数字化活动中占有重要地位，故本部分以资金管理模块的开发制度为例展开详细说明。

1）资金管理模块开发的意义

通过建立资金管理体系，实现集团内外资金计划、资金分配、资金结算、财务会计的有效整合，达到全面监督和管理所有资金的目的。具体而言，资金管理模块开发具有如下意义：

（1）能够强化资金计划的监控。通过灵活的系统设置，可以有效监控所有支付流程和行为，对比资金计划金额与执行金额，为系统分析资金使用情况提供准确的数据依据。

（2）能够实现集团资金的集中监视。资金管理系统可对分散的信用信息、请求信息、账户信息、内部交易信息、支付信息、资金计划和执行信息进行统一管理。

（3）能够改善资金管理服务。通过一站式资金管理平台，有效地整合相关资金数据和信息，更好地提供资金业务服务。

（4）能够提高集团内部资金使用的效率。资金管理系统可提升对资金管理和管理层的监督效能，整合整个集团的资金流程，从而提高资金使用效率。

2)资金管理模块开发的设计原则

资金管理模块开发涉及代码设计、单据设计、资金报表设计等,每一项设计均有必须遵守的设计原则,具体如下。

(1)代码设计原则。代码设计能够实现财务管理数字化系统的标准化、规范化、准确性,且由于占用空间小,因此能有效提高运行速度。代码设计主要需遵循如下原则:代码设计要遵守国家法律法规的要求;集团内部代码设计保持统一性;代码设计要具有唯一性,代码与指代信息一一对应;代码设计要体现层次性,按照层级编写;代码设计要保留升级空间,便于增添与更新。

(2)单据设计原则。单据是企业财务管理的底稿,包括存款单、取款单、贷款单、还款单等。单据是财务信息保存的载体,因此需遵循如下原则:具备科学性,能详细真实地反映业务情况;应该标准化,输入格式需统一;应该简单明了,信息应减少手工输入,多使用自动化生成;能够校验核对,单据上简单的信息应具备校对功能,减少出错。

(3)资金报表设计原则。资金报表反映一段时间现金流量变动情况,能为管理层的决策提供参考。资金报表设计的主要原则如下:①符合国家财务相关制度的要求。资金报表通常具有统一的项目、格式、编制规则,设计时要充分遵守这一要求。②保持一致性。不同时间、不同子公司编制的资金报表均需保持一致,便于财务分析。③实现自动取数与按时更新,应做好数据接口处理。④具备可视化功能。资金报表会用于辅助决策,因此必须满足可视化的要求。

3)资金管理模块开发的设计方法和内容

从集团资金业务和系统功能的关联度出发,资金管理系统的总体设计主要包括资金往来结算、资金综合调拨和资金信贷借款三个方面。资金管理系统各个子系统的主要内容具体阐述如下。

(1)资金调度管理子系统。该子系统的主要内容就是对集团内部的资金进行集团调度和组织协调,例如资金的分配、调拨和集中等。为了便于集团总部对各个分子公司进行资金调度,资金管理系统的资金调度管理就主要集中在所有下属公司,以及与非结算中心相对应的单位。

一方面,资金申请调拨类型较多,中间逻辑关系比较复杂,容易产生关联性,影响业务正常操作。因此,在设计的过程中需充分考虑这一因素,例如,可以进行如下设计:传输细节可作为个别数据实时提取;转账申请并联资金筹措系统、转账类型、状态和通话等基本数据源;提交调拨申请后,需通过生成相应的资金转移文件处理后续批准和结算。

另一方面,资金转账明细在设计上要进一步定义资金转账的处理方式,并限制计划录入状态、支付状态、处理方式等。在完成资金的综合转移处理后,系统可生成相应的资金转移订单,为未来的资金结算和其他服务提供会计支持。

(2)资金结算子系统。资金结算子系统的重点功能是通过集团公司和分子公司在资金组织中开立账户,以委托收款和内部收款的形式进行资金支付。为了实现集团企业内部系统的资金整体良性运作,明确集团公司与下属各个子公司之间的债权债务关系,集团总部结算中心与下属机构结算部门通过资金管理系统处理相关收款业务,同时记录集团企业内部账户资金的变化情况。

(3)资金信贷管理子系统。资金管理系统的信贷管理子系统主要侧重于对借款资金的管理。与前两类业务不同,信贷管理的核心是处理应用,主要处理内部和外部借款业务,以及相关的委托借款、资金借款、担保和其他涉及资金管理过程的业务。

在资金管理系统设计方面可以将信用评级实体、信用类型、合同担保实体和承诺实体等数据体现在审批合同页面，加大集团对信贷风险的合理把控，以此让信贷额度可以符合公司的要求并保持在平衡的水平。

2. 财务管理数字化系统的运行管理制度

财务管理数字化系统完成开发测试之后，便会投入正式使用。运行管理制度负责保障系统投入使用之后的正常运转，主要包括组织管理制度、操作管理制度、维护管理制度等。

1)组织管理制度

财务管理数字化系统的应用，必然引起财务部门内部分工的变化，因此，必须在组织机构设置与分工安排上做出调整。财务管理数字化转型后，财务组织架构如图 2－1 所示，可划分为战略财务、业务财务和共享服务中心三大板块。

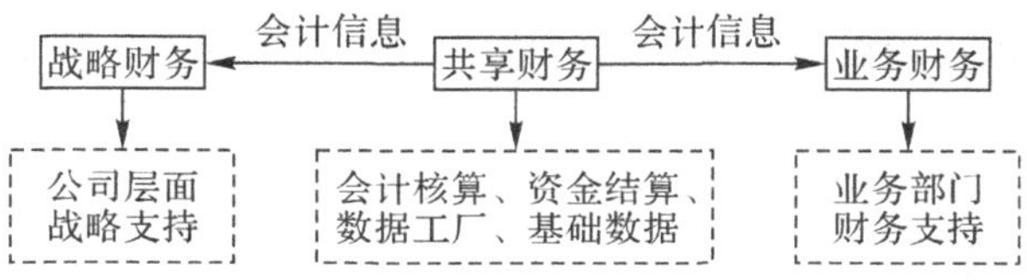

图 2－1 财务管理数字化系统中财务组织架构

(1)战略财务主要参与公司战略的制定与推进，将集团的战略意图和管理需求转化为详细的资源分配机制、绩效考核机制以及内控管理机制等方面，同时将业务财务和财务共享服务提供的信息转化为公司经营上的信息，从而支持战略决策的落地。战略财务的职能范围主要包括预算管理、财务报告分析、绩效考核、资金调控、银行账户管理、税收筹划、销售分析等。

(2)业务财务主要是深度参与价值链的各个环节。一方面，业务财务将公司战略向执行层进行推进、落实；另一方面，将执行层提供的财务数据转变为有效的财务信息，及时传递给战略财务。业务财务的职能主要包括成本费用控制、预算编制与控制、内控风险管理、资产存货现场业务支持、资金计划管理、价格管理等方面。

(3)共享服务中心则专注于财务核算，根据战略财务和业务财务制定的制度和规则，对全部核算主体业务进行统一的交易处理，并提供财务数据。其职能包括核算细则的制定、银行对账、发票查验与认证、财务核算、单体报表出具、资金收付、资金调拨操作以及档案管理等方面。财务共享中心内部岗位和人员参数也遵循专业分工原则，按照业务流程和专业职责划分为业务交易岗位和运营管理岗位两个序列。业务交易岗位具体从事财务共享中心内的各项财务交易活动，包括总账汇总组、材料费用组、销售成本组、资金结算记录组；运营管理岗位负责内部运营管理和能力提升，并提供外部咨询服务和外部会计培训。

2)操作管理制度

操作管理制度是指相关人员在财务管理数字化系统上进行具体操作的规章体系，具体包括操作人员的权限与职责、上机操作前的规定、具体操作程序等。操作管理制度的严格落实，能有效保证操作规范性、准确性，确保财务管理数字化系统安全、有效、正常地操作运行。

(1)操作人员的权限与职责。财务管理数字化系统的操作人员一般包括系统管理员、数据录入员、数据复核员、数据分析员、系统维护员等。系统管理员可根据实际情况进行岗位分工与操作人员授权等设置，可使用财务管理数字化系统的所有功能与程序，因此，其权限较大，一般由企业财务部门的负责人担任。数据录入员的主要权限包括数据录入、数据查询、数据修改等;主要职责是根据原始单据录入财务数据,并保证录入数据的准确性,如果发现原始单据错误,应及时反馈。数据复核员应对录入数据进行复核,发现错误需及时反馈,但不拥有数据修改的权限。数据分析员的主要权限是进行数据查询与分析结果录入;主要职责是利用已录入信息展开战略分析,实现财务信息的可视化,为企业决策提供支撑。系统维护员一般由软件开发人员担任,主要权限包括数据库维护、程序维护等,一般在系统存在问题时方可进行操作,其不能实施具体数据录入与数据修改等操作。

(2)上机操作前的规定。财务管理数字化系统的操作人员必须是企业内部合法有权使用人员,且在系统操作之前,必须得到系统管理员授予的权限,了解财务管理数字化系统的操作规范与操作流程。在登录系统时,进行上机登记,填写真实姓名、时间、操作内容等。

(3)具体操作程序。财务管理数字化系统操作人员进行操作时,必须按照规定的权限、流程进行操作,且应做好操作密码的保密工作,对操作数据及时备份。此外,在系统运行过程中,操作人员如需离开,必须退出系统后方可离开。

3)维护管理制度

财务管理数字化系统在运行的过程中,会由于主客观原因发生需求的变化,也可能存在一些故障。因此,势必需要专业人员的维护,具体包括以下几个部分:

(1)权限维护。当企业财务部门工作人员存在人员变动、工作变动或者工作职责变动的情况时,系统管理员应该及时更新企业财务部门工作人员的权限。当部门人员离职时,必须第一时间关闭其进入财务管理数字化系统的权限。

(2)软件维护。软件维护是指当企业的业务和财务信息、分析需求发生变化时,软件工作人员需对财务管理数字化系统中的软件进行修改以匹配最新需求。此外,当系统运行过程中出现由于软件问题导致的错误时,工作人员也需要及时进行维护。

(3)硬件维护。硬件维护主要是对硬件故障进行检查修复,以及设备的更新、扩充、修复等。

2.2.3 财务管理数字化系统的风险点与风险控制

财务管理数字化系统作为新时代的财务管理工具,必然会面临一些安全性问题,存在着系统性与非系统性风险,因此,识别这些风险并针对性设计安全控制制度是十分重要的。

1.存在的主要风险点

1)安全体系

当前我国大部分企业的财务管理安全体系建设并不完善,企业财务信息网络安全保障还较为薄弱。尤其是随着财务数字化建设的开展,在企业运营的过程中,财务系统不可避免地会和外部网络环境保持密切的联系,一定程度上加大了财务数据信息的泄露风险。尽管部分企业设置了相应的财务数据信息保护系统,但是受到实际技术条件的限制,这类保护系统存在很大的漏洞,导致企业对于财务数据安全风险的管控并不健全。

2)硬件设施

硬件设施也会给企业财务数据安全保障带来挑战。除了个别大型企业有自己的数据储存系统之外,规模较小的企业在使用企业财务管理数字化系统时,往往都要依靠第三方数据管理平台的支持,企业在依托第三方数据管理平台开展查询及进行数据收集工作时难免会留下查询的痕迹,这样往往就会导致企业的财务数据丢失、损坏等,安全性难以得到有效保障。外部组织很有可能通过入侵运营大数据和云计算的第三方企业来达到获取企业关键财务数据的目的，并且大数据和云计算平台中储存着大量的企业财务信息，该平台如果出现丢数据等问题也会对企业的财务管理系统造成打击。

3）外部联系

部分外部利益相关者的财务数据保密意识较为薄弱，这也是加大财务数据安全风险的重要原因之一。企业不可能独立存在于社会环境之中，必然会与外部利益相关者发生联系与交流。企业在合作的过程中，可能会与客户、供应商、投资方等分享财务信息。因此，外部利益相关者财务数据的泄露也会对本企业的财务数据构成威胁。

4）内部安全

对于企业财务数据安全系统的内部人员的权限设置如果存在模糊性，便会导致部分财务管理人员以权谋私，窃取企业财务数据信息为自己谋私利，极大地增加了财务数据安全风险的管控难度。有数据显示公司数据安全挑战超过一半都来自公司内部，因为大数据技术能够更加完整地收集和分析企业的财务管理数据，内部员工因此能够更加容易得到企业的财务数据，企业财务数据泄密的可能性也会随着企业财务管理数字化系统建设的深入而上升。

5）其他

除了以上列举的几种主要风险点之外，由于财务管理数字化系统完全依附于计算机软件与硬件，因此，计算机病毒风险也不容小觑。计算机病毒具有自我复制的功能，常存在于内存或磁盘之中，会在计算机系统中传播，破坏计算机程序、数据和硬件等。同时，计算机所处的具体环境也可能存在一定的风险，需要避免长期处于潮湿、高温等环境之中。

2. 风险控制制度设计

针对以上主要风险点，企业在进行财务管理数字化制度建设的过程中，可以全面考虑多种因素，建立健全财务管理数字化系统的风险控制制度，具体可从以下几方面展开设计。

1）提升相应的硬件设施水平

控制制度应该明确对财务管理数字化系统需要的硬件设施进行提前规划与事中监督。为了保障财务管理数字化工作的进行，企业需要一个强大的后台作为支撑，如果企业内部的用户数较多，数据量较大，则需要一套算力高的硬件设备来运营和存储企业财务管理数据。并且为了保障财务平台的安全运营，具有一定经济实力的企业应当在员工使用的终端设备上采取相对独立于外界的软件系统和硬件设备，这样既能够最大程度保障企业的信息安全，又可以使得员工在使用本企业的财务管理系统时不会受到外部因素的干扰。规模较小的企业在使用第三方的财务管理数字化系统时，必须实地考察第三方数据运营场所，并同第三方运营公司约定好数据传输、使用、保管过程中的责任，最大限度约束第三方运营平台的行为，保障本企业数据的安全。在财务管理数字化系统运行的过程中，需对硬件设施做到定期检查与维护，一旦出现故障，需明确处理人员与流程，并做好故障分析。

2）加强数据防护

企业要制定数据防护相关的安全控制制度，强化对财务管理系统的网络安全防护，包括对财务数据进行全天候的智能化监控，做到能够及时发现其中的漏洞并进行维护等。一方面，对于重要的财务数据信息，企业要利用相应的技术进行加密设置，防止财务数据信息的泄露导致企业运营的重大失误；另一方面，企业在财务管理数字化系统运行的过程中，要定期对财务数据信息进行备份，避免企业财务数据信息发生意外导致重要财务信息的流失。

3)加强并规范财务人员管理

企业应建立并执行科学合理的企业财务管理岗位责任制，清晰指出相关财务管理人员的权利和责任，加强对财务系统的管控力度。同时，企业要做好关键财务管理人员的财务管理数字化平台使用培训，在操作、维护、分析等方面对企业的财务数据安全进行保障。企业应从顶层规则制定上明确企业内部人员对企业财务管理信息具有保密的责任，并同关键财务管理人员签署好责任协议，对有高级权限的财务管理人员的行为进行规范，特别是该类人员在非工作时间及离职之后对企业的财务管理数据具有保密的义务。

4)制订弥补方案

一旦出现信息泄露，企业必须在第一时间做好补救工作。因此，企业应在制度中提前明确弥补方案，包括在企业关键管理信息泄露之后如何进行技术、法律、人事等方面的补救，及时挽回因为数据泄露导致的损失等。

5)其他

安全控制制度也需要对其他可能出现的风险提出规避与应对方法。针对可能存在的计算机病毒，及早建立安全防火墙，经常使用防病毒软件对计算机系统进行全面的检查，并使计算机处于干燥、防水、防电的环境之中。

2.3 财务管理数字化制度的执行与完善

财务管理数字化制度建设完成以后，就要用于实践，也就是在企业财务管理数字化中执行与落实。在执行与落实的过程中，要对出现的问题具体分析，找到根源。如果是制度不完善导致的，就要在原有制度的基础上进行修改和补充。财务管理数字化制度的执行与完善，主要包括以下几个环节。

1.财务管理数字化制度的学习和培训

财务管理数字化制度建设完成之后，企业需要对相关人员进行宣传和培训，以保证财务管理数字化制度的落实与执行。首先，企业的管理层是推动财务管理数字化制度执行与完善的重要力量。企业可以邀请数字化领域的权威专家对管理层进行深入培训及宣讲，使其树立财务管理数字化理念，增强对财务管理数字化制度的认识。其次，员工是财务管理数字化制度的落实主体及主要执行者。只有凝聚员工的共识，才能有效推动财务管理数字化制度的执行。故制度建设部门需联合相关部门开展员工财务管理数字化制度的学习与培训活动，并建立一定的反馈机制。制度建设部门需根据管理层与员工的反馈意见，对财务管理数字化制度进行修订与完善，确认无误后再正式发布实施。

2.财务管理数字化制度执行过程中的监督

财务管理数字化制度的执行离不开有效的监督管理。通过监督管理，能够把企业的数字化理念真正落到实处。企业可以结合自身的财务管理状况，成立专门的监督管理部门，划定具体的监督管理职责，确保财务管理数字化工作能够合乎制度规范、顺利开展。与此同时，企业也可以考虑结合监督管理工作的内容建立有效的奖惩机制，通过奖惩机制推动企业财务人员在执行财务管理数字化制度的过程中转变传统工作理念，优化工作方法，提高工作的积极性和有效性，从而推动企业的高质量发展。

3. 财务管理数字化制度的修改和完善

由于财务管理具有涉及面广、综合性强、灵敏度高的特点，因此在财务管理数字化制度执行的过程中，必然会发现存在制度与企业财务管理活动不完全匹配的情况，这可能是由于制度存在漏洞，也可能是由于企业业务特征发生变化。所以，企业要建立完善的反馈机制，并及时处理反馈的问题，通过专业人士或机构对财务管理数字化制度进行修改和完善，以适应企业财务管理数字化的需求。与此同时，财务部门还可以对财务指标进行总结，引以为鉴，为财务管理数字化制度的修改和完善提供参考信息，提高企业财务管理数字化制度的前瞻性和先进性。

通过以上几个环节，财务管理数字化制度必然能获得企业员工的认同，并被有效地执行和落实。同时，对财务管理数字化制度执行过程中的监督能进一步保证制度不被曲解和滥用。做好以上几个环节，财务管理数字化制度必然能助力企业财务管理高质量发展。

2.4 案例分析：A公司的财务管理数字化转型制度建设

2.4.1 A公司数字化转型准备工作

为摸清财务数字化转型的基础条件，理清后续财务数字化的推进思路，A公司选取了营收规模较大、主业归属核心业务板块的七家制造业示范企业进行重点考察。通过对七家公司的走访调研，重点把握核心下属单位在财务能力、财务痛点诉求、数字化规划举措等方面的相关信息，切实了解到一线单位财务转型最新情况，并为精准、科学地做好集团财务数字化规划设计奠定坚实的信息与数据基础。A公司有针对性地构建了财务数字化建设条件综合评价模型，以财务能力成熟度和数字化准备充分度为两大维度，综合分析各单位的财务能力，细致评价各单位在数字化方面的准备条件，形成了对数字化建设的能力适配和条件匹配情况的总体认识。

2.4.2 财务能力成熟度

1. 财务会计能力

在财务核算模块，多数单位积极推进ERP（企业资源计划）、共享平台等信息系统的上线与业财集成，建立较为完善的核算质量稽核机制。在资金结算模块，目前各单位对于海外资金结算业务的管控力度稍弱，高效资金结算手段覆盖度有待进一步提升。在报表编制模块，提升报表出具自动化程度、强化对海外单位报表出具的监管力度成为下一步改进的主要方向。

2. 业务支持能力

各单位已基本实现业务财务在市场、供应链、产品、客户、售后的全价值链上参与经营风险防控，目前业务财务深度参与的价值链环节包括订单报价支持、采购及销售合同评审、收入收款管理、产品/项目成本费用管控。当前集团及下属单位聚焦进一步拓展业务财务的职能范围，助推财务纵深切入业务关键节点提供有效决策意见，提升业务支持能力。

3. 管理会计能力

从各个维度来看，各被调研单位着力于费用管理提升，从体系搭建、费用分析、费用压降、行为引导等多方面推进，着力打造多维度精细化费控体系。但财务分析能力差异较大，且普遍存在待优化点。

4. 决策支持能力

从决策支持所应用的信息范围来看，多数单位业务系统和财务系统覆盖度较高，系统中业财数据积累丰富，后续需强化对包括财务数据在内的产品价值链内外部信息的深度挖掘。从决策相关技术工具应用来看，主数据管理系统和 BI 系统已在部分单位得到了一定程度的应用，正从试点阶段转向快速推广和深度应用阶段。

2.4.3 数字化准备充分度

1. 规划与举措

在规划层面，各被调研单位已基本制定了数字化转型的顶层设计。在实践层面，各单位在生产、制造及研发等领域有了初步的数字化建设成果，正加速探索业财场景与数字化工具的创新融合。

2. 组织人才

在组织职能与部门协作方面，已实施财务共享的单位均已构建了专业化分工的财务管理体系。在人员培养与管理方面，各单位均已认识到财务数字化人才的重要性；部分单位已逐步开始培养骨干人员，为数字化工作提供人才支撑。

3. 系统与数据

在信息系统方面，大部分被调研单位财务及业务系统的统建度较高。在数据治理方面，部分单位数据治理项目逐渐从规划阶段过渡到实施阶段并取得了初步成效；各单位将在数据治理制度、管理工具、数据管理组织等方面开展进一步的提升优化工作。

4. 制度流程

在管理制度方面，各单位扎实推进财务标准化工作，大多数单位已自上而下推行了统一的会计政策及会计科目。在业务流程方面，各单位从业务端到财务端的全流程链条的大部分节点较为清晰、明确，业务流程较为高效。未来需进一步梳理业务到财务端到端流程，优化流程设计，提升流程环节的清晰度、透明度及风险可控性。

习题

名词解释

财务管理数字化制度

简答题

1. 企业为什么要进行财务管理数字化制度建设？
2. 财务管理数字化制度建设有哪些要求？
3. 简述财务管理数字化制度的基本内容。

第3章 财务管理数字化系统建设

学习目标

1. 了解企业业务过程和财务活动分析内容。
2. 理解财务管理过程与其他业务过程之间的关系。
3. 理解财务管理系统与财务管理过程的关系。
4. 了解和掌握财务管理数字化的主要信息技术及财务管理数字化平台的构成。
5. 了解财务管理数字化系统的设计。
6. 掌握 Excel 的基本应用方法。

3.1 业务活动识别与财务活动分析

数字化管理系统是对企业信息活动进行处理和管理的系统。而企业信息活动是利用一定的工具，采用一定的方法对企业及其业务活动进行数据采集、维护、报告的一系列活动。企业的信息活动离不开业务活动。因此，为了更深入地理解财务管理数字化系统及财务管理数字化系统的业务处理流程，需要首先认识企业的业务过程。

3.1.1 企业基本业务过程

企业的根本目标是通过获利来满足各利益相关者的需要。这一目标只有在企业提供的产品或服务被顾客接受后才能实现。为实现某个业务目标而进行的一系列活动称为业务过程。任何产品或服务都是通过一定的业务过程完成生产并最终到达顾客的，因此，每一个企业都有业务活动。企业的基本业务过程主要包括采购管理、生产管理、销售管理、财务管理等。

1. 采购管理

采购管理指企业从供应商处购买原材料、零部件、设备等物资，并进行管理和控制的活动。采购管理过程中的主要环节包括需求识别、采购计划制订、采购审批、供应商选择、采购合同签订、采购执行和采购结算等。例如，某家制造企业需要购买一批钢材用于生产，采购管理人员需要根据实际需求和预算，确定采购计划，并选择合适的供应商进行谈判和合作，最终签订采购合同并完成结算。

2. 生产管理

生产管理指企业将原材料、零部件等转化为成品，并对生产过程进行管理和控制的活动。生产管理过程中的主要环节包括生产计划、物料计划、生产调度、质量控制、生产报工、生产结算等。例如，某家汽车制造企业需要生产一批汽车，生产管理人员需要根据订单和库存情况制订生产计划和物料计划，安排生产线的生产调度，严格控制质量，及时报工并完成生产结算。

3. **销售管理**

销售管理指企业销售产品或提供服务并对销售过程进行管理和控制的活动。销售管理过程中的主要环节包括销售计划、市场营销、销售订单、发货、收款等。例如，某家家电企业需要销售一批电视机，销售管理人员需要根据市场需求和销售计划制订营销策略，与经销商签订销售合同并及时发货，完成销售订单并收取货款。

4. **财务管理**

财务管理指企业对财务资源进行管理和控制的活动。财务管理过程中的主要环节包括预算编制、会计核算、财务报告、资金管理、成本管理等。例如，某家酒店企业需要进行财务管理，财务人员需要根据业务规模和经营计划编制预算，进行会计核算和财务报告，进行资金管理和成本控制，以保证企业健康运营。

以上是企业基本业务过程的简要介绍，还需要根据企业的特点和实际情况进行具体的补充和调整。

3.1.2 业务处理过程

在处理基本业务过程的基础上，可以按照企业生产经营周期的环节进一步将企业业务过程细分为主要过程和支持过程。业务过程的细分虽然会因不同企业的经营活动内容及划分的详略标准不同而变化，但是它们存在一定的共性。以制造企业为例，其主要过程包括采购过程、仓库和存货过程、生产过程、销售过程，支持过程包括人力资源过程、财务过程和其他过程等。

1. **采购过程**

企业能够持续经营，离不开持续不断的资源供给，这一过程由企业的采购过程完成。由于采购货物的用途不同，采购可分为不同的类型：下订单采购、资产采购和日常消耗采购。其中，下订单采购是为生产需要采购物料，资产采购是固定资产的购置，日常消耗采购主要是低值易耗品的购买。

采购过程在制造业中主要表现为以资金换取物料、资产等，在商业企业中表现为以资金换取商品、劳务和资产，在服务业中则主要表现为取得服务、用品及相关资产而付出货币资金。

2. **仓库和存货过程**

为了保障生产经营过程持续不断地进行，企业要不断地购入物料、耗用物料或销售完工产品，这些物料和产品都可以称为存货。仓库和存货过程就是企业存货流动、循环的动态过程。这个过程是转换过程的一部分，它将生产过程与采购过程、销售过程联系在一起。

3. **生产过程**

生产过程是指从依据生产计划领用原材料，实施加工与制造，直到形成完工产品为止的过程。生产过程既是企业实物资产的转换过程，又是为实现这种转换而投入的经济资源的耗费过程。

4. **销售过程**

销售过程是指企业以提供货物、服务或让渡资产使用权等来交换并获取经济利益的日常经营活动。制造业的销售活动主要是提供货物，服务业等第三产业主要是提供服务。

销售是企业生产经营成果的实现过程，是物料在企业内流动的终点，也是企业经营活动的中心。作为企业供销链中的一个环节，销售管理是把从客户和购货单位获得的订货需求信息传递给计划、生产、仓管等，并从仓库获得货物配送给客户和购货单位，完成货物的流动。

5. **人力资源过程**

人力资源过程是企业的支持活动，主要包括招聘选拔、员工职业发展、员工培训、绩效管理、考勤管理、薪资管理等过程。人力资源过程为采购、销售、生产、仓储业务提供人员支持。

6. **财务过程**

企业的资金运动构成了企业经济活动的一个独立方面，那就是企业的财务活动，财务业务包括财务管理过程和会计过程。财务管理过程以资金为对象对企业业务过程涉及的资金运动进行管理，会计过程以货币为计量工具对企业业务过程进行计量和反映。财务过程为业务活动提供支持。

7. **其他过程**

除财务过程、人力资源过程外，为了保证企业主要业务过程的实现，还需要其他过程，如技术支持、基础设施建设等。

3.2 企业财务管理过程和财务管理系统

3.2.1 企业财务管理过程

企业财务管理过程是指企业在经营活动中，通过有效的财务管理手段实现财务目标的一系列过程。其主要包括以下几个方面。

1. **资金管理**

资金管理涉及资金筹集、使用和监管等一系列活动。企业需要通过合理的资金管理，确保流动资金充足，提高资金使用效率，降低资金风险。

2. **财务分析**

通过财务报表和其他财务信息的分析，揭示企业的财务状况、经营绩效和风险等方面的信息，为企业的决策提供依据。其中，财务分析包括比率分析、财务比较分析、现金使用分析、经营效率分析等。

3. 预算管理

预算管理指通过制定预算，管理企业的收入、支出、利润等各项财务指标。预算管理可以帮助企业合理规划资金，控制成本，提高经营效益。

4. 税务管理

企业需要遵守国家的税收法规，正确申报和缴纳各项税费。同时，企业也需要通过合理的税务筹划、降低税负、提高税收优惠等方式，优化税务结构。

比如，某公司要开拓新市场，需要进行市场调研、人员招聘、推广费用支出等，这时候就需要进行预算管理，制订合理的预算计划，避免资金的浪费和风险。又如，某公司要进行重大投资项目，需要进行资金筹集和使用的决策，这时候就需要进行资金管理，确保资金的安全和有效利用。同时，在这个过程中，需要进行财务分析，评估项目的财务可行性，避免投资风险。

3.2.2 企业财务管理过程与其他业务过程之间的关系

在企业管理过程中，管理者需要对各个业务过程进行综合考虑和协调，以实现企业整体的目标和利益最大化。例如，在财务管理中，管理者需要协调资金的调配和风险管理，以支持其他业务过程的开展；在人力资源管理中，管理者需要招聘、培训和激励员工，以支持其他业务过程的顺利开展。

因此，企业财务管理过程和其他业务过程之间存在紧密的关系，需要进行有效的协调和指导，以实现企业的长期发展。

3.2.3 财务管理系统与财务管理过程之间的关系

财务管理系统在财务管理过程中起到了重要的作用，主要表现在以下几个方面。

1. 提高财务管理效率

财务管理系统可以快速处理和汇总企业财务数据，提高数据的准确性和及时性，节省财务管理的时间和人力成本。

2. 优化财务管理流程

财务管理系统可以规范财务管理流程，减少人为的错误和疏漏，提高财务管理的规范性和标准化程度。

3. 改善财务管理决策

财务管理系统可以为企业提供各种财务分析和预测工具，支持财务管理决策的科学性和准确性。

4. 加强财务管理监督

财务管理系统可以对财务管理过程进行全面监督和审计，保证财务管理的公正性和透明度，避免财务管理中的失误和违规行为。

因此，财务管理系统和财务管理过程是相互依存、相互促进的关系。数字化过程中的财务管理系统可以帮助企业优化财务管理过程，提高财务管理的效率和决策水平。

3.3 数字化环境下的业务流程整合和再造

3.3.1 业务流程整合的思想

1. 业务流程重组

业务流程重组(business process reengineering,BPR)是由迈克尔·哈默和詹姆斯·钱皮于1993年在《企业再造》一书中提出的。随后,流程再造成了20世纪90年代企业管理和信息化领域的热门话题,被广泛应用于企业业务流程的优化和重构。

1)以流程为中心

BRP是以流程为中心的管理方法,强调的是业务流程的重构和优化。因此,BRP的核心在于重新定义企业内部各业务部门之间的协作关系和业务流程,通过消除非必要的流程、简化流程、加速流程、自动化流程等手段来提高业务处理效率和服务质量。

2)面向客户

BRP是以客户为导向的管理方法,强调的是以客户需求为中心的业务流程设计。因此,在进行BRP时,企业需要考虑客户需求和体验,从客户的角度出发,优化企业的服务流程,提高客户满意度和忠诚度。

3)结合信息技术

BRP是一个典型的信息化管理方法,需要借助信息技术来实现业务流程的再造。企业需要对现有的业务流程进行分析和优化,然后选择合适的信息技术工具进行应用,例如ERP、CRM(客户关系管理)、OA(办公自动化)等信息化系统,来加速流程、提高效率和减少人工错误。

4)持续改进

BRP是一个持续改进的过程,需要企业在实践中不断地优化和调整。企业需要建立起完善的流程监控机制,对流程进行监控和评估,并针对流程的瓶颈和不足不断地进行改进和优化。

BRP的产生和发展与信息技术的快速发展和广泛应用密不可分,是数字化时代企业管理的必然选择,对企业提高效率、降低成本、提高服务水平具有重要的推动作用。

2. 业务流程管理

业务流程管理(business process management,BPM)是以业务流程或企业价值链为对象,通过对流程进行分析、认识、重建、运作及优化,实现企业价值最大化的行为过程。其旨在提高业务效率、适应性和创新能力,同时降低成本和风险。BPM可分为三个方面的内容:流程建模(process modeling)、流程执行(process execution)、流程分析和优化(process analysis and optimization)。

1)流程建模

流程建模是根据实际情况对业务流程进行建模和描述,以便更好地理解和分析流程,同时为流程执行提供规范和标准。

2)流程执行

流程执行是按照建模的流程图进行实际的业务流程操作,通过流程执行平台实现流程自动化，提高效率和减少人为错误。

3)流程分析和优化

流程分析和优化是根据流程执行结果，对业务流程进行分析和优化，找出流程中的瓶颈、瑕疵和不必要的环节，提高效率和减少成本。

BPM 的核心思想是将业务流程从具体业务操作中剥离出来，通过对流程的规范化、标准化、自动化等手段来提高业务效率和准确性。BPM 的优点在于可以帮助企业管理者更好地把握业务流程的全局，从而更好地进行业务决策和资源调配。BPM 也是数字化转型过程中的关键环节之一。

3.3.2 事件驱动的财务管理系统

事件驱动的财务管理系统(event-driven financial management system，EDFMS)是指通过对企业各项财务业务中产生的事件进行识别、处理、分析、反馈，实现财务管理自动化、数字化、智能化的一种系统。事件驱动是一种程序设计的范式，它基于事件的响应机制，使得系统能够更加快速、高效地响应外部变化，从而实现更高质量的服务。

1. 事件驱动的财务管理系统的体系结构和特点

1)事件驱动的财务管理系统的体系结构

事件驱动的财务管理系统的体系结构由三个主要组件组成：事件服务(event service)、业务服务(business service)和数据存储服务(data storage service)。

(1)事件服务。事件服务是事件驱动体系结构中最核心的组件。事件服务负责接收和处理事件，然后将事件发送给需要处理该事件的组件或服务。事件服务的目标是确保在财务业务流程中的每个事件都得到及时响应，并且可以将事件传递给需要它的组件或服务。

(2)业务服务。业务服务是事件驱动的财务管理系统中的组件，它通过订阅事件服务中的事件来实现财务业务流程中的各项业务功能。业务服务可以对事件做出反应，根据事件生成新的业务对象，更改现有业务对象的状态，触发其他事件，等等。

(3)数据存储服务。数据存储服务负责存储财务业务流程中所涉及的所有数据。在事件驱动的财务管理系统中，数据存储服务应该能够支持实时存储和访问业务数据。数据存储服务可以基于关系型数据库或非关系型数据库实现，取决于业务需求和系统性能要求。

事件驱动的财务管理系统可以应用于多个财务业务流程，如采购、销售、库存管理等。它可以将财务业务流程与企业其他部门和系统集成，实现更高效的业务流程。

2)事件驱动的财务管理系统的特点

基于事件驱动设计的财务管理系统具有以下特点。

(1)实时性：事件驱动的财务管理系统可以实时地监控并响应事件，及时提供信息和决策支持，让管理层能够更快地做出决策。

(2)灵活性：事件驱动的财务管理系统可以自适应地处理各种类型的事件，让管理层能够在不同的情况下灵活地调整业务流程和决策规则。

(3)高效性：事件驱动的财务管理系统可以快速响应事件并执行相应的处理逻辑，从而提高财务管理的效率和准确性。

(4)统一性：事件驱动的财务管理系统可以将不同的事件和信息集成到同一个平台上，提高管理层对财务数据的综合把握性和管理效率。

(5)安全性:事件驱动的财务管理系统可以提供更高的数据安全性,保障企业的财务信息不被非法获取和滥用。

2. 事件驱动的财务管理系统的应用

事件驱动的财务管理系统在财务管理中应用广泛,其中最重要的应用之一是在财务报告和财务分析中。通过实时收集和处理事件数据,财务管理系统可以提供更加准确、及时和全面的财务报告和分析结果。此外,事件驱动的财务管理系统还可以应用于财务风险管理、成本管理、预算管理、财务决策支持等方面。

1)财务风险管理

在财务风险管理方面,事件驱动的财务管理系统可以及时识别和监测财务风险事件,并在第一时间向相关人员发出警报和提醒,以便采取相应的风险控制措施,降低企业的财务风险。

2)成本管理

在成本管理方面,事件驱动的财务管理系统可以通过实时监测企业的采购、生产和销售等业务活动,及时更新成本数据,并提供详细的成本分析报告,帮助企业管理者做出更加明智的成本管理决策。

3)预算管理

在预算管理方面,事件驱动的财务管理系统可以根据实时业务活动数据自动生成预算,并实时更新预算数据,以便企业管理者随时了解企业的财务状况和预算情况。

4)财务决策支持

在财务决策支持方面,事件驱动的财务管理系统可以通过实时收集和处理企业的财务数据,提供各种财务报告和分析结果,以便企业管理者做出明智的财务决策。

3.4 财务管理数字化的技术平台

3.4.1 财务管理数字化的主要信息技术

1. 数据库技术

数据库技术是一种用于管理和存储数据的技术。它通过使用计算机系统来收集、组织、存储和检索数据,帮助企业更有效地管理数据和信息。

1)数据管理

数据库技术可以帮助企业对数据进行有效管理。通过建立数据仓库和数据集成平台,企业可以将分散的数据集中存储,方便管理和分析。数据库技术可以提供快速、高效、可靠、安全的数据管理服务,帮助企业进行数据挖掘、分析和决策。

2)业务处理

数据库技术可以支持企业各种业务系统的开发和管理。例如,企业可以使用数据库技术开发和管理客户关系管理(CRM)系统、供应链管理(SCM)系统、人力资源管理(HRM)系统等。这些业务系统可以帮助企业提高业务效率和管理水平,进而提升企业竞争力。

3)决策支持

数据库技术可以为企业提供有效的决策支持。通过建立数据仓库和数据挖掘平台,企业可以对大量的数据进行分析，提取有价值的信息，从而做出更加明智的决策。同时，数据库技术还可以为企业提供实时的数据查询和分析服务，帮助企业快速响应市场变化和业务需求。

2. 网络技术

网络技术是指利用计算机网络进行信息交流和数据传输的技术。它通过将多个计算机设备连接起来，实现数据的共享和交换，以便更高效地完成各种工作任务。

1)企业内部通信和协作

企业可以使用网络技术来搭建内部通信和协作平台，提高员工之间的沟通和协作效率。例如，使用电子邮件和即时通信工具来实现在线沟通，使用协同工具和项目管理软件来协同工作和管理项目。

2)电子商务

企业可以利用网络技术实现电子商务，将产品和服务推广到更广泛的市场，并在全球范围内进行交易。例如，使用网站、社交媒体和在线市场来推广产品和服务，使用电子支付和在线结算工具来完成交易。

3)数据共享和存储

网络技术可以帮助企业实现数据共享和存储，使得企业能够更好地管理和利用自己的数据资源。例如，使用云计算和虚拟化技术来实现数据存储和共享，使用大数据分析和人工智能技术来对数据进行分析和挖掘。

4)供应链管理

企业可以利用网络技术来优化供应链管理，实现更高效的物流和供应链协调。例如，使用物联网和射频识别(RFID)技术来实现物流信息的实时跟踪和管理，使用供应链管理软件来协调供应链中的各个环节。

3. 数据仓库、数据挖掘和商务智能技术

数据仓库、数据挖掘和商务智能技术是现代企业中的关键信息技术，它们可以帮助企业更好地管理和分析海量数据，提高业务决策的效率和精确度。

1)数据仓库

数据仓库是指将不同来源的数据集成到一起，并按照主题或业务流程进行组织和存储，以便进行分析和报告。数据仓库技术可以帮助企业建立一个集中的数据存储区域，从而方便用户进行数据检索、分析和报告等操作。

2)数据挖掘

数据挖掘是指在大量的数据中，通过各种算法和技术，发现隐藏在其中的有用信息和知识。数据挖掘技术可以帮助企业从海量数据中快速准确地发现有价值的信息和规律，从而提高决策的精确度和效率。

3)商务智能技术

商务智能技术是指利用数据仓库和数据挖掘技术，将企业的数据转化为可视化的图表、报告和仪表盘等形式，以帮助用户更好地理解数据和进行决策。商务智能技术可以帮助企业更好地了解业务运营的情况，及时发现问题并采取相应的措施。

尽管数据仓库、数据挖掘和商务智能技术可以帮助企业更好地管理和分析数据，但它们也面临着一些挑战。例如，由于数据来源和格式的多样性，数据集成和清洗过程可能非常复杂；

同时,数据安全和隐私保护也是需要重视的问题。因此,企业需要积极应对这些挑战,制定相应的数据管理和安全策略,确保数据的可靠性和安全性。

3.4.2 财务管理数字化的新兴技术

1. 云计算技术

云计算技术通过网络连接的多个服务器,将计算和数据存储资源组合在一起,以便用户可以随时随地使用这些资源。它是一种基于互联网的计算模式,允许用户通过互联网使用计算机技术,而无须在本地拥有或管理计算机资源。

云计算技术在财务管理数字化中的应用主要包括以下方面。

1)云存储

企业可以将财务数据上传至云存储中心,以实现数据备份、共享和协同工作。这可以帮助企业提高数据的安全性和可靠性,并减少对本地存储资源的需求。

2)云计算服务

企业可以使用云计算服务来托管应用程序、网站和数据库等。这可以帮助企业降低IT成本,并快速响应业务需求。

3)数据分析和商务智能

云计算技术提供了强大的数据处理和分析能力,企业可以运用云计算技术来分析大数据、制定商业策略和优化业务流程。

4)云安全

云计算技术提供了强大的安全控制和保护机制,包括身份验证、访问控制、数据加密和威胁检测等。这可以帮助企业保护财务数据和业务机密,提高数据的安全性和可靠性。

2. 大数据技术

大数据技术是指以高效、高性能的方式处理超大规模数据集合的一系列技术和工具。随着互联网和物联网技术的迅猛发展,数据的规模和复杂度不断增加,对数据的存储、处理、分析和应用提出了更高的要求。大数据技术的应用已经逐渐渗透到各个行业领域中,包括金融、医疗、交通、能源等,可以帮助企业发现潜在商机、降低成本、提高效率。

大数据技术的特点主要包括以下几个方面。

1)高容错性

大数据技术可以处理海量数据,即使在处理过程中出现部分数据丢失或损坏,仍然能够保证数据的完整性和准确性。

2)高并发性

大数据技术采用分布式计算的方式,可以同时处理多个任务,提高系统的并发性和处理能力。

3)高可扩展性

大数据技术可以根据数据量的增加进行水平扩展,即增加更多的服务器节点来处理更多的数据,提高系统的可扩展性。

4)多样化的数据类型

大数据技术可以处理各种类型的数据,包括结构化、半结构化和非结构化的数据,如文本、图像、视频等。

5)实时性

大数据技术可以支持实时数据的处理和分析,使得企业能够及时获取有价值的信息。

3. 区块链技术

区块链技术是一种分布式数据库技术,可以用于记录和验证数字交易,具有去中心化、不可篡改、匿名性和高安全性等特点。其基本原理是通过将交易数据记录在多个节点上,形成一个不可篡改的区块链,并使用密码学算法来确保交易数据的安全性和隐私性。

区块链技术的特点具体如下。

1)去中心化

区块链技术是一种去中心化的技术,没有中央机构来管理交易数据,而是由多个节点共同维护一个分布式数据库。

2)不可篡改

区块链上的交易数据一旦被记录,就不可修改或删除,所有节点都会保存相同的数据副本,确保数据的完整性和一致性。

3)匿名性

区块链上的交易数据不会泄露个人身份信息,所有的交易信息都是公开的,但交易者的身份是匿名的。

4)高安全性

区块链使用密码学算法对交易数据进行加密和验证,保证数据的安全性和隐私性。

5)高可靠性

由于区块链是一个分布式系统,所有的节点都有相同的数据副本,即使某个节点出现故障或被攻击,也不会影响整个系统的运行。

4. 无人值守技术

无人值守技术通过使用各种技术手段和设备,实现自动化管理和操作,不需要人工干预即可完成工作。常见的无人值守技术应用包括自助服务设备、智能物流配送、机器人、自动售货机、智能家居等。无人值守技术的应用可以提高效率,减少人力成本,提高服务质量,改善用户体验。

无人值守技术在财务管理数字化中的应用主要体现在以下几个方面。

1)自动化财务处理

无人值守技术可以通过智能化的财务系统实现财务的自动化处理。例如,公司可以使用自动化会计系统来自动生成账单、发票和报告,以及自动匹配账单和发票。

2)财务数据分析

无人值守技术可以帮助企业自动收集、整理和分析大量的财务数据。通过数据分析,企业可以更好地了解业务运营状况,发现业务问题,并做出更有效的业务决策。

3)电子支付

无人值守技术可以实现企业的电子支付系统,将财务结算与线上支付相结合。企业可以通过电子支付系统实现供应商和客户的快速结算,提高财务效率。

4)财务安全

无人值守技术可以保证企业的财务安全,通过智能化的安全系统实现数据的安全存储和传输,确保企业财务数据不被盗窃、泄露或损坏。

3.4.3 财务管理数字化系统的技术平台

财务管理数字化系统的技术平台既包括网络化硬件基础设施,也包括操作系统、数据库管理系统、数据仓库、应用系统、工具软件等软件系统。它从底层向上可以划分为以下部分:网络化硬件基础设施、支撑软件系统、应用软件系统、企业应用模型、企业个性化配置系统、安全保证体系。

1. 网络化硬件基础设施

网络化硬件基础设施是指包括输入设备、处理设备、存储设备、输出设备、通信设施和其他机房设施等在内的所有硬件构成的系统。网络化硬件基础设施构成了财务管理数字化系统正常运行的硬件环境。它是财务管理数字化系统技术平台的物质基础,是财务管理实现计算机处理和网络通信的前提条件。若不构建合适的硬件基础设施就不可能实现财务管理的数字化。

2. 支撑软件系统

支撑软件系统是由操作系统(包括网络操作系统)、数据库管理系统、数据仓库、计算机语言、其他工具软件等构成的基础软件系统。它是财务管理数字化系统的基础。支撑软件系统的安全,影响应用系统和系统业务内容的安全。

3. 应用软件系统

应用软件系统是企业选择和实施的财务管理数字化系统。单体企业财务管理的应用支撑系统一般包括资产管理系统(包括现金管理、应收账款、存货管理、固定资产管理等几大系统)、筹资管理系统、投资管理系统、收入管理和利润规划系统、预算管理系统、成本管理系统、财务分析系统几部分。针对集团企业,除上述进行财务管理必需的功能管理系统外,战略规划系统、风险管理系统、集团预算管理系统、集团资金管理系统和财务结算系统都是集团财务管理数字化可以选择的应用软件系统。

4. 企业应用模型

各企业可能属于不同的行业、不同的产业,具有不同的规模,采用不同的管理方式、不同的业务流程等,因此,各企业可能对数字化的需求和应该采用的数字化应用系统存巨大差异。企业应用模型是指企业数字化所采用的模型,如企业的业务模型、业务流程楼型、功能模型、组织结构模型等。企业应根据自身的特点选择和定义企业应用模型。比如选择需要的功能系统,利用相应的支撑软件平台定义企业业务处理的工作流,定义业务数据之间的关联关系;根据业务需要配置各种系统参数、初始化应用系统;根据企业组织结构定义角色和各级用户并授权等。

5. 企业个性化配置系统

各企业根据自身的应用模型选择应用系统中能满足自身业务和管理需求的功能系统,然后根据应用模型的需求配置参数、初始化,最终构建出满足企业自身需求和特点的个性化系统。

6. **安全保证体系**

财务管理数字化系统技术平台的安全保证体系是对保障财务管理数字化系统技术平台和信息处理内容安全的所有要素构成的体系的总称。从内容上,它既包括法律法规体系、制度建设、安全机制的构建、信息安全机构设置,也包括技术平台安全风险分析与评价、安全保障技术、安全控制措施,还包括经过认证的安全产品的选择等。

3.5 财务管理数字化系统开发

3.5.1 财务管理数字化系统需求分析

需求分析是指对系统或产品用户的需求进行细致的分析、梳理和明确,以便于后续的系统设计、开发、测试等工作能够满足用户需求。

需求分析的过程一般包括以下几个阶段。

1)需求搜集

通过面对面沟通、问卷调查、用户反馈等方式,搜集用户的需求和期望,包括功能需求、性能需求、安全需求等。

2)需求分析

将收集到的需求进行分类、整理、去重、排序等,分析需求之间的优先级、关联性、冲突等,并形成需求文档。

3)需求确认

与用户沟通,确认需求文档的准确性和完整性,避免遗漏和误解。

4)需求追踪

对已确认的需求进行跟踪和管理,确保在开发过程中能够满足用户需求。

假设某企业需要开发一个财务管理系统,首先需要对用户的需求进行搜集和分析。在需求搜集阶段,可以通过与财务部门和其他相关部门的员工面对面沟通和问卷调查等方式,了解用户对财务管理系统的期望和需求。在需求分析阶段,可以对收集到的需求进行分类、整理和排序,形成需求文档。在需求确认阶段,可以与用户沟通,核实需求文档的准确性和完整性。最后,在开发过程中,需要对已确认的需求进行追踪和管理,确保系统能够满足用户需求。

3.5.2 财务管理数字化系统的设计

财务管理数字化系统的设计是为了将财务管理的各个环节有机地结合起来,形成一个高效、规范、可靠、安全的整体系统。财务管理数字化系统设计的目标是满足企业的财务管理需求,提高财务管理的效率和质量,减少人为错误和欺诈行为,提高对企业财务状况的监控和分析能力。

在设计财务管理数字化系统时需要考虑以下因素。

1)业务流程的合理性

财务管理数字化系统需要根据企业的实际业务流程进行设计,保证系统中的各个模块能够顺畅地衔接,实现信息的无缝传递和处理。

2)数据库的设计

财务管理数字化系统的数据库设计需要充分考虑数据的完整性、一致性、可靠性和安全性,同时要能够满足不同用户对数据的查询和分析需求。

3)系统的可扩展性和可维护性

财务管理数字化系统的设计需要考虑未来的发展和变化,要具备良好的可扩展性和可维护性,方便对系统进行升级和维护。

4)安全性

财务管理数字化系统涉及企业重要的财务信息,系统的设计需要充分考虑安全性问题,采取多种措施确保系统的安全性。

5)用户界面的友好性

财务管理数字化系统的设计需要注重用户体验,要设计出直观、易于操作的用户界面,方便用户使用和操作系统。

举例来说,对于数据库的设计,需要根据企业的财务管理需求进行设计,包括表结构的设计、字段的定义、数据类型的选择等。同时,需要考虑到数据的存储和查询效率,尽可能提高系统的性能。在安全性方面,需要采取多层次的安全措施,包括用户身份验证、访问控制、数据加密等。在用户界面方面,需要注重界面的简洁性和易用性,避免过多的冗余信息和复杂的操作流程,方便用户使用系统。

3.5.3 财务管理数字化系统的运行和维护

财务管理数字化系统的运行和维护是系统建设的重要环节。一旦系统建设完成并上线运行,需要对系统进行日常维护,以确保系统的稳定运行和数据的完整性。财务管理数字化系统运行和维护的几个关键方面如下。

1)系统监控

对系统进行实时监控,以确保系统的稳定性和可用性。如果发现系统出现异常,需要及时对问题进行排查和处理。

2)数据备份和恢复

对系统中的数据进行定期备份,并确保备份数据的安全性和完整性。如果出现数据损坏或丢失的情况,需要及时进行数据恢复。

3)安全管理

确保系统的安全性,防止系统被攻击或遭受病毒等安全威胁。对系统进行安全设置,限制用户的权限,以确保敏感数据不被泄露。

4)用户培训和支持

对系统用户进行培训和支持,确保用户熟悉系统操作流程和功能。如果用户在使用过程中出现问题,需要及时提供帮助和支持。

5)系统升级和优化

系统要定期进行升级和优化,以提高系统的性能和功能。同时,需要对系统进行性能监测和评估,及时发现和解决系统的性能问题。

3.6 财务管理数字化系统实现工具

财务管理数字化系统的实现工具包括财务管理信息系统软件、数据分析软件、数据仓库技术等。本节主要对目前常用于财务管理数字化的电子表格工具软件 Excel 进行介绍。

Excel 是微软公司为使用 Windows 和 mac OS 操作系统的电脑编写的一款电子表格软件。其具有直观的界面、出色的计算功能和图表工具，是广泛使用的个人计算机数据处理软件。Excel 自发布以来已产生多个版本，本书以 Excel 2016 作为基础来介绍相关内容。

随着我国经济水平的快速提高以及科学技术水平的不断提升，再加上企业单位财务管理工作的内容、对象、范围日益繁杂，财务管理与计算机相结合的新型财务管理方式成为必然发展的趋势。Excel 在企业单位财务管理的应用中最重要的作用就是解决企业财务核算等方面的问题，而这些问题的有效处理可以提高财务管理工作整体的水平和质量。因此在实际的财务管理工作中，越来越多的企业单位开始建设财务管理系统，这对提高企业财务管理工作的效率和质量有着明显的作用。

3.6.1 数据表分析方式

Excel 的应用，主要是通过电子数据表的形式解决财务管理工作中的问题，因此，应用之前应该熟悉数据表分析方式。数据表分析方式主要以表格的形式完成业务处理，而表格都是存在于某个工作表中的，因此，如何设计数据表格式、采集数据和编辑工作表就变得非常重要。

1. 设计数据表格式

一般在财务管理工作中进行格式设计的数据表都应该包括标题、表头、表尾和表体固定栏目等内容。用 Excel 设计数据表，就像在一张网格纸上画表格一样，标题、表头、表体等要按照需要安排在相应的单元格中。下面以“恒昌公司第一季度产品销售情况表”为例说明如何设计数据表格式。

1）输入并编排标题

输入并编排标题

标题是文字，属于文本数据类型。输入前首先要选择标题所在的单元格位置，然后输入标题内容。方法如下。

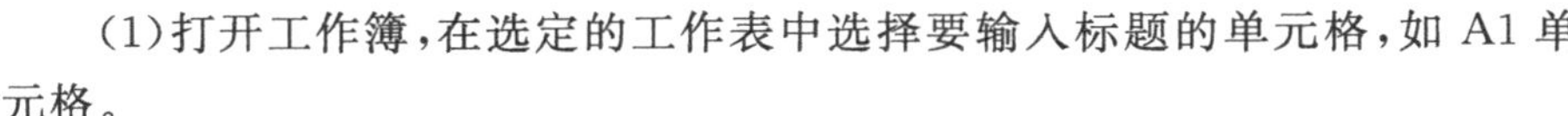

（1）打开工作簿，在选定的工作表中选择要输入标题的单元格，如 A1 单元格。

（2）输入标题内容“第一季度产品销售情况”。此时，输入的标题内容只在 A1 单元格，为了使标题能够更加醒目、美观，应该把它放在整个表的中间，并对标题的字体、字号、字体颜色、显示效果等进行调整，于是需要对输入的标题进行编排。

（3）确定报表表体所占列数，选中标题行包括标题在内的相同列数的单元格区域，如 A1:D1。

（4）打开“开始”选项卡，单击“对齐方式”功能区中的“合并后居中”按钮，即可将标题“第一季度产品销售情况”跨 A1:D1 单元格居中。

（5）选中 A1:D1 单元格，单击“字体”功能区中右下角的扩展按钮，打开“设置单元格格式”对话框，并显示“字体”选项卡，如图 3－1 所示，可以选择标题的字体、字形、字号、下划线，本例中选择了宋体、加粗倾斜、18 号字、单下划线。

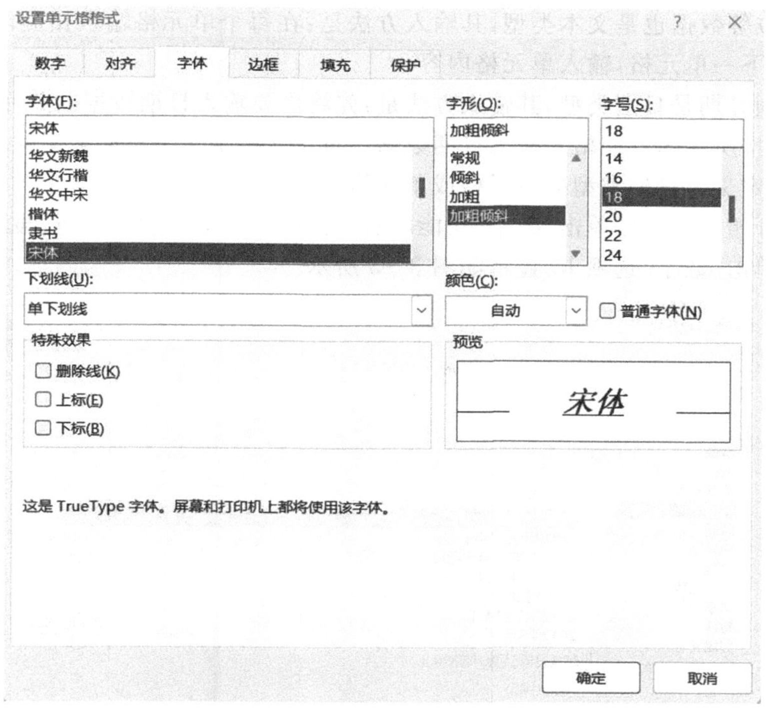

图 3－1 “设置单元格格式”对话框

(6)在“设置单元格格式”对话框中，打开“对齐”选项卡，设定单元格文本的对齐方式；打开“边框”选项卡，设定单元格边框的线条和颜色等；打开“填充”选项卡，设定单元格内填充的色彩和图案等。

(7)完成上述设置之后，可以单击“确定”按钮，于是形成了我们想要的标题格式，如图3－2所示。

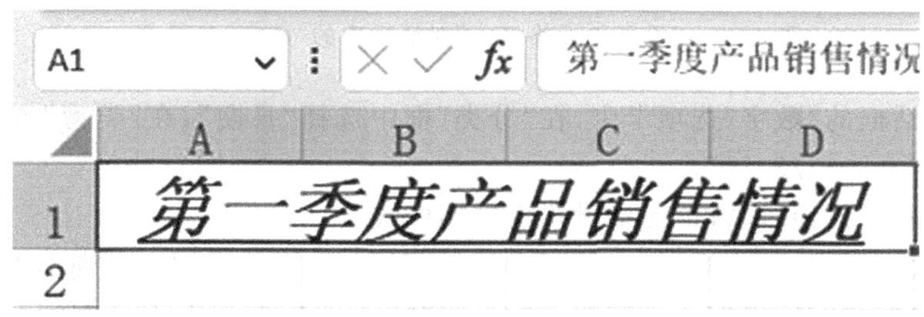

图 3－2 数据表标题样例

说明：在 Excel 工作簿窗口的“开始”选项卡中的“字体”“对齐方式”等功能区上有些按钮可以用于直接设置单元格格式，“样式”功能区上的按钮可以用于直接设置单元格的样式。使用这些按钮可以更便捷地设置单元格格式。

输入并编排表头、表尾

2)输入并编排表头、表尾

数据表的表头一般包括报表的栏目和报表的编制日期、编制单位、使用的货币单位等报表上边框线以上的内容。其中报表栏目的内容、编制单位、使用的货币单位等数据也是文本类型，其输入方法是：在每个单元格输入相应内容后按 Enter 键，将光标移到下一单元格，输入单元格内容。

报表的编制日期是日期类型，其输入方法是：先将需要输入日期数据的单元格定义成日期数据类型，然后按所需的日期格式输入日期数据。将单元格定义为日期类型的步骤如下。

(1)选定要定义为日期类型的单元格或单元格区域，如 B2。

(2)打开"开始"选项卡，单击"数字"功能区右下角的对话框启动器按钮，显示"设置单元格格式"对话框，单击"数字"选项卡，显示如图 3－3 所示。

图 3－3 "设置单元格格式"对话框中的"数字"选项卡

(3)在该对话框的"数字"选项卡中，在"分类"框中选择"日期"，在"类型"列表框中选择所需的格式，例如"＊2012/3/14"。

(4)单击"确定"按钮，即将单元格设置为日期格式。

在日期格式类型中，有些类型示例以星号"＊"开头，而有些类型示例则不以星号开头。以星号开头的日期格式响应操作系统的控制面板的"区域和语言选项"对话框中对区域日期和时间设置的更改。不带星号的日期格式不受操作系统设置的影响。

在定义单元格为日期格式后，可以直接输入日期数字，其中年月日数字之间用"-"或"/"号分隔开，系统自动将其变为定义的日期格式，如图 3－4 所示。在一个单元格中也可以直接输入函数"＝NOW()"，这时单元格的数据自动显示为当前的系统日期以及系统时间。在下次打开工作簿时，该单元格显示的日期和时间也是打开工作簿时的系统日期和系统时间。如果希望此单元格只是显示日期而不显示时间，将该单元格的格式设置为日期格式即可。

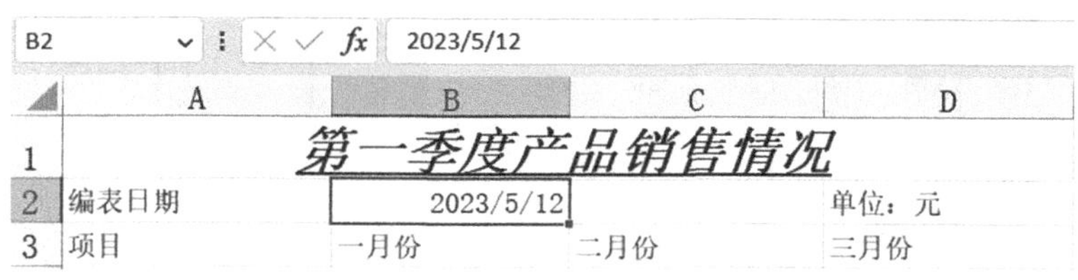

图 3－4　输入日期样例

数据表的表尾一般指报表下边框线以下进行说明的部分。有的表表尾部分有内容，有的表表尾部分无内容。表尾的内容一般是文本类型，其输入和编排方法与标题的处理相似。有时表尾的内容很长，一行无法显示，需要换行，方法是：选定单元格后，打开“设置单元格格式”对话框，打开“对齐”选项卡，选择“自动换行”复选框并单击“确定”按钮。

2．采集数据

Excel 中用于财务处理的业务数据在使用前都必须采集到某个 Excel 工作表中。因此，Excel 中处理的数据主要有两种采集渠道：一种是直接输入，一种是从数据库、其他工作表等中获取。其中从数据库、其他工作表、其他单元格获取数据的方法不在此介绍。数据的直接输入也分为两种方法：直接往表中输入数据和通过公式（包括函数）生成数据。本章只介绍直接往工作表中输入数据的方法，后文将介绍向工作表中输入公式和函数的方法。

1）输入数据

Excel 中任何类型数据的输入都可以先按常规形式输入，然后再指定其格式，使其成为日期、时间、货币或百分比等不同类型；也可以先定义数据所在单元格的格式，再输入数据。比如，输入货币数据时，可以在数值前输入货币符号，例如“￥”和“＄”，Excel 会自动为货币添加千分号；也可以按常规形式输入货币数据，然后选定相应的单元格，再设置单元格的格式为“货币”格式。

设置一个单元格的格式为“货币”格式的操作步骤如下。

（1）选中要输入货币数据的单元格或单元格区域，例如 B4：D8。

（2）单击“开始”选项卡中的“数字”功能组右下角的扩展按钮，打开“设置单元格格式”对话框中的“数字”选项卡，如图 3－5 所示。在“分类”列表框中选择“货币”，指定“小数位数”为 2，选择“货币符号”为￥，并选定“负数”的样式。

（3）单击“确定”按钮，完成单元格区域“货币”格式的设置，单元格中的数字以货币格式显示。

设置“会计专用”货币格式

由于“货币”格式的货币符号直接放在数字前面，小数点未对齐，不便于查看或比较。我们可以使用一种特殊的“货币”格式，即“会计专用”的货币格式解决这个问题。“会计专用”格式可使货币符号和小数点对齐，从而方便用户对数据的使用。“会计专用”格式的设置方法与“货币”格式的设置方法类似。设置单元格区域为“会计专用”格式后的数据显示效果如图 3－6 所示。

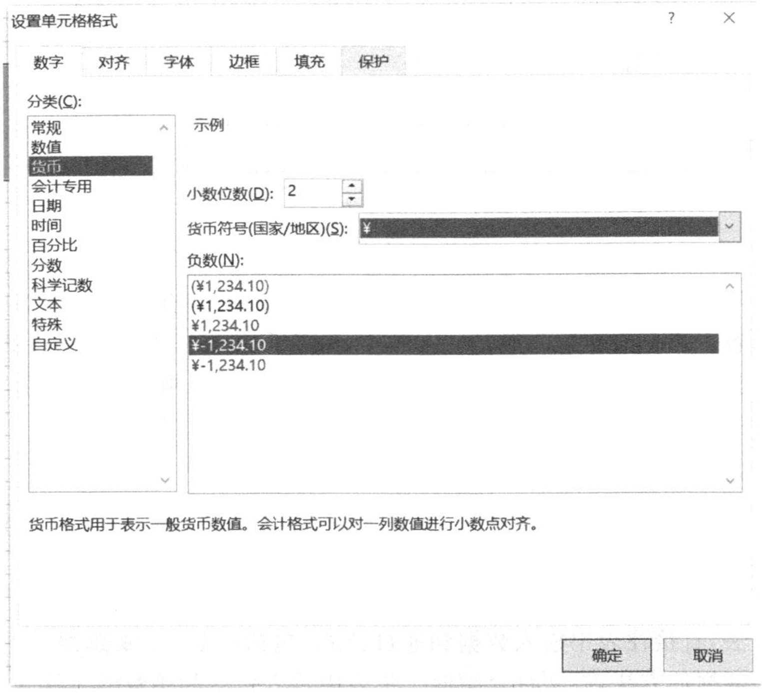

图 3-5　设置单元格为“货币”格式

B4　fx　12000

	A	B	C	D
1	第一季度产品销售情况			
2	编表日期	2023/5/12		单位：元
3	项目	一月份	二月份	三月份
4	洗衣机	¥ 12,000.00	¥ 45,533.00	¥ 22,222.00
5	电冰箱	¥ 56,000.00	¥ 44,334.00	¥ 33,235.00
6	电视机	¥ 340,000.00	¥ 67,775.00	¥ 44,569.00
7	微波炉	¥ 54,123.00	¥ 67,633.00	¥ 55,123.00
8	电动自行车	¥ 65,999.00	¥ 67,889.00	¥ 66,008.00

图 3-6　“会计专用”货币格式显示效果

2）简单数据的自动填充

数据自动填充

对于有一定规律的数据，比如一列或一行连续的单元格要填入相同的数据，又比如从 1 到 10 的自然数序列，可以使用简单的自动填充功能。填充自然数序列的操作步骤如下。

（1）选中需要填充序列的第一个单元格，如 B11，输入序列的第一个数据，如 1。

（2）选中需要填充序列的第二个单元格，如 B12，输入序列的第二个数据，如 2。

（3）选中 B11:B12 区域，将鼠标指针移到该区域的右下角的填充柄，按住该填充柄向下拉倒 B20 的位置，即在 B11:B20 区域中填充 1 到 10 的自然数序列。

要在单元格区域中填充相同的数据，输入第一个单元格的数据，选中该单元格，拉动填充柄到整个单元格区域即可。该方法适用于各种类型的数据。当然，使用自动填充相同数据时，包含要填充内容的单元格一定要位于区域的顶行、底行、最左边或最右边。

3)复杂数据的自动填充

对于一些复杂的序列需要利用 Excel 提供的填充序列命令来自动填充。比如，填充从 2014 年 7 月 1 日开始的 12 个工作日的日期，其操作步骤如下。

(1)选定第一个单元格，例如 B11，输入第一个数据，例如日期 2014－7－1。

(2)选定要填充的单元格区域，例如 B11:B22。

(3)单击“开始”选项卡，单击“编辑”功能组中“填充”按钮右侧的小箭头，并从显示的列表中选择“序列”命令，弹出“序列”对话框。

(4)在“序列”对话框中，选择“序列产生在”下的“列”，选择“类型”下的“日期”，“日期单位”选“工作日”，“步长值”为 1。

(5)单击“确定”按钮，即可在 B11:B22 区域中自动填充 12 个工作日的序列。

4)自定义序列的自动填充

在实际工作中，有时需要一些特殊的序列，如星期几的序列、月份的序列和季度的序列等，这些序列并不按数字大小排列，也不按字符的 ASCⅡ 排列，这时就可以利用 Excel 的自定义序列功能来实现自动填充。这些序列需要事先定义好，然后再使用。比如，要定义一个公司各部门名称的序列，其方法如下。

(1)单击“文件”选项卡，选择“选项”命令，打开“Excel 选项”对话框。

(2)单击该对话框左侧的“高级”选项，按住对话框右侧的滑块往下拉，直到出现“常规”选项，单击“编辑自定义列表”按钮，打开“自定义序列”对话框。

(3)在“自定义序列”列表框中选择“新序列”，在“输入序列”框中输入自定义序列，每输入完一项，按 Enter 键。

(4)当所有序列项都输入完后，单击“添加”按钮，刚输入的序列出现在左侧的“自定义序列”列表框中，再单击“确定”按钮。

这样，就将输入的特殊序列添加到 Excel 的自定义序列中了。如果自定义的序列数据已在工作表中，那么在自定义序列时不必重新输入，只需将相应的单元格区域的内容导入自定义序列中即可。

3. 编辑工作表

一张工作表建立起来以后可能并不令人满意，此时就需要对其进行适当的编辑，以达到最佳的效果。对工作表的编辑主要包括设置单元格格式、调整行高与列宽、编辑和审核修订数据、向工作表中添加其他内容等。

定位条件、设置单元格格式、调整行高与列宽

1)选定编辑对象

要对工作表进行编辑，必须首先选定要编辑的工作表对象。这个对象可以是单元格、单元格区域、整行、整列或整个工作表。一般选定编辑对象的方法很简单，在此不赘述。在财务、会计、审计业务处理中，常常需要从大量的数据中，找到需要处理的数据。由于数据量大，如果按照常规方法寻找会花费大量时间，在此我们可以利用 Excel 的定位功能，根据批注、公式或有效数据等已知条件实现快速定位。例如，要定位工作表中使用了公式的单元格，操作步骤如下。

(1)单击“开始”选项卡“编辑”功能组中的“选择和查找”按钮下的小箭头,从出现的命令行表中选择“定位条件”命令,出现如图 3-7 所示的“定位条件”对话框。

图 3-7 “定位条件”对话框

(2)选择适当的定位条件,例如选中“公式”,单击“确定”按钮,系统便按照设置的条件定位到要找的单元格区域,在工作表中将有公式的单元格以灰色底色显示。后续可对这些选定的单元格进行编辑,如加粗或设置颜色。

2)设置单元格格式

设置单元格格式包括设置单元格中的数据类型、文本的对齐方式、字体、字号、单元格的边框和图案等。这些可以通过“设置单元格格式”对话框中的各种格式选项来实现,或通过“样式”功能组中的样式选项来实现,且后者的效率更高一些。

在财务、会计、审计业务处理中,常常需要对一些特殊数据做出特殊标示,使其更加醒目,以便引起业务人员的注意。在 Excel 中可以利用条件格式功能达到这一目的。例如,想了解一季度的销售数据中每类产品的月度销售额为 50000～60000 元的数据有哪些,让其以粗体显示,其方法如下。

(1)选择单元格范围 B4:D8。

(2)打开“开始”选项卡,单击“样式”功能组中的“条件格式”下侧的小箭头,依次选择“突出显示单元格规则”“介于”命令,出现如图 3-8 所示的对话框。

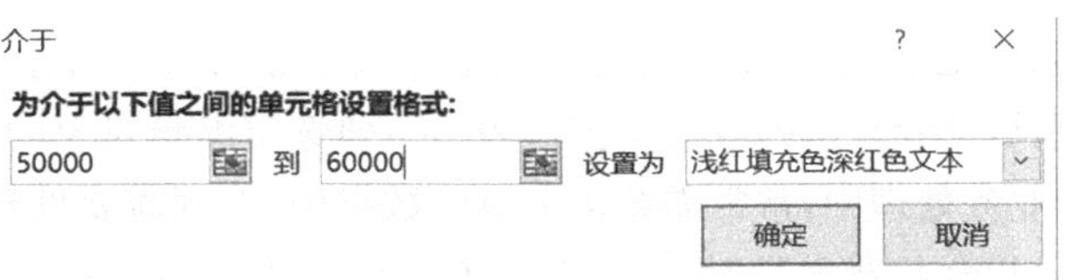

图 3-8 条件格式设置

(3)根据需要设定条件。要找出销售额为50000～60000元的数据，则在左侧的数据框中输入50000，在右侧的数据框中输入60000，也可以直接选择工作表中的某个单元格。要设置显示的样式可在“设置为”列表框中选择相应的样式。

(4)单击“确定”按钮后，完成设置。在“条件格式”中还可以选择其他的选取规则，如大于、小于、等于、重复值、前10%、后10%等，也可以设置其他的显示样式，如“数据条”“色阶”“图标集”等。如果对表设置了多条格式规则，还可以对这些规则进行管理，这里不再详细描述。

3)调整行高与列宽

在工作表编辑过程中，有时会显示一部分文字或出现“＃＃＃＃＃＃”的情况，说明单元格的高度或宽度不够，需要调整行高或列宽。调整的简单方法是：将鼠标指向需调整行高的行或列宽的列与其下面相邻行或相邻列的分界线上，鼠标指针变为垂直双向箭头，表明该行或列可用拖拽方式自由调整；按住鼠标左键进行上下或左右拖拽，直到合适的高度或宽度为止，之后释放鼠标左键，调整完成。

上述方法不能精确地定义行高和列宽，如果要精确地设置行高和列宽，可以单击“单元格”功能组中“格式”下侧的小箭头，选择“行高”和“列宽”等命令来设置精确的行高和列宽数据。

4)编辑和审核修订数据

编辑数据是指对数据进行修改、移动、复制、插入(包括插入行、列或单元格)、删除或清除、查找替换等处理过程。在启用跟踪修订信息的功能后，一个用户对工作簿中的数据进行修改或者不同的用户对同一工作表中的数据进行修改后，Excel会对数据的编辑修改进行记录。启用跟踪修订信息功能的方法如下。

(1)打开“审阅”选项卡，再单击“更改”功能组中的“修订”按钮，从显示的菜单中选择“突出显示修订”命令，显示如图3-9所示的“突出显示修订”对话框。

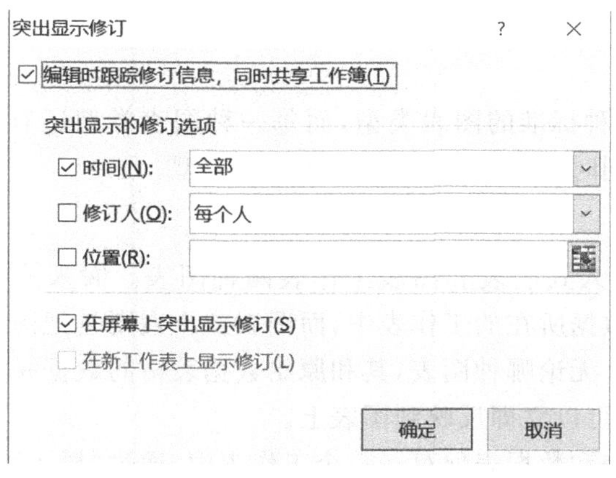

图3-9 “突出显示修订”对话框

(2)选中“编辑时跟踪修订信息，同时共享工作簿”选项，根据需要选择“突出显示的修订选项”，例如选择时间、修订人和位置等信息，同时选中“在屏幕上突出显示修订”选项。单击“确定”按钮。

说明：选中“编辑时跟踪修订信息，同时共享工作簿”选项后，工作簿将处于“共享”状态，其他人员也可能对此工作簿进行修改，“插入”选项卡里的功能按钮会失效。

完成上面的设置后，如果用户对工作表中的数据进行修改，修改后的单元格上将会突出显示，以区别未修改过的单元格，修订后的单元格默认突出显示是有蓝色的边框，且左上角有蓝色的三角形标志。

用户或者其他的审核人可以对这些数据的修改进行审核，以确定是否接受修订。审核修订的方法如下。

(1)单击“审阅”选项卡，再单击“更改”功能组中的“修订”按钮，从显示的菜单中选择“接受/拒绝修订”命令，显示“接受或拒绝修订”对话框。

(2)选择修订选项后，单击“确定”按钮，Excel将定位到文档的第一个被修订的单元格。

(3)该对话框中显示了修订人、修订时间以及对单元格所做的修改。如果确认该修改无误，则单击“接受”按钮。如果认为修改不正确，则单击“拒绝”按钮。接受或拒绝该修订后，自动定位到下一个被修订的单元格。

(4)依次确认所有单元格的所有修订后，完成对工作簿修订的审核。

说明：除非确认所有的修订均可接受或均需拒绝，否则，不宜使用“全部接受”或“全部拒绝”功能按钮。

3.6.2 图表分析方式

数据表分析方式中数据处理的结果可以以数据的形式呈现出来，这种形式虽然精确，却很难有直观和全面的效果。因此可以把数据在各类图表上展示出来，使用户不必花费时间去思索和比较就能够对数据的变化发展趋势、变化周期、变化速度和变化幅度有一个形象、直观的把握。

Excel提供了丰富的图表类型，以方便用户创建图表满足各种需要，从而使图表形式成为数据表格的一个很好的补充。

1. 图表类型

Excel共提供了十几种标准的图表类型，而每一种图表类型还有多种不同的具体形式的子图表类型可以选择。同时，用户也可以自定义图表类型。

2. 建立图表

建立并打印图表

Excel中可以建立嵌入式图表和图表工作表两种图表。嵌入式图表是把图表直接绘制在原始数据所在的工作表中，而图表工作表则是把图表绘制在一个独立的工作表中。无论哪种图表，其和原始数据表格的数据是紧密相关的，原始数据的变化都可以立即反映到图表上。

嵌入式图表是指图表和数据表保存在一个工作表中，通过“插入”选项卡中的“图表功能组”中的各图表类型按钮来创建。下面以某个公司第一季度各产品的销售额建立柱形图为例，说明建立嵌入式图表的操作步骤。

(1)定义原始数据的单元格区域，这里选择A3:D8单元格区域。注意要包含表格的标题行，即项目、一月份、二月份和三月份的数据，这样建立的图表将会自动建立相应的坐标、图例等信息。为了便于区分各产品各月份的销售数据，这里没有包含合计数据。

(2)单击“插入”选项卡，单击“图表”功能组右下角的对话框启动器，打开“插入图表”对话框，如图3-10所示。

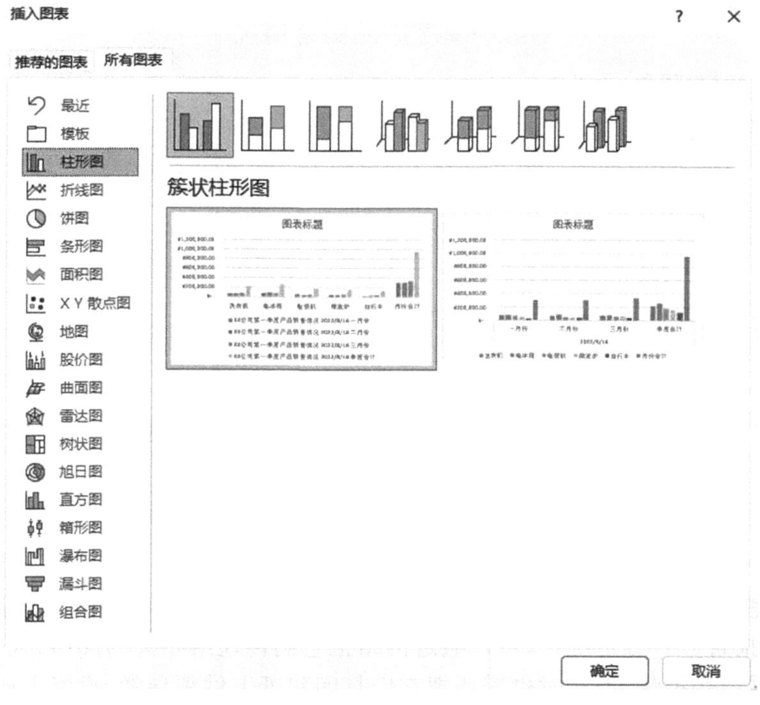

图 3-10 插入图表

(3)打开“所有图表”选项卡,在左侧的图表列表中选择柱形图,再从上面的柱形图子类列表中选中“簇状柱形图”,单击“确定”按钮,则在本工作表中生成一个柱形图,如图 3-11 所示。

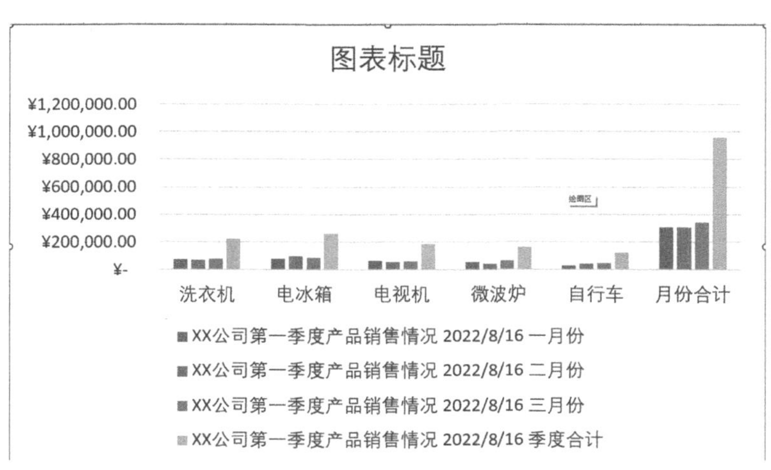

图 3-11 “簇状柱形图”图表

(4)在该图表的上部显示图表的标题为“图表标题”,单击“图表标题”并修改为“第一季度产品销售情况”,如图 3-12 所示。

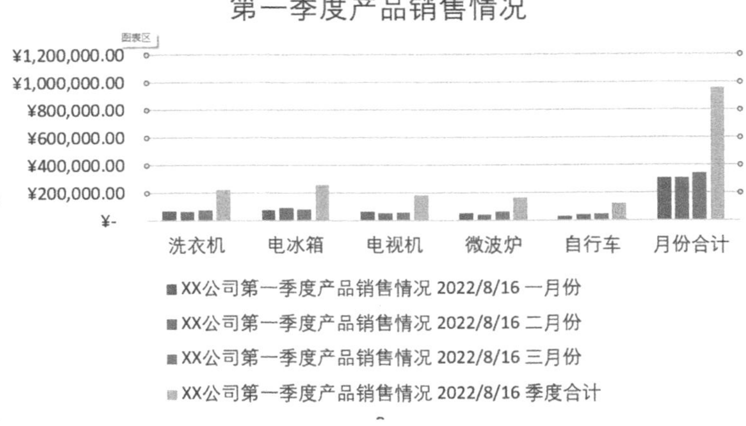

图 3－12　修改图表标题

3. 打印图表

图表绘制完成之后，把分析数据表、文字、图表有机结合起来，就可以编制出一份图文并茂、形象易懂的报告。一般情况下，可以通过网络把它们传递给相关的部门、人员，并通过屏幕显示就可以查看这些报告，但有时也需要把它们打印到纸上供领导者、投资人或主管部门等查看和使用，因此打印图表也是图表分析的重要一环。

1)指定打印区域

有时需要打印整个工作表，有时只需要打印工作表的一部分，如只打印图表，则需要先设定打印区域。

(1)打开一个工作表，打开“文件”选项卡，再单击“打印”选项，出现如图 3－13 所示的“打印”对话框。

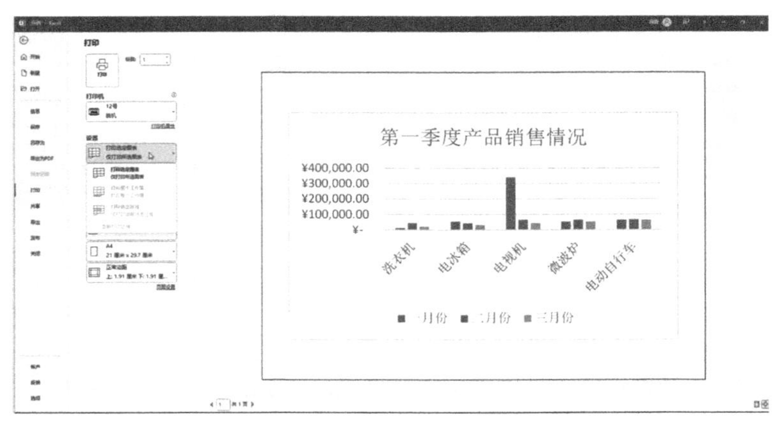

图 3－13　“打印”界面

(2)选定待打印的工作表区域。如果打印当前工作表，从“设置”下面的打印范围中选择“打印活动工作表”；如果要打印整个工作簿中的所有工作表，选择“打印整个工作簿”；如果只打印某个区域，如只打印图表，而且在打开工作表后已经选定了该区域，则选择“打印选定区域”。

(3)选定页码范围、单双面打印选项、调整选项以及其他页面设置选项。设置各打印选项后,在窗口右侧会显示预览的打印效果。如果对预览的打印效果不满意,可以继续修改打印设置,也可返回去修改工作表。

2)打印图表

如果确认是自己想要的内容和效果,可直接单击窗口上部的“打印”按钮,打印内容即送往打印机打印。

3.6.3 Excel 函数的应用

函数的具体使用

Excel 为用户提供了大量的内置应用函数,包括财务函数和统计函数等专业函数,用户可以利用这些函数进行复杂的数学计算、统计、财务分析等工作。此外,用户还可以利用内置函数对数据进行检索、排序、分类、筛选、统计、汇总、自动求和、求平均数、求最大最小值等,或者根据自己的需求自定义函数。因此,Excel 可为用户提供更加强大的数据统计分析功能。

Excel 提供的财务函数应用中,SLN 函数可以方便地根据直线法计提固定资产折旧,SYD 函数则可以根据年数总和法计提固定资产折旧,DDB 函数可以根据双倍余额递减法计提固定资产折旧,PV 函数和 FV 函数可以分别完成复利现值和终值等货币时间价值的计算,IRR 函数和 NPV 函数可以分别完成投资决策中内部收益率和净现值的计算,等等。

如果用户对 Excel 的内置函数非常熟悉,可以在单元格中直接输入函数,然后单击编辑栏中的“=”按钮,系统将自动识别输入的函数,并将结果输出到单元格内。除此之外,还可以使用“插入函数”工具实现函数的输入与使用。下面以 SUM 函数为例来具体说明。

(1)单击需要计算结果的单元格,如单元格 E4。

(2)单击编辑栏中的“插入函数”,弹出“插入函数”对话框,如图 3-14 所示,选择类别为常用函数,选择要使用的函数名称 SUM。

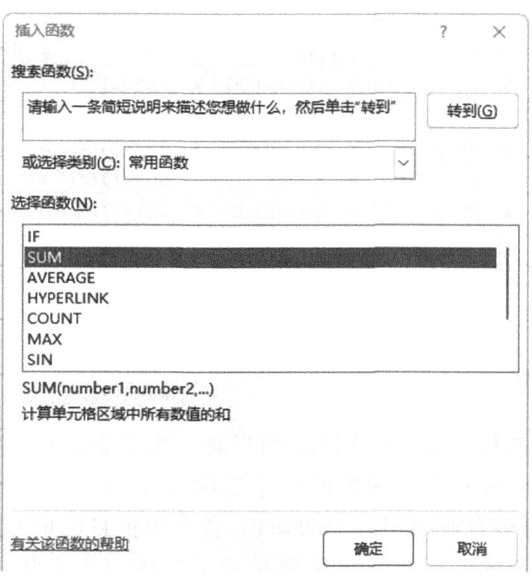

图 3-14 “插入函数”对话框

（3）单击“确定”按钮，显示如图 3-15 所示的“函数参数”对话框。

函数参数 ? ×

SUM

Number1 B4:D4 = {75480,68000,79550}

Number2 = 数值

= 223030

计算单元格区域中所有数值的和

Number1: number1,number2,... 1 到 255 个待求和的数值。单元格中的逻辑值和文本将被忽略。但当作为参数键入时，逻辑值和文本有效

计算结果 = 223030

有关该函数的帮助(H) 确定 取消

图 3-15 “函数参数”对话框

（4）在参数框中输入所要求和的参数值，选择 B4:D4 区域，单击“确定”按钮完成函数结果的输出。

（5）将鼠标放置在 E4 单元格，当右下角出现自动填充的十字光标时，向下拖拽即可算出其他产品的季度合计，如图 3-16 所示。

A	B	C	D	E
XX公司第一季度产品销售情况				
编表日期	2022/8/16			
项目	一月份	二月份	三月份	季度合计
洗衣机	¥ 75,480.00	¥ 68,000.00	¥ 79,550.00	¥ 223,030.00
电冰箱	¥ 78,240.00	¥ 96,000.00	¥ 86,000.00	¥ 260,240.00
电视机	¥ 66,300.00	¥ 55,240.00	¥ 63,000.00	¥ 184,540.00
微波炉	¥ 54,500.00	¥ 44,850.00	¥ 65,800.00	¥ 165,150.00
自行车	¥ 32,000.00	¥ 43,000.00	¥ 49,000.00	¥ 124,000.00

图 3-16 使用自动填充补齐季度合计

3.6.4 Excel 宏功能

录制宏

Excel 作为一个公共软件平台，普及程度相当高。为了更好地发挥其强大功能，提高工作效率，Excel 提供了内置的用于二次开发的 VBA 语言和宏的功能。用户不需掌握很多专业编程方面的知识，就可以把自己的数据处理工作程序化；还可以将有关的宏通过自定义菜单或工具按钮相关联，便能轻松完成相应操作。

1. 开启“开发工具”

录制和管理宏，需要使用“开发工具”选项卡。默认情况下，Excel 不显示此选项卡，需要自定义开启。开启步骤如下。

第一步：在功能区任意一区域点击鼠标右键，在弹出的菜单中选择“自定义功能区”。

第二步：在右侧选项卡列表中，找到“开发工具”并勾选，如图 3-17 所示。

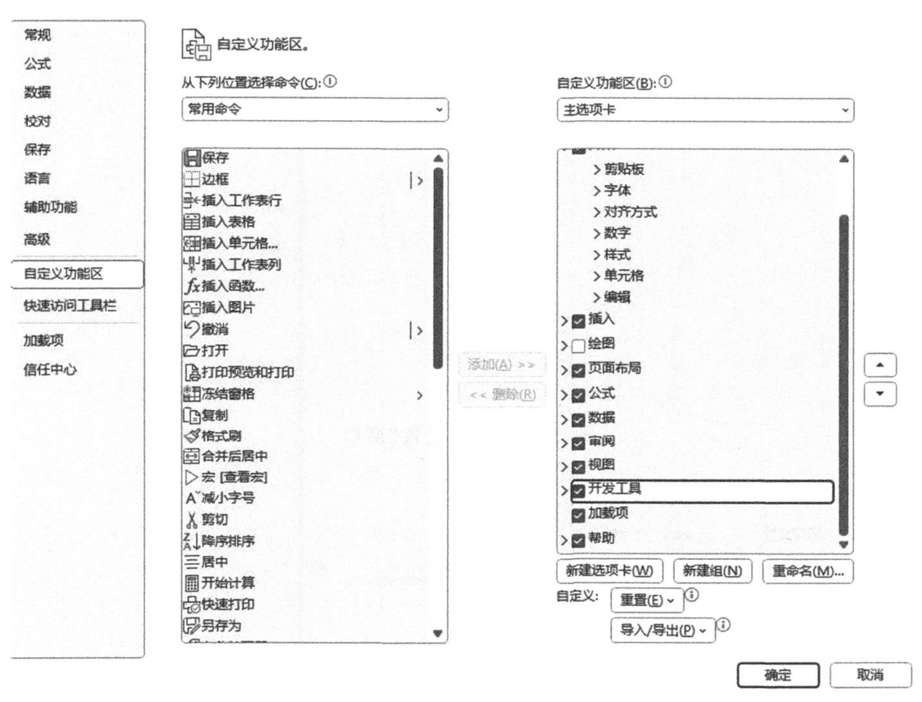

图 3-17 “自定义功能区”窗口

第三步：点击“确定”，这时在功能区可以看到“开发工具”了。

2. 设置宏安全性

默认情况下，为防止来源不明的工作簿自带宏自动运行，Excel 会禁用宏的运行。为了运行自己录制的宏，按如下步骤设置宏安全性：点击“开发工具”选项卡里的“宏安全性”命令，在弹出的宏设置菜单中，按如图 3-18 方式设置。

3. 工作簿设置正确的文件类型

Excel 2007 及以后的版本中，在工作簿中想要保存和运行宏，必须将其另存为“启用宏的工作簿”文件类型。

按以下步骤另存为启用宏的工作簿：点击“文件”命令，在菜单中选择“另存为”，在弹出的另存文件菜单中，在文件类型列表中选择“Microsoft Excel 启用宏的工作簿”，点击“保存”，如图 3-19 所示。

图 3－18 “宏设置”窗口

图 3－19 “另存”窗口

4. 录制宏

前期工作已经完成，接下来可以录制宏了。这里说明一下，同一个电脑，开启开发工具和设置宏安全性只需设置一次，以后无须再重新设置。接下来，我们录制一个规范日期格式的宏，例如，将“2023.1.1”格式日期，使用 Excel 替换功能，转换成“2023－1－1”标准格式日期。

第一步：在“开发工具”选项卡的“代码”命令组中，点击“使用相对引用”。

第二步：接上一步，先选中数据区域，再点击“录制宏”按钮。

第三步：在弹出的对话框中，输入宏名，指定快捷键，选择保存在“当前工作簿”，填写说明，点击“确定”开始录制。快捷键设置为“Ctrl＋Shift＋Q”，如图 3－20 所示。

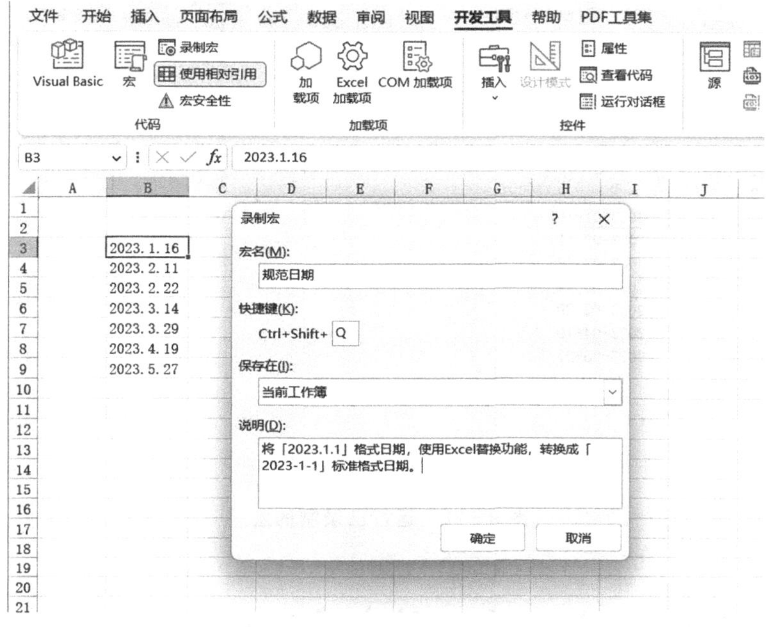

图 3－20 “录制宏”对话框

第四步：使用替换功能，将“.”替换为“-”。

第五步：点击功能区“停止录制”按钮，如图 3－21 所示，完成录制。

图 3－21 “停止录制”窗格

5. 运行录制的宏

上一步中，我们给宏“规范日期”设置了“Ctrl＋Shift＋Q”快捷键。现在，选中要转换的区域，按对应快捷键即可，如图 3－22 所示。

6. 管理已录制的宏

对已经录制的宏，使用宏管理菜单，对其进行编辑、删除、执行等操作。点击“开发工具”选项卡的“宏”命令，即可打开宏管理菜单。

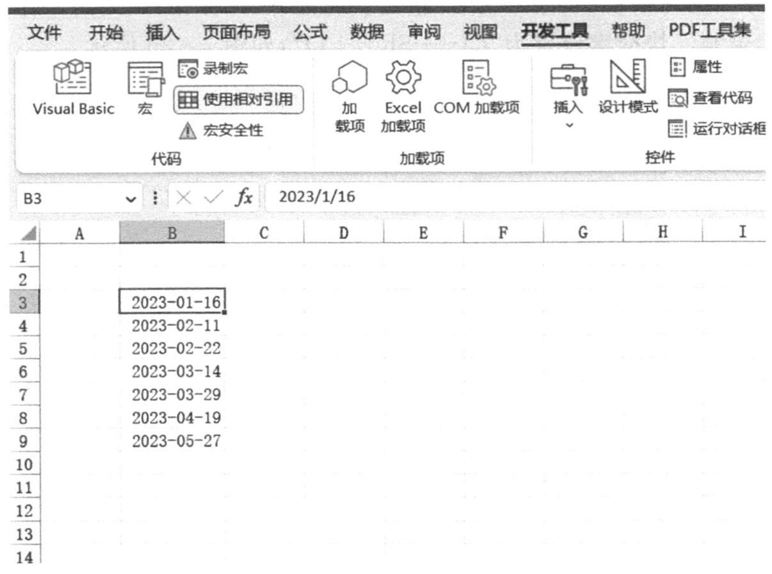

图 3-22 运行已录制的宏

3.7 案例分析:A 公司的财务管理数字化转型系统建设

数字经济新时期,从内部公司治理层面而言,A 公司迅速发展的业务及逐渐壮大的产业规模对公司财务管理提出更高的要求。新时期 A 公司的战略目标是成为制造业行业的龙头企业,为了支撑战略目标的实现,需要建立具有 A 公司特色、综合型制造业公司的财务数字化管理模式。A 公司期望在新技术的引领下构建"财务一体化平台"。在 A 公司财务数字化转型的规划路径中,优化全面预算管理系统是数字化建设的重要环节和抓手,为公司实现全方位的财务共享、业财融合和数智化经营提供保障,全面预算管理在数字化进程中举足轻重。

3.7.1 A 公司全面预算管理系统改进方向(短期视角)

(1)搭建共享预算管理平台,改进预算组织架构。在预算组织方面,推进公司预算组织体系在下属板块公司和子公司的推进和延伸。基于高效统一的预算管理平台,A 公司将夯实各层级预算归口管理。

(2)分解落实公司战略,改进预算编制体系。A 公司综合考量多种因素制定公司总体预算目标后,公司总部和分/子公司再将年度经营目标下分至各级预算组织。在预算编制环节,A 公司基于业务动因编制预算模型,提高预算编制工作精细化。

(3)细化预算控制维度,优化预算执行管控方案。在系统中内嵌控制策略,将预算的控制策略推送至相应的业务的具体事项,将控制的执行结果反馈至全面预算管理系统,当出现不符合控制策略的事项时进行控制预警。在预算执行管控策略上,对不同的业务事项和费用类型采用不同的控制策略。

(4)构建预算分析模型,建立预算调整机制。在预算分析环节,构建多维度、多业态的分析模型,结合历史及行业数据,规划完整的预实分析体系,为管理层决策提供数据支撑。预算调

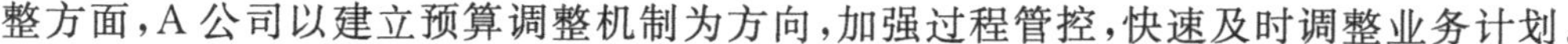

整方面，A公司以建立预算调整机制为方向，加强过程管控，快速及时调整业务计划。

(5)优化考核评价体系，加强预算管理力度。在预算考核评价环节，对不同级次的单位建立不同的预算模型，自动计算考核得分和考核等级。同时将预算执行情况纳入预算考核管理体系，系统自动计算出考核指标预算数与实际执行数的“差值”及“完成度”等内容，自动完成考核评价结果的生成。

3.7.2 A公司全面预算管理系统深化方向(长期视角)

(1)统一数据口径，进行数据标准化建设。首先，基于业务架构，梳理端到端交易数据及管理数据。其次，在全面梳理公司数据的基础上需要对具有业财价值的大类数据项进行领域细分，构建多层级的数据结构。最后，统一公司内部业务与财务数据的口径、属性、逻辑、维度及颗粒度，完成数据标准化建设，为下一步的企业数字化转型奠定基础。

(2)建立财务中台，推动业财融合进程。财务数据中台是打通企业内部信息系统壁垒、支撑数字化运营的关键，改变了企业对数据的传统使用模式，打破了以部门、业务线划分的数据流路径。如何根据企业自身情况，选取适当的中台建设路径和挑选优质的中台建设服务商仍值得进一步探讨。

(3)引入敏捷控制，提升实时风控水平。RPA技术在处理重复性高、规则严格、工作量庞大的业务流程时表现出卓越的性能；而AI技术的应用使得RPA机器人可以更加灵活地识别和处理复杂的环境，并能够根据不同的情况做出更加精准的决策。RPA+AI技术可以将原本分散在各个环节的、难以量化的数据整合成一个庞大而复杂的数据库，从而提供更多的信息和知识。借助RPA和AI技术，财务共享中心从财务状况记录转向数据挖掘与信息分析，使财务数据不仅反映历史状况，更反映现时状况，为企业预算控制和风险应对创造价值。

习题

名词解释

财务管理数字化系统　业务流程重组　业务流程管理

简答题

1. 简述企业财务管理数字化系统对财务管理过程的影响。
2. 举例说明财务管理数字化系统中运用的技术。
3. 简述财务管理数字化系统开发的步骤。

第4章 企业财务分析与评价

学习目标

1. 掌握财务分析的基本步骤及方法，利用 Excel 建立财务分析模型。
2. 熟练掌握财务指标计算公式、杜邦分析体系相关计算公式。
3. 掌握杜邦分析体系的基本内容，利用 Excel 建立杜邦分析模型。

4.1 财务分析业务概述

财务分析是将会计核算和报表资料及其他相关资料作为基础，采用一系列专门的分析技术和方法，遵循会计准则和标准，对企业等经济组织过去和现在有关筹资活动、投资活动、经营活动的偿债能力、盈利能力和营运能力状况等进行分析与评价的经济管理活动。

4.1.1 财务分析概述

财务分析是为企业的管理人员、投资者、债权人、国家财税等职能部门以及其他关注企业的组织或个人了解、评估企业的过去、现状，以及预测企业未来的重要手段和方法。它为改进企业的财务管理工作、帮助企业管理人员做出正确的经济决策提供准确的财务信息或依据。在财务分析的整个过程中，通过对企业的财务状况展开整体分析，可以判断企业的财务实力，同时兼顾评价和考察企业的经济绩效、发现财务活动存在的问题，以期寻求进一步提升企业经济效益的途径从而激发企业潜力。综上来看，财务分析对企业的内部人员和企业外部相关人员都是至关重要的存在。

财务分析主要依据企业的财务报表，因此有时也称为财务报表分析。

财务分析可以通过诸多方法来实现，而在实际的工作当中，主要使用以下四种方法，具体如表 4－1 所示。

表 4－1 财务分析方法

方法	具体内容
比较分析法	1. 比较分析法是通过对比主要指标数值的变化，确定其增减变动的方向、数额和幅度，从而说明企业财务状况及经营成果的一种方法。 2. 根据比较对象的不同，比较分析法可以具体分为绝对数比较分析、绝对数增减变动比较分析、百分比增减变动分析和比率增减变动分析。 3. 该方法可以分析引起变动的主要原因、变动的性质，因此在财务分析中运用得最为广泛。

续表

方法	具体内容
指标分析法	1.指标分析法是以企业财务报告反映的财务指标为依据来评价企业经济活动效益的一种方法。 2.指标分析法计算得出的结果属于相对数,能够将某些用绝对数不可比的指标转化为可比的指标,进而揭示两者之间的关系。 3.该方法可以及时、高效地发现企业在财务管理活动中存在的问题,促使管理者准确掌握企业整体财务状况,在财务分析方法中日益重要。
趋势分析法	1.趋势分析法是根据企业连续数期的财务报表,通过对有关指标的各期对基期的变化趋势的分析,计算趋势百分比或趋势比率的一种方法。 2.趋势分析法能够形成一系列具有可比性的百分数,从而揭示企业的总体经营状况和财务状况的发展趋势。 3.该方法可以分析引起趋势变化的原因,并分析趋势变动中所隐藏的财务风险,也可以预测企业未来的发展趋势。
因素分析法	1.因素分析法是依据财务指标与其驱动因素之间的关系,通过替代顺序变换来计算各个驱动因素与标准的差异对财务指标影响的一种方法。 2.因素分析法一般分为四个步骤:确定分析财务指标,确定财务指标驱动因素,确定驱动因素替代顺序,按照替代顺序依次计算各驱动因素与标准之间的差异对财务指标的影响。 3.该方法主要用于追溯差异产生的原因,为进一步有针对性地解决企业财务问题、评价企业经营状况提供参考。

4.1.2 基于 Excel 软件的财务分析

财务分析是一项复杂全面的分析工作,为了保证各项分析有条不紊地进行,应当遵照具体的流程展开。具体流程可以简要概括为四个步骤,如图 4-1 所示。

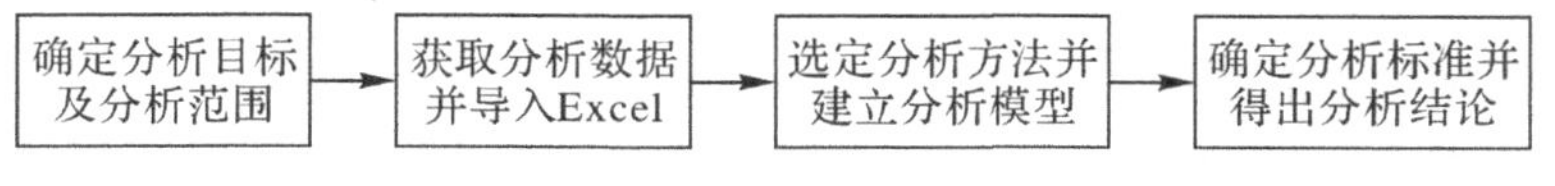

图 4-1 财务分析流程图

1. 确定分析目标及分析范围

财务分析目标是整个财务分析的总领,是确定分析范围大小、分析数据详略、分析方法选择等方面的基础和起点。

财务分析人员需要先确定好财务分析的整体目标,随后继续据此有针对性地划分财务分析的具体范围,从而确保分析人员明确主要任务,有效避免在收集数据资料、选择分析方法等方面产生不必要的人力和物力成本,提高财务分析的效率。

2. 获取分析数据并导入 Excel

获取分析数据是指依据确定的分析目标和分析范围查找、收集财务分析所需数据资料的过程。这些分析数据主要来源于企业的财务报表和后面标注的报表附注,还有一些可能会涉及企业内部的经济活动业务数据、企业外部的宏观经济数据、其他同类企业的财务数据、行业数据等。

将以上数据导入 Excel 软件可能会通过不同的途径来完成。在日常的财务分析工作当中，导入方法有几种。如图 4－2 所示，以企业内部数据导入为例。

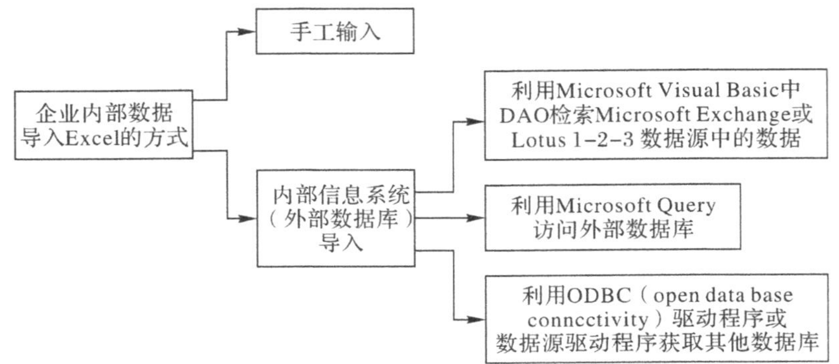

图 4－2　企业内部数据导入途径

企业内部数据应当从企业建立的内部信息系统中导入 Excel。如果企业均通过手工处理在日常经营活动中所产生的会计核算业务，即内部尚未创建信息系统，则可以直接在 Excel 中手工输入相关会计数据，再构建财务分析模型；如果企业已经建立起了内部信息系统，那么可以直接将系统内的数据调入 Excel 展开分析。

对于 Excel 而言，企业内部信息系统中的数据属于外部数据库，而将外部数据库导入 Excel 的方法主要有以下三种。

(1)利用 Microsoft Query 访问外部数据库。可以访问的外部数据库主要包括 SQL Server 数据库、Microsoft Access 数据库、Visual FoxPro 数据库、Oracle 数据库、文本文件数据库等多种类型数据库中的数据文件。

(2)利用 Microsoft Visual Basic 中的 DAO(数据访问对象)检索 Microsoft Exchange 或 Lotus 1－2－3 数据源中的数据。

(3)利用 ODBC(open data base connectivity，开放数据库互联)驱动程序或数据源驱动程序获取其他数据库中的数据。

企业以互联网为载体获取外部数据源的方式与获取企业内部数据的方式类似，但如果外部数据无法通过网络获取，则仍可以通过手工输入的形式将数据导入 Excel 中。

3. 选定分析方法并建立分析模型

获取分析数据并将其导入 Excel 之后，需要根据数据的类型选择合适的分析方法。财务分析方法在前文已经讲述完毕，在实际的分析过程中，可以从四种方法里进行筛选。比较分析法、指标分析法在财务分析中经常使用，所以局部的分析可以选择其中一种；如果是全面分析，那么可以结合四种方法同时展开。

基于选好的分析方法，财务分析人员便可据此构建相对应的财务模型。因为分析模型的建立可以有效防止在未来的分析中出现原始数据变化而分析结果不变这一问题，保证在更换原始数据时，分析结果随之变化。

4. 确定分析标准并得出分析结论

获取的财务数据按照分析方法和分析模型计算完成后，还需将计算的结果与事先确定好的分析标准展开比较，判断企业实际财务状况脱离规定标准所产生的差异，由此得出分析结论。

4.2 Excel财务分析模型

4.2.1 财务指标分析

1. 主要财务指标概述

财务报表中的数据复杂多样，包括资产、负债、权益、收入、成本、利润等诸多方面，因此分析人员可以根据公司目标的需要计算出各种有意义的财务指标，从而分析企业的财务管理活动状况。财务分析指标具体可以划分为短期偿债能力指标、长期偿债能力指标、营运能力指标、盈利能力指标、成长能力指标等。下面将重点介绍短期偿债能力指标、长期偿债能力指标、营运能力指标及盈利能力指标。

1)短期偿债能力指标

企业的短期偿债能力大小，要看流动资产和流动负债的多少和质量。反映短期偿债能力的财务比率主要有流动比率、速动比率、现金比率、现金流量比率等。下面对短期偿债能力指标进行概述，如表 4-2 所示。

表 4-2 短期偿债能力指标

指标	计算公式	说明
流动比率	$流动比率=\frac{流动资产}{流动负债}$	1. 流动比率是流动资产与流动负债的比值。 2. 该比率是相对数，计算简单，目前被广泛用来衡量企业的短期偿债能力。 3. 一般认为，工业生产型企业合理的流动比率最低应该为 2∶1。
速动比率	$速动比率=\frac{速动资产}{流动负债}=\frac{流动资产-存货}{流动负债}$	1. 构成流动资产的各个项目流动性差异较大。其中，货币资金、各种应收款项等可以在短时间内变现，因此称为速动资产；除此之外的其他流动资产，包括存货等，称为非速动资产。 2. 速动比率是速动资产与流动负债的比率。速动资产也可以看作从流动资产中减去存货的部分。 3. 该比率能够更加有效地反映企业的短期偿债能力，通常认为，正常的速动比率为 1∶1。

续表

指标	计算公式	说明
现金比率	$现金比率=\frac{现金}{流动负债}$	1.现金比率是现金与流动负债的比值。 2.在速动资产中，流动性最强、可以直接用来偿还债务的资产是现金。 3.现金资产与其他速动资产存在根本差异的地方是，现金资产本身可以直接用于偿债，无须等待一定的时间进行转换。
现金流量比率	$现金流量比率=\frac{经营活动现金流量净额}{流动负债}$	1.经营活动现金流量净额与流动负债的比值称为现金流量比率。 2.与上述三个用来比较可供偿债资产与债务的存量来衡量偿债能力的比率不同，现金流量比率是比较经营活动现金流量和偿债所需要的现金来衡量企业的偿债能力。 3.经营活动现金流量净额代表了企业创造现金的能力，并且已经扣除了经营活动自身所需要的现金，是可以完全用来偿债的金额。

2）长期偿债能力指标

长期偿债能力指标是指反映企业偿还长期负债能力的指标，主要包括资产负债率、产权比率、利息保障倍数等指标，具体如表 4－3 所示。

表 4－3　长期偿债能力指标

指标	计算公式	说明
资产负债率	$资产负债率=\frac{负债总额}{资产总额}\times 100\%$	1.资产负债率是总负债与总资产的百分比。 2.该指标可以用于衡量企业在清算时对债权人利益的保障程度，也可以反映企业的举债能力。
产权比率	$产权比率=\frac{负债总额}{所有者权益（股东权益）}\times 100\%$	1.产权比率是负债总额与所有者权益（股东权益）总额的百分比。 2.该指标反映公司资金来源于债权人和股东的比例情况。
利息保障倍数	$利息保障倍数=\frac{息税前利润}{利息支出}=\frac{净利润+利息费用+所得税}{利息支出}$	1.利息保障倍数是息税前利润对利息支出的倍数，其中利息费用指的是费用化利息，而利息支出则同时包括费用化利息和资本化利息。 2.该指标反映了企业的获利能力对偿还到期债务的保证程度。

3)营运能力指标

营运能力指标是衡量公司资产管理效率的财务比率。营运能力指标主要包括应收账款周转率、存货周转率、流动资产周转率、总资产周转率等。若想进一步反映企业整体的盈利能力,可以在此基础上将其与反映企业盈利能力的指标相结合,共同展开评价。

表 4-4　营运能力指标

指标	计算公式	说明
应收账款周转率	$\text{应收账款周转率}=\frac{\text{营业收入}}{\text{应收账款平均额}}$ $\text{应收账款周转天数}=\frac{\text{应收账款平均额}}{\text{营业收入}}\times 360$	1.应收账款周转率是企业的赊销收入净额与应收账款平均额的比值,应收账款周转天数是用时间表示的应收账款周转率。 2.其中,“营业收入”来自利润表,由于外部分析人员无法在财务报表中读取企业的赊销数据,所以只能使用营业收入作为替代。“应收账款平均额”来源于资产负债表,是期初应收账款余额与期末应收账款余额的平均数。
存货周转率	$\text{存货周转率}=\frac{\text{营业成本}}{\text{存货平均额}}$ $\text{存货周转天数}=\frac{\text{存货平均额}}{\text{营业成本}}\times 360$	1.存货周转率是营业成本(销货成本)与平均存货的比率,反映了存货的流动性;存货周转天数是用时间表示的存货周转率。 2.其中,“营业成本”来自利润表,“存货平均额”来源于资产负债表,是期初存货余额与期末存货余额的平均数。
流动资产周转率	$\text{流动资产周转率}=\frac{\text{主营业务收入净额}}{\text{流动资产平均额}}$	1.流动资产周转率是主营业务收入净额与流动资产平均额的比率,反映了企业流动资产的周转速度。 2.其中,“流动资产平均额”来源于资产负债表,是期初流动资产余额与期末流动资产余额的平均数。
总资产周转率	$\text{总资产周转率}=\frac{\text{营业收入}}{\text{总资产平均额}}$	1.总资产周转率是营业收入与总资产的比率,反映了企业全部资产的使用效率。 2.其中,“总资产平均额”来源于资产负债表,是期初资产总额与期末资产总额的平均数。

4)盈利能力指标

盈利能力指标用于衡量企业获取利润的能力。评价企业盈利能力的财务指标主要包括营业净利率、销售毛利率、总资产净利率、权益净利率等。具体的盈利能力指标概述如表 4-5 所示。

表 4－5　盈利能力指标

指标	计算公式	说明
营业净利率	$营业净利率=\frac{净利润}{营业收入}\times100\%$	1. 营业净利率是净利润与营业收入的百分比。 2. 该比率越大，代表公司的盈利能力越强。
销售毛利率	$销售毛利率=\frac{销售收入-销售成本}{销售收入}\times100\%$	1. 销售毛利率是销售毛利占销售收入的百分比。 2. 该指标直接反映公司销售收入和销售成本的关系，没有考虑其他因素的影响，能够直观反映公司产品的竞争力。
总资产净利率	$总资产净利率=\frac{净利润}{总资产平均额}\times100\%$	1. 总资产净利率是净利润与总资产平均额的百分比。 2. 该指标是公司盈利能力的关键，反映了公司运用全部资产所获得利润的水平。
权益净利率	$权益净利率=\frac{净利润}{股东权益}\times100\%$	1. 权益净利率也称为净资产净利率，是净利润与股东权益的百分比。 2. 该指标具有很强的综合性，可以衡量企业总体的盈利能力。

2. 利用 Microsoft Query 程序获取外部数据

财务分析以分析数据的获取为根本，鉴于企业主要通过外部数据库来存储数据，所以利用 Microsoft Query 程序从外部数据库中调取数据成了财务分析至关重要的一个环节。

将外部数据源中的数据导入 Excel 的方法很多，其中 Microsoft Query 程序是在日常财务活动中比较常用，也比较重要的一种。Microsoft Query 程序可以连接到外部数据源，并直接对企业数据库和文件中的数据进行检索，进而从这些外部数据源中选择数据调入 Excel 工作表中，无须重新进行人工输入。当企业数据库和文件中的原始数据发生变化需要更新数据时，在 Excel 中建立的分析报表和财务分析模型也可以伴随着外部数据的变动实现自动更新。

在 Excel 中利用 Microsoft Query 程序获取外部数据的具体步骤，如图 4－3 所示。

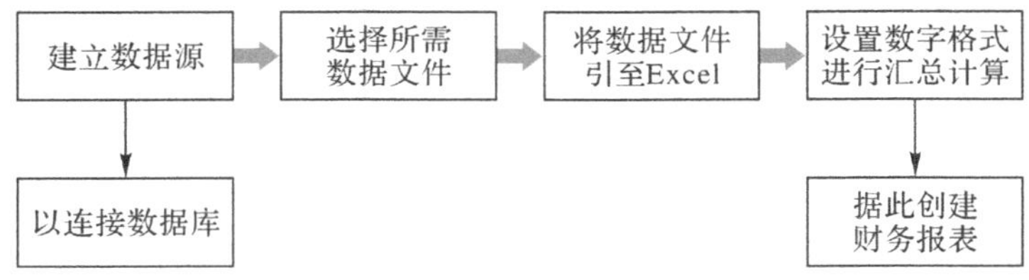

图 4－3　利用 Microsoft Query 程序获取外部数据流程

1)利用 Microsoft Query 程序建立数据源以连接数据库

新建 Excel 表格，选择“数据”，从中点击“获取数据”，再次选择“自其他源”中的“自 Microsoft Query”，出现“选择数据源”对话框，如图 4-4 所示。再根据原始数据实际存储的数据库，选择数据源。

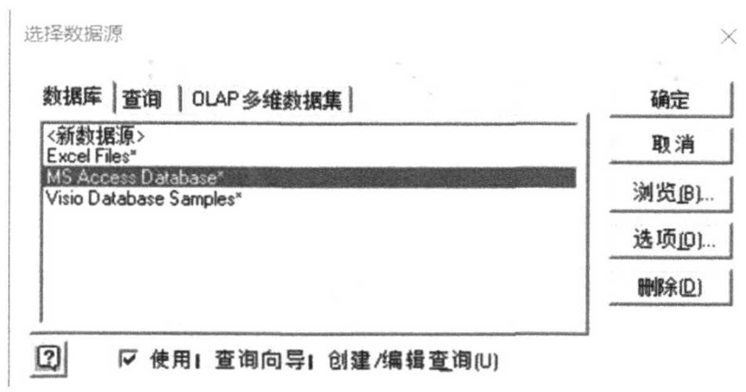

图 4-4 “选择数据源”对话框

自数据源中选择“MS Access Database”数据库类型，根据所查找的外部数据存储路径，找到准备进行分析的数据文件“资产负债表. accdb”，单击“确定”，即与该数据库建立了数据连接。具体如图 4-5 所示。

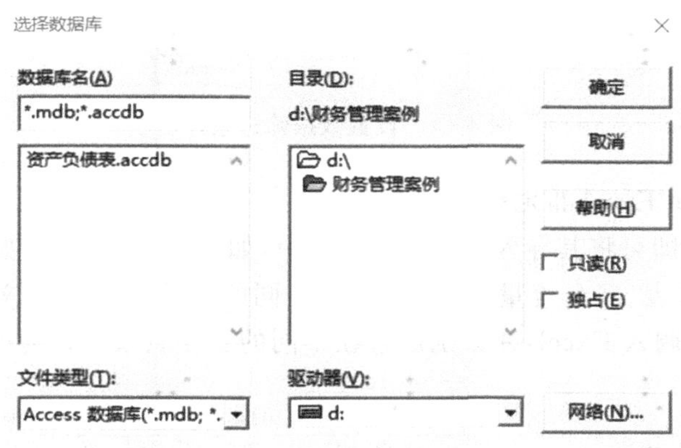

图 4-5 “选择数据库”对话框

“查询”是为了回答对保存在数据源中的数据所提出的特定问题而进行的查找记录。在 Microsoft Query 或 Microsoft Access 中，可以通过设置高级条件来创建复杂的查询，也可以在“数据透视表和数据透视图向导”中创建查询。

2)检索、获取所需数据

与相应的数据库构建联系后，系统中会显示该数据库中所有的表、视图等数据结构，以及每一个表或视图中所包含的字段，具体如图 4-6 所示。

选定分析数据所在的表格，选定分析数据所需要的字段，并将这些数据调入 Excel 工作表中。

选定相关字段后，还可以通过设置数据筛选条件对数据进一步筛选。具体如图 4-7 所示。

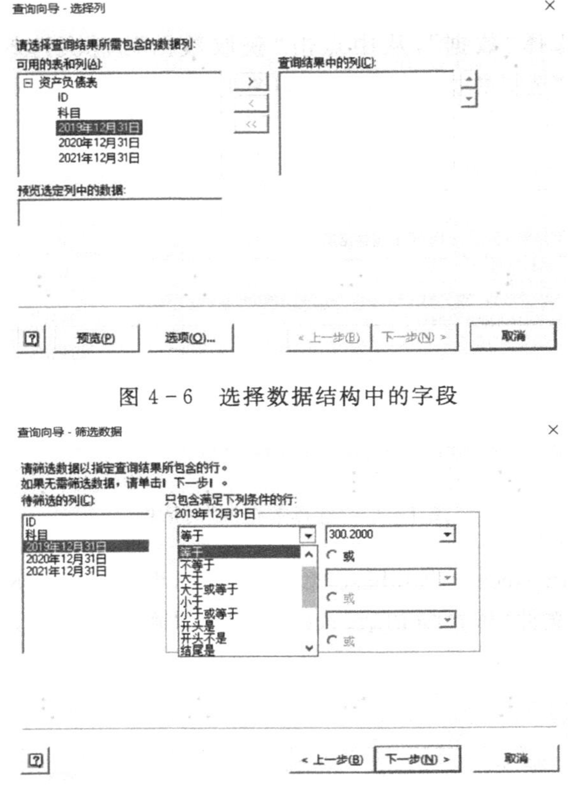

图 4-6　选择数据结构中的字段

图 4-7　设置数据筛选条件

3)将所需数据返回 Excel 指定的工作表中

数据筛选完毕后，即可将其导入 Excel 工作表中，如图 4-8 所示。如果需要调入的数据，包括资产负债表、利润表、现金流量表等，存储在不同的外部数据库或文件中，那么可以利用 Microsoft Query 逐步调入 Excel，并分别放置在不同的工作表或工作簿中。

	A	B	C	D	E
1	资产负债表				单位：元
2					
3	ID	科目	2019年12月31日	2020年12月31日	2021年12月31日
4	1	货币资金	90,821,101.25	110,087,628.13	120,689,540.34
5	2	交易性金融资产	11,003.45	13,676.24	12,973.24
6	3	应收票据	652,893,472.53	703,617,344.12	753,647,261.12
7	4	应收账款	236,278,341.24	299,487,512.12	370,987,164.78
8	5	预付款项	34,724,216.30	42,283,476.89	39,293,547.56
9	6	其他应收款	10,746,893.89	13,984,735.10	17,365,487.67
10	7	应收利息	5,576,382.70	9,562,549.80	7,627,465.50
11	8	应收股利	1,634,853.50	2,746,452.00	7,392,745.30
12	9	存货	356,287,453.56	452,645,284.74	603,846,252.39
13	10	一年内到期的非流动资产			
14	11	其他流动资产		2,635,485.90	7,382,946.61
15	12	流动资产合计	1,388,973,718.42	1,637,064,145.04	1,928,245,384.51
16	13	可供出售的金融资产	1,173,548.91	873,652.03	938,745.75
17	14	长期股权投资	153,627,482.84	203,655,295.86	283,764,529.06
18	15	投资性房地产	2,029,448.81	6,028,462.95	5,283,948.85
19	16	固定资产	348,274,592.08	482,947,520.80	529,475,104.73
20	17	在建工程	61,389,104.09	87,462,940.71	91,728,946.61

资产负债表　利润表　现金流量表

图 4-8　获取的数据

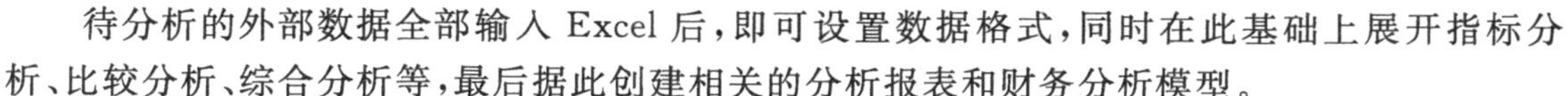

待分析的外部数据全部输入 Excel 后,即可设置数据格式,同时在此基础上展开指标分析、比较分析、综合分析等,最后据此创建相关的分析报表和财务分析模型。

3. **建立表与表之间的数据链接**

在财务分析过程中,由于亟待分析的原始数据种类冗杂、数量庞大,因此为了便于管理和使用这些数据,从外部数据库和文件提取到相应的数据后可将其单独放置于一个工作表中,如需与其他数据展开联合分析,可以将其放置于单独的工作簿中。鉴于此,在现实分析过程中,在不同的表格数据之间构建链接有助于从根本上提高财务分析速度,同时保证财务分析的质量。

1)同一工作簿中工作表之间的链接

同一工作簿中引用其他工作表中的数据是通过工作表的名字加感叹号(!)再加上单元格的命令来实现的。具体格式为

工作表引用! 单元格引用

对于一般情况而言,引用其他工作表中单元格的数据均采取绝对引用,这样可以有效防止公式移动后,所引用的单元格发生变化。

【例 4-1】 计算鑫荣公司 2019 年、2020 年和 2021 年反映偿债能力的流动比率、速动比率、现金比率、资产负债率、产权比率和利息保障倍数。计算结果如图 4-9 所示。

B4 =资产负债表!C14/资产负债表!C44

	A	B	C	D	E	F
1	财务指标分析					
2	偿债能力分析					
3		2019年	2020年	2021年	2020较2019	2021较2020
4	流动比率	1.27	1.21	1.27	-0.06	0.06
5	速动比率	1.08	0.98	1.04	-0.10	0.06
6	现金比率	0.54	0.50	0.52	-0.04	0.02
7	资产负债率	67.42%	70.96%	68.96%	3.54%	-2.01%
8	产权比率	2.07	2.44	2.22	0.37	-0.22
9	利息保障倍数	559.40	38.52	-243.98	-520.88	-282.50

图 4-9 同一工作簿中工作表之间的链接

具体以流动比率的计算过程为例。在"资产负债表"工作表中,流动资产存放在 C14 单元格中,流动负债存放在 C44 单元格中,所以如果要在"财务指标分析"工作表中计算鑫荣公司 2019 年的流动比率,需要建立与"资产负债表"工作表之间的数据链接,即在 B4 单元格,输入公式"=资产负债表! C14/资产负债表! C44",系统便可自动计算出该公司在 2019 年的流动比率,保留两位小数之后,B4 单元格会显示数值为 1.27,至此 2019 年流动比率计算完毕。

2)不同工作簿中工作表之间的链接

不同工作簿中工作表之间的链接是通过"[工作簿名称]工作表引用! 单元格引用"这个命令来实现的。具体格式为

[工作簿名称]工作表引用! 单元格引用

如果所引用的工作簿未能打开,还需要在工作簿前加上该工作簿所存放的绝对路径,并用引号将其括起来,具体格式为

"E:\Excel\财务分析\[工作簿名称]"工作表引用！单元格引用

【例 4-2】 同例 4-1，计算如图 4-10 所示。

B4 =[资产负债表.xlsx]资产负债表2019!C14/[资产负债表.xlsx]资产负债表2019!C44

财务指标分析					
偿债能力分析					
	2019年	2020年	2021年	2020较2019	2021较2020
流动比率	1.27	1.21	1.27	-0.06	0.06
速动比率	1.08	0.98	1.04	-0.10	0.06
现金比率	0.54	0.50	0.52	-0.04	0.02
资产负债率	67.42%	70.96%	68.96%	3.54%	-2.01%
产权比率	2.07	2.44	2.22	0.37	-0.22
利息保障倍数	559.40	38.52	-243.98	-520.88	-282.50

图 4-10 不同工作簿中工作表之间的链接

具体以流动比率的计算过程为例。在“资产负债表”工作簿中，流动资产存放在“资产负债表 2019”工作表的 C14 单元格中，流动负债存放在“资产负债表 2019”工作表的 C44 单元格中，所以如果要在“财务指标分析”工作簿中计算鑫荣公司 2019 年的流动比率，需要建立与“资产负债表”工作簿之间的数据链接，即在 B4 单元格，输入公式“=[资产负债表.xlsx]资产负债表 2019！C14/[资产负债表.xlsx]资产负债表 2019！C44”，系统便可自动计算出该公司在 2019 年的流动比率，保留两位小数之后，B4 单元格会显示数值为 1.27，至此 2019 年流动比率计算完毕。

4. 编制财务分析工作表

进行财务分析时，由于所引用的数据均来源于企业的资产负债表、利润表、现金流量表等各个财务报表，所以为方便有序地计算相关财务指标，从内部系统调取相关报表数据后应将其分别存放至不同的工作表中。

存放完毕后开始编制财务分析工作表。首先要在该工作表中设计安排好整体的布局，之后在单元格中输入需要分析的财务指标名称以及计算公式，初步建立起一个财务指标分析模型。

模型中所有财务指标计算完成后，可以对该表格进行进一步的修饰和完善，使其更加简洁、美观。例如，不同的财务指标选择不同的颜色填充用以区分，调整字体和单元格框线，调整字体颜色等，直至形成一张完整的财务分析工作表。

5. 更新分析表中数据

利用 Microsoft Query 等相关程序将外部数据库数据导入 Excel 后，该外部数据便与 Excel 中的数据建立了链接。所以如果外部数据库中的原始数据发生了改变，那么相应地在 Excel 工作表中这些数据也会实现自动更新。更新的具体方法如下：

(1)选择与外部数据库建立链接的工作表，单击要刷新的外部数据中某个单元格。

(2)在 Excel 中，单击“数据”，在“全部刷新”下点击“刷新”命令，之后系统将自动对链接的外部数据进行更新。

同时，在对外部数据进行更新时还需注意，如果“查询”在后台中运行并且返回数据的时间较长，则可以通过“数据”中“全部刷新”命令检查其状态。

如果工作表中包含多个需要刷新的外部数据，那么可以选择“数据”中“全部刷新”命令同时对所有外部数据展开更新。如果打开了多个工作簿则需要在每个工作簿中单击“全部刷新”才能刷新外部数据。

除此之外，还可以在系统中设置自动刷新命令，即在打开工作簿时系统会自动刷新调入的外部数据。具体操作为：单击“数据”，在“全部刷新”下选择“连接属性”命令，进而打开如图4－11所示的“连接属性”对话框。

图4－11 “连接属性”对话框

在对话框中选择“打开文件时刷新数据”复选框即可实现上述要求；如果想保存带有查询定义但不含外部数据的工作簿，还可以选择“保存工作簿前，删除来自外部数据区域中的数据”复选框；如果想要定期对数据进行刷新，还可选择“刷新频率”复选框，并输入刷新的间隔时间。

4.2.2 杜邦分析体系

杜邦分析体系是一个多层次、多方面的财务指标分解体系。它将企业内部视作一个整体，通过挖掘不同财务指标之间的逻辑关系逐级向下分解，内容涵盖企业的偿债能力、营运能力、盈利能力、发展趋势等诸多方面，覆盖了公司经营活动的各个环节，从而实现对公司财务状况和经营水平的综合分析和评价。杜邦分析体系具体可以通过在Excel中建立杜邦分析模型来实现。

1. **杜邦分析体系的基本内容**

杜邦分析体系是利用各个主要财务比率之间的内在联系全面分析企业财务状况的一种方法。该体系以权益净利率为核心，以资产净利率和权益乘数为主要分解因素陆续向下展开进一步分解直至最后形成“杜邦图”，从而达到准确揭示财务指标变动趋势和原因的目的，为寻找解决方案奠定了基础。

杜邦分析体系中几种主要的财务指标关系和计算公式如下所示：

$$权益净利率=总资产净利率\times权益乘数$$

$$总资产净利率=营业净利率\times总资产周转率$$

$$权益乘数=\frac{1}{1-资产负债率}$$

通过前两个公式可以得出：

$$权益净利率=营业净利率\times总资产周转率\times权益乘数$$

由此看来，权益净利率主要受到营业净利率、总资产周转率和权益乘数三个因素的影响，进而可以通过这三个财务指标反映出权益净利率的具体变动。而这三个财务指标各自还包括不同的财务因素，因此可以对其展开进一步分解。

首先营业净利率可以拆分为净利润与营业收入之比，而净利润又可拆解为营业收入－总成本＋其他利润－所得税，而总成本又是制造成本、管理费用、销售费用、财务费用之和，所以对营业净利率的变化原因可以从销售收入和销售成本这两方面切入。具体分解过程如图4－12所示。

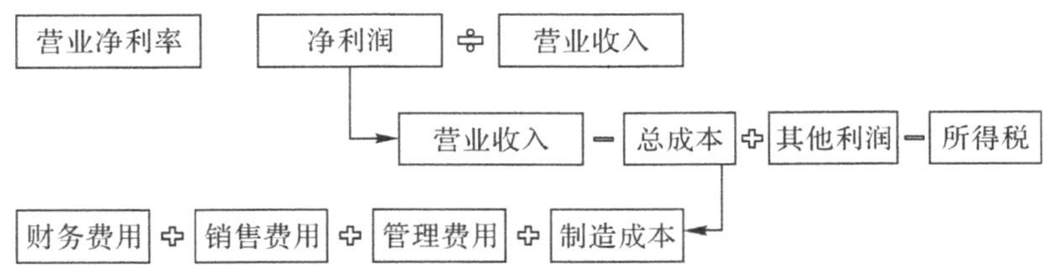

图4－12　营业净利率分解过程

其次是总资产周转率。它是营业收入与总资产平均额的比率，其中总资产＝流动资产＋非流动资产，而流动资产又可拆分为货币资金、存货、应收账款及应收票据、其他流动资产，因此要探析影响总资产周转率的因素可以从流动资产周转率和长期资产周转率两方面展开分析，从而更为深入地判明总资产周转率的变动原因。具体分解过程如图4－13所示。

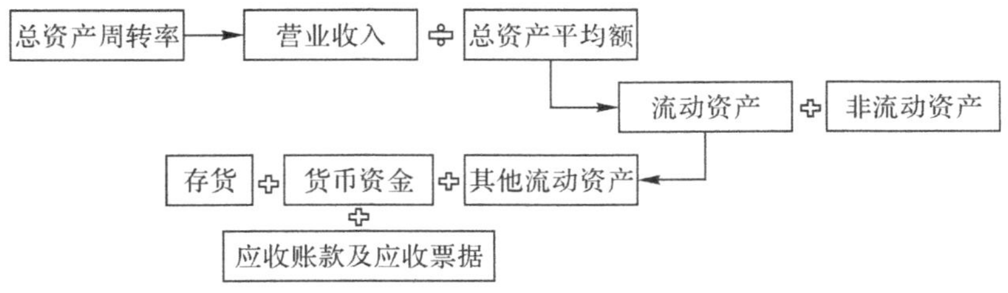

图4－13　总资产周转率分解过程

最后是权益乘数。它可以拆解成资产总额与股东权益总额的比值，而股东权益总额又可拆分为总资产减总负债，其中总负债又包括流动负债和非流动负债两部分，因此在分析权益乘数时，可以同时从总资产、流动负债、非流动负债以及股东权益总额等方面展开具体评价。具体分解过程如图 4-14 所示。

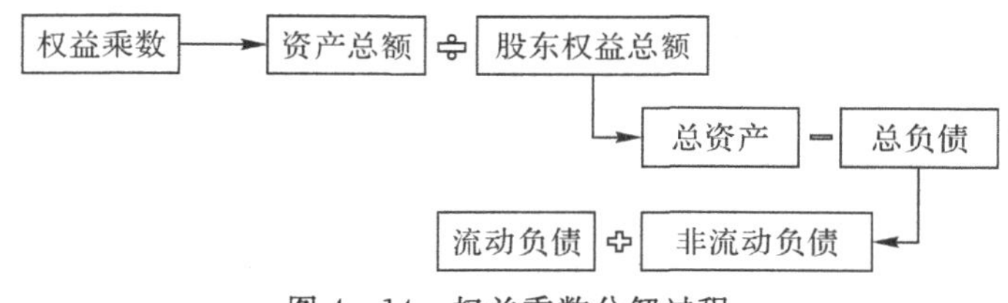

图 4-14 权益乘数分解过程

在 Excel 中建立杜邦分析模型主要是在 Excel 中建立起构成杜邦分析体系的各个财务指标，进而根据企业不断变化的原始数据计算出结果，便于分析人员更加综合系统地对企业的财务状况展开评价。

2. 在 Excel 中设计并建立杜邦分析模型

1)项目名称定义

杜邦分析模型由项目框和连线构成，每一个项目框需要占据上下两个单元格，其中在上面的单元格内要输入名称对该项目进行确定，从而完成项目名称定义。

2)数据引用

下面的单元格要引用企业的财务数据。因为营业收入、其他利润、所得税、制造成本、管理费用、销售费用、财务费用等数据均来源于利润表，而货币资金、存货、应收账款及应收票据、其他流动资产、长期资产、流动负债、非流动负债、股东权益总额等来源于企业的资产负债表，所以在项目框中输入企业的财务数据时，可以通过财务报表引用的方式建立杜邦分析模型与企业财务报表之间的数据链接，从而获取项目所需的数据。

3)项目计算公式输入

有一些财务指标数据无法通过引用企业财务报表获得，所以需要在项目框下面的单元格中输入计算公式对此进行计算。具体公式参照前文。

在基本的杜邦分析模型建立完毕后，为了使其更加整洁、美观，还可对其外观进行调整。通过“套用表格格式”给绘制的杜邦分析体系添加底色和条纹，设计好每一个项目框的排列位置再用连线依次连接，构成最终的杜邦分析图。

4.3 财务分析模型应用

4.3.1 财务指标分析模型

财务指标分析应用

财务指标分析模型的构建将通过一个具体的公司案例进行说明。

【例 4-3】 鑫荣公司 2019 年、2020 年、2021 年三年的资产负债表和利润表已经从外部数据库导入 Excel，并分别放置在“资产负债表”和“利润表”这两个工作表中，具体如表 4-6 和表 4-7 所示。

表 4－6　资产负债表

单位:元

序号	科目	2019年12月31日	2020年12月31日	2021年12月31日
1	货币资金	10125384621.96	12897263541.89	16288736919.78
2	交易性金融资产			
3	应收票据	7153267451.65	7946362541.41	11019077142.41
4	应收账款	2139620715.23	3083768162.65	4196610441.91
5	其他应收款	102787935.32	256369878.56	267403419.15
6	预付款项	556641187.78	1066327380.26	709302029.75
7	应收关联公司款			
8	存货	3556158741.23	5970821125.47	7088736189.70
9	一年内到期的非流动资产			
10	其他流动资产		46988754.08	69943553.61
11	流动资产合计	23633860653.17	31267901384.32	39639809696.31
12	可供出售金融资产	13472645.87	9395640.65	10120676.31
13	持有至到期投资			
14	长期应收款			
15	长期股权投资	1076408794.42	1699878582.61	2210912543.19
16	投资性房地产	20701030.31	65068178.28	54213899.73
17	固定资产	3170286251.37	4548601087.29	5279759209.79
18	在建工程	643702620.30	945670531.67	1059817488.18
19	工程物资			
20	无形资产	362249183.37	530319480.01	563586259.91
21	开发支出			
22	商誉			
23	长期待摊费用	390376.01	11638125.33	76837945.24
24	递延所得税资产	402660473.00	589122259.52	733470249.87
25	其他非流动资产			
26	非流动资产合计	5689871374.65	8399693885.36	9988718272.22
27	资产总计	29323732027.82	39667595269.68	49628527968.53
28	短期借款	890142341.01	1142771002.03	1099899248.93
29	交易性金融负债			
30	应付票据	4439179753.60	6832730539.67	7958207026.86
31	应付账款	6405529653.81	10110493602.78	13114030896.38
32	预收款项	1899301697.14	2209140370.47	2500989341.17
33	应付职工薪酬	640764700.13	1022320060.17	1203994321.28

续表

序号	科目	2019 年 12 月 31 日	2020 年 12 月 31 日	2021 年 12 月 31 日
34	应交税费	818302789.14	668529947.26	971600639.70
35	其他应付款	3240089350.41	3355280571.80	4440329540.46
36	应付关联公司款			
37	一年内到期的非流动负债		24987890.03	
38	其他流动负债			
39	流动负债合计	18333310285.24	25366253984.21	31289051014.78
40	长期借款			59535779.95
41	应付债券		670851049.58	698701612.93
42	长期应付款			
43	专项应付款			
44	预计负债	1012190838.31	1490321770.61	2055831061.05
45	递延所得税负债	10095079.41	9480631.43	12985401.35
46	其他非流动负债	83732441.51	80219423.78	93941708.75
47	非流动负债合计	1106018359.23	2250872875.40	2920995564.03
48	负债合计	19439328644.47	27617126859.61	34210046578.81
49	实收资本(或股本)	1715558739.84	3191643209.75	2677463923.61
50	资本公积	1798899470.93	270278209.79	425720413.81
51	盈余公积	1459578980.88	1671415209.60	1730378084.51
52	减:库存股			
53	未分配利润	2431020387.31	3698500789.51	6267270161.61
54	少数股东权益	2470879174.41	3200260831.51	4298590526.01
55	外币报表折算价差	8466629.98	18370159.91	19058280.17
56	非正常经营项目收益调整			
57	所有者权益合计	9884403383.35	12050468410.07	15418481389.72
58	负债和所有者权益总计	29323732027.82	39667595269.68	49628527968.53

表 4-7　利润表　　单位:元

序号	科目	2019 年	2020 年	2021 年
1	一、营业收入	60587250131.77	73660548630.26	79857599806.91
2	减:营业成本	46418010147.81	56261079341.61	59702866820.89
3	税金及附加	159228121.56	332879013.31	430870231.18
4	销售费用	7813459210.66	9100340577.94	9630799165.81
5	管理费用	3413661440.19	4055211603.80	5189987999.91

续表

序号	科目	2019 年	2020 年	2021 年
6	财务费用	6657270.15	114386431.83	—22150109.30
7	资产减值损失	46347411.67	158566430.08	200867742.65
8	加:公允价值变动净收益			
9	投资收益	264659043.71	420766843.81	542581540.28
10	其中:对联营企业和合营企业的投资权益			
11	二、营业利润	2994545573.44	4058852075.50	5266939496.05
12	加:营业外收入	738461705.87	370699504.95	198359192.81
13	减:营业外支出	11714781.73	18986730.85	39014120.51
14	三、利润总额	3721292497.58	4410564849.60	5426284568.35
15	减:所得税费用	889012315.40	765880161.89	1066653951.29
16	四、净利润	2832280182.18	3644684687.71	4359630617.06
17	归属于母公司所有者的净利润	2035592670.92	2689018214.43	3270453397.31
18	少数股东损益	788696530.48	958631484.07	1092149180.91

其中,资产负债表放置在“资产负债表”工作表中的 A1:E59 单元格区域,利润表放置在“利润表”工作表中的 A1:E19 单元格区域。

进行财务指标分析所需的企业财务数据导入完毕后,继续利用相关财务方法构建财务指标分析模型,具体如图 4-15 所示。模型所包括的财务指标计算公式如表 4-8 所示,具体以 2020 年的财务分析为例。

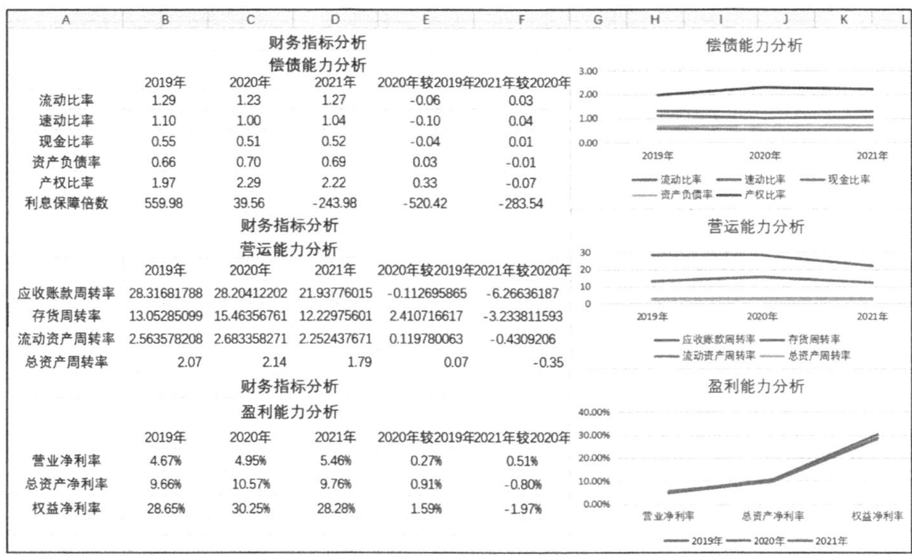

财务指标分析
偿债能力分析

	2019年	2020年	2021年	2020年较2019年	2021年较2020年
流动比率	1.29	1.23	1.27	-0.06	0.03
速动比率	1.10	1.00	1.04	-0.10	0.04
现金比率	0.55	0.51	0.52	-0.04	0.01
资产负债率	0.66	0.70	0.69	0.03	-0.01
产权比率	1.97	2.29	2.22	0.33	-0.07
利息保障倍数	559.98	39.56	-243.98	-520.42	-283.54

财务指标分析
营运能力分析

	2019年	2020年	2021年	2020年较2019年	2021年较2020年
应收账款周转率	28.31681788	28.20412202	21.93776015	-0.112695865	-6.26636187
存货周转率	13.05285099	15.46356761	12.22975601	2.410716617	-3.233811593
流动资产周转率	2.563578208	2.683358271	2.252437671	0.119780063	-0.4309206
总资产周转率	2.07	2.14	1.79	0.07	-0.35

财务指标分析
盈利能力分析

	2019年	2020年	2021年	2020年较2019年	2021年较2020年
营业净利率	4.67%	4.95%	5.46%	0.27%	0.51%
总资产净利率	9.66%	10.57%	9.76%	0.91%	-0.80%
权益净利率	28.65%	30.25%	28.28%	1.59%	-1.97%

图 4-15 财务指标分析模型

表 4-8　财务分析指标计算公式

指标	公式
2020 年流动比率	资产负债表！D12/资产负债表！D40
2020 年速动比率	(资产负债表！D12—资产负债表！D9)/资产负债表！D40
2020 年现金比率	资产负债表！D2/资产负债表！D40
2020 年资产负债率	资产负债表！D49/资产负债表！D28
2020 年产权比率	资产负债表！D49/资产负债表！D58
2020 年利息保障倍数	(利润表！D15＋利润表！D7)/利润表！D7
2020 年应收账款周转率	利润表！D2/((资产负债表！C5＋资产负债表！D5)/2)
2020 年存货周转率	利润表！D3/((资产负债表！C9＋资产负债表！D9)/2)
2020 年流动资产周转率	利润表！D2/((资产负债表！C12＋资产负债表！D12)/2)
2020 年总资产周转率	利润表！D2/((资产负债表！C28＋资产负债表！D28)/2)
2020 年营业净利率	利润表！D17/利润表！D2
2020 年总资产净利率	利润表！D17/((资产负债表！C28＋资产负债表！D28)/2)
2020 年权益净利率	利润表！D17/资产负债表！D58

4.3.2　杜邦分析模型

【例 4-4】　接例 4-3，要求建立杜邦分析模型对鑫荣公司整体的财务情况和经营情况进行综合分析与评价。

杜邦分析模型构建

杜邦分析模型的建立按照如下步骤进行。

1. 项目名称定义

项目框共由上下两个单元格构成，在构建杜邦分析模型时，首先需要在上面的单元格中定义要分析的项目的名称，具体如图 4-16 所示。

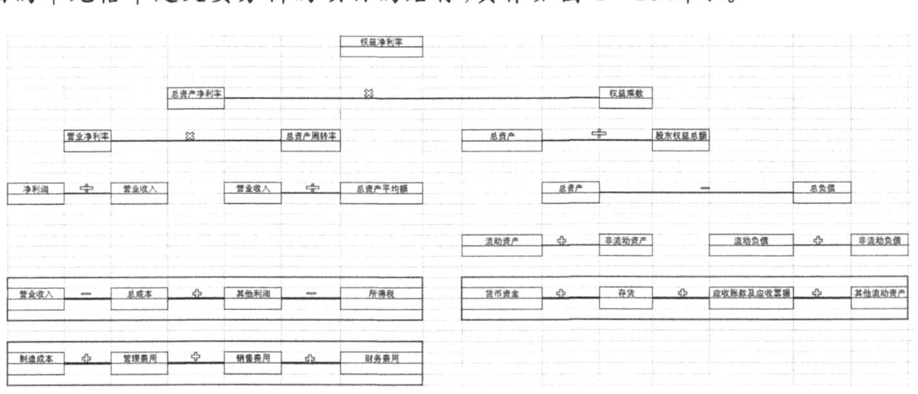

图 4-16　定义项目名称

2. 数据链接

下面的单元格中引用企业具体的财务数据。由于营业收入、其他利润、所得税、制造成本、管理费用、销售费用、财务费用等数据均来源于利润表，而货币资金、存货、应收账款及应收票据、其他流动资产、长期资产、流动负债、非流动负债、股东权益总额等来源于企业的资产负债表，所以可以通过建立资产负债表和利润表与该杜邦分析模型之间的数据链接进行填写，具体如图 4－17 所示。

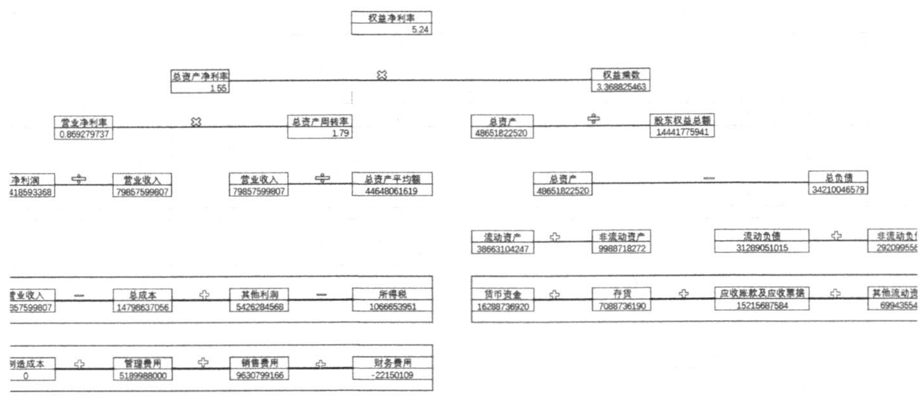

图 4－17　建立数据链接

3. 输入项目计算公式

可以直接从资产负债表和利润表获取的数据输入完毕后，剩余一些项目指标需要通过计算公式进行计算才能得出最终结果，因此需要在下面的单元格中输入该项目的计算公式展开计算得出最终结果，至此杜邦分析模型所涉及的所有数据均填写完毕。最后再通过连线的方式将上述项目按照逻辑的顺序依次相连。为了使该模型更加简洁和美观，可以再对单元格的外观进行调整。

所有工作完成后，就形成了杜邦分析模型，具体图 4－18 所示。

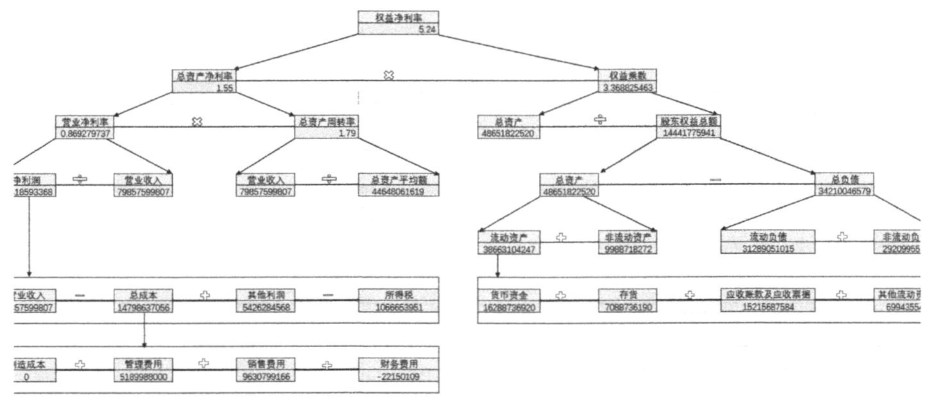

图 4－18　杜邦分析模型

4.3.3 基于 Stata 软件的财务分析

如今，Excel 软件被广泛应用于公司财务分析的各个环节，而 Stata 软件作为一个专业的统计分析软件，往往应用于回归模型的构建，在公司财务分析过程中可能会存在一些阻碍和问题。但是，在财务指标计算与绘制图表方面，Stata 软件能够基于更多的财务数据样本，通过更快的计算速度，绘制更加专业的比较图表，解决了 Excel 在面对庞大数据量时常常卡顿的情况，大大提高了财务分析的效率和准确性。与此同时，在 Stata 软件中完成相关财务计算后，还可通过命令将所有数据重新导出至 Excel，进而展开后续分析。

1. 分析数据导入 Stata 软件

将分析数据导入 Stata 软件的途径很多，其中最适用的是从 Excel 中复制所需数据，然后打开 Stata 软件的数据编辑器进行粘贴。因为公司原始的财务数据均存储在 Excel 中，所以采用这种方法会更加便捷。

但是 Stata 软件无法像 Excel 那样可以建立数据表格之间的链接，所以分析数据导入之前需要提前整理出来。例如计算公司的偿债能力，则需提前将与偿债能力相关的财务数据整理出来放在一张表格中，包括流动资产、速动资产、现金资产、流动负债、总资产、总负债等，其中年份、财务指标名称等抬头需要放在同一行内。

2. 分析数据计算

财务数据导入 Stata 软件后，便要展开具体计算。由于 Stata 软件采用直接命令式的语法，所以需要分析人员在命令框内输入具体的计算命令。

例如计算流动比率，计算公式为：流动资产/流动负债。在 Stata 软件中，由于需要重新生成流动比率这一新变量，所以需要新建一列放置，具体命令为：gen 流动比率＝流动资产/流动负债，从而完成计算过程。其他财务分析指标的计算方法也与此类似。

3. 绘制图表

财务指标计算完成后，还需根据计算结果绘制图表展开具体分析和评价。如果是折线图，则具体的命令为：twoway line 流动比率 年份；如果要带上数据标记，则可写为：twoway connected 流动比率 年份。当然，若是想图表更加美观，还需要更加高级的命令予以支撑。

4. 分析数据导出至 Excel

待所有财务指标计算完成后，由于目前 Stata 软件在公司财务分析领域的应用较少，所以需要重新导出至 Excel 进行后续分析。具体命令为：dataout，save（财务指标计算）excel replace。

以上内容均为 Stata 软件比较基础的财务应用。随着公司的战略发展越来越依赖更加庞大复杂的财务分析，在以后的财务工作中，为了充分发挥财务战略的作用进而实现公司整体战略目标，Stata 软件除了可以应用于基础的财务指标计算外，还可以构建基本的回归模型，对整个公司治理层面展开综合评价。

4.4 案例分析:H集团的流动性危机

4.4.1 背景介绍

H集团创立于1996年,仅两年多就做到广州房地产市场十强。2009年,H集团在香港交易所上市,成为在港市值最高的内地房企。2021年,H集团完成从地产向"多元产业+数字科技"的转型,总资产超过2.3万亿元,在世界500强中排名第122位,成为中国房企之首。

潜藏在H集团表面无限风光之下的,是高额债务带来的隐患。2021年下半年以来,H集团的负面舆情开始发酵,商业汇票逾期,拖欠项目工程款,债券评级下调,被银行冻结资产等新闻不断涌现。2021年12月3日晚,H集团在香港联交所发布了无法履行一项金额为2.6亿美元担保责任的公告。随后,包括央行、银保监会、证监会在内的三部委先后发声,同时,广东省人民政府约谈H集团,并派驻工作组。至此,H集团流动性危机彻底爆发,引发社会各界高度关注。

4.4.2 可持续增长模型

可持续增长率是指企业在不发行新股或回购股票、不改变经营效率(即销售净利率和总资产周转率)和财务政策(即权益乘数和利润留存率)时,其销售所能达到的最大增长率。具体而言,可持续增长率=净资产收益率(ROE)×留存收益率=销售净利率×总资产周转率×权益乘数×留存收益率。而实际增长率则为本年度销售额与上年度销售额相比的增长率。

如果公司的实际增长率长期大于可持续增长率,说明公司存在增长过快的问题。公司应当考虑提高可持续增长率,或者适当放缓增长的步伐,否则,公司就会因资金不足以支撑增长而导致资不抵债,从而陷入财务困境。

4.4.3 H集团流动性危机爆发征兆

由表4-9中可知,H集团2016—2018年的实际增长率,远高于可持续增长率,属于典型的过度增长。2018年后,销售净利润率基本维持在10%上下,没有显著增长;总资产周转率相较于2018年也有一定程度降低,说明企业在经营层面上并没有找到良好的突破口,为企业的高增长来持续供血。那么维持企业前期高速扩张增长的资金缺口就只能从增加融资、提高负债来获取了。

表4-9 H集团2016—2021实际增长率和可持续增长率计算相关数据

年份	实际增长率	可持续增长率	经营政策(销售净利率×总资产周转率)	销售净利率	总资产周转率	财务政策(权益乘数×留存收益比率)	权益乘数	留存收益比率
2016年	58.83%	12.39%	1.30%	8.33%	15.65%	9.50	9.50	100.00%
2017年	47.09%	11.55%	2.10%	11.91%	17.65%	5.49	9.15	60.05%
2018年	49.89%	19.78%	3.54%	14.27%	24.80%	5.59	7.76	72.01%

续表

年份	实际增长率	可持续增长率	经营政策（销售净利率×总资产周转率）	销售净利率	总资产周转率	财务政策（权益乘数×留存收益比率）	权益乘数	留存收益比率
2019 年	2.44%	8.13%	1.52%	7.02%	21.64%	5.35	7.15	74.78%
2020 年	6.22%	8.20%	1.36%	6.19%	22.04%	6.01	6.42	93.59%

为了便于分析 H 集团负债状况，本例将负债分解为有息负债和无息负债。有息负债一般主要包括短期借款、长期借款、应付债券以及一年内到期的非流动负债；而无息负债一般是指来自经销商先付款后提货形成的预收账款，以及向供货商延期支付形成的应付票据和应付账款，通俗地来讲就是来自产业链的负债。

通过表 4-10 可以看出，2016—2021 年，H 集团的总资产负债率一直在维持在 80%以上，属于典型的高杠杆模式。其中，有息负债占比呈逐年下降趋势，从 2016 年的 46.19%降至 2021 年中期的 29.08%；而无息负债则逐年增长，从 2016 年的 53.81%上升至 2021 年中期的 70.92%。这说明为了支持企业高速增长的资金需求，同时为了降低企业的财务杠杆，H 集团加大了利用产业链进行融资的程度，而减少了银行贷款的比重。由于无息负债没有固定的成本，没有杠杆作用，因此通常不被计入财务杠杆中。

表 4-10　H 集团 2016—2021 年负债情况相关数据

年份	有息负债/亿元	无息负债/亿元	流动负债/亿元	总负债/亿元	有息负债占比	无息负债占比	流动负债占比	总资产负债率
2016 年	5350.70	6232.66	7333.94	11583.36	46.19%	53.81%	63.31%	85.75%
2017 年	7326.25	7869.19	10848.55	15195.44	48.21%	51.79%	71.39%	86.25%
2018 年	6731.42	8982.60	11594.56	15714.02	42.84%	57.16%	73.78%	83.58%
2019 年	7998.95	10481.45	13500.35	18480.40	43.28%	56.72%	73.05%	83.75%
2020 年	7165.32	12341.96	15072.53	19507.28	36.73%	63.27%	77.27%	84.77%
2021 年 1—6 月	5717.75	13947.59	15727.59	19665.34	29.08%	70.92%	79.98%	82.71%

通过分析 2016—2021 年 H 集团的现金流量表相关数据（见表 4-11）可以看出，除了 2018 年和 2020 年，其余年份 H 集团经营活动现金流量净额皆为负值，说明 H 集团的现金流并不能用于偿付企业的流动负债。即使 2018 年和 2020 年现金流量净额为正，现金流净额也只仅能够偿付极少比例的流动负债。可见，H 集团的合约销售快速增长的同时，并没有带来现金流量的足够结余，难以为短期的债务提供偿付能力，为之后的流动性危机埋下伏笔。

表 4-11　H 集团 2016—2021 年现金流量表相关数据

年份	净利润/亿元	经营活动现金流量净额/亿元	流动负债/亿元	经营活动现金流量净额/流动负债
2016 年	176.17	−586.10	7335.94	−7.99%
2017 年	370.49	−1509.73	10848.55	−13.92%
2018 年	665.47	547.49	11594.56	4.72%
2019 年	335.42	−673.57	13500.35	−4.99%
2020 年	314.00	1100.63	15072.53	7.30%
2021 年 1—6 月	104.99	−148.31	15727.59	−0.94%

习题

名词解释

财务分析　资产负债率　营运能力指标　杜邦分析体系

简答题

1. 衡量企业短期偿债能力的指标有哪些?
2. 衡量企业长期偿债能力的指标有哪些?
3. 衡量企业营运能力的指标有哪些?
4. 衡量企业盈利能力的指标有哪些?
5. 简述杜邦分析模型的建立步骤。

案例分析

上市公司 M 的资产负债表与利润表分别如表 4-12 和表 4-13 所示,请创建模型对其进行财务比率分析与杜邦分析。

表 4-12　M 公司资产负债表　　单位:元

项目	2022 年 12 月 31 日	2021 年 12 月 31 日	2020 年 12 月 31 日
流动资产:			
货币资金	138498302123.84	100413441304.10	123828677860.41
交易性金融资产	3826643235.64		370820500.00
衍生金融资产		21610541.29	76680617.45
应收票据			
应收账款	2811623322.77	3685619949.29	3548791695.27
应收款项融资	24888338026.70	21973920103.73	18642206012.24
预付款项	28967607814.23	23689469573.43	17963607702.38
其他应收款	3602220649.55	2076879180.43	2307154984.66

续表

项目	2022 年 12 月 31 日	2021 年 12 月 31 日	2020 年 12 月 31 日
其中:应收利息			
应收股利			2932373.42
存货	9662044202.39	10215532982.28	13884110379.81
合同资产			
持有待售资产			
一年内到期的非流动资产	3275847602.74	10969772555.56	
其他流动资产	2524365397.75	5506040199.45	9773701904.35
流动资产合计	**218056992375.61**	**178552286389.56**	**190395751656.57**
非流动资产:			
债权投资	150351500.00		
其他债权投资	13312747743.53	5182465277.78	
长期应收款			
长期股权投资	29292448754.90	29888588986.29	24619357367.01
其他权益工具投资	4498529086.64	9889910814.28	7505139669.97
其他非流动金融资产	4428003204.49	81309327.39	2003483333.33
投资性房地产	17569355.86	19871480.80	22173605.79
固定地产	3291354893.44	2535403625.71	2706217465.90
在建工程	460979229.34	907483903.01	570077306.55
使用权资产			
无形资产	823495905.07	843960439.75	780743893.31
递延所得税资产	11399848879.09	10730613644.43	10926393867.16
其他非流动资产	897709314.22	86616430.09	97653134.61
非流动资产合计	**68573037866.58**	**60166223929.53**	**49231239643.63**
资产总计	**286630030242.19**	**238718510319.09**	**239626991300.20**
流动负债:			
短期借款	39282170543.24	18068823304.24	15862663592.40
交易性金融负债			
衍生金融负债	36789650.89		
应付票据	35967986466.43	35673937662.52	19177017664.74
应付账款	49009643905.62	33677905272.50	44365200963.00
预收款项			
合同负债	9160537495.63	12219603424.23	14594653911.45
应付职工薪酬	1584146109.11	1464834311.62	1306897769.56

续表

项目	2022年12月31日	2021年12月31日	2020年12月31日
应交税费	2053684659.63	1067213552.76	777604964.68
其他应付款	8044168532.69	2470038943.73	1773107761.34
其中:应付利息			
应付股利	5614444494.87	602881.87	602881.87
持有待售负债			
一年内到期的非流动负债		135037104.90	
其他流动负债	55848213083.79	59674216467.38	59737975078.14
流动负债合计	**200987340447.03**	**164451610043.88**	**157595121705.31**
非流动负债:			
长期借款	27272830327.56	6606444166.67	143254262.42
长期应付职工薪酬	175712728.00	164408471.00	149859788.00
预计负债			
递延收益	81520036.95	85326589.00	74814702.48
递延所得税负债	710194350.26	1291446408.46	848906843.68
其他非流动负债			
非流动负债合计	**28240257442.77**	**8147625635.13**	**1216835596.58**
负债合计	**229227597889.80**	**172599235679.01**	**158811957301.89**
股东权益:			
股本	5631405741.00	5914469040.00	6015730878.00
其他权益工具			
其中:优先股			
永续债			
资本公积	479849106.94	109621222.84	184850281.86
减:库存股	5643935587.86	19579646233.43	5182273853.90
其他综合收益	2390383701.31	11663015593.78	7763409043.86
盈余公积	2240943653.27	1983727107.74	3497114024.31
未分配利润	52303785737.73	66028087909.15	68536203624.18
股东权益合计	**57402432352.39**	**66119274640.08**	**80815033998.31**
负债和股东权益总计	**286630030242.19**	**238718510319.09**	**239626991300.20**

表 4-13 M公司利润表(亏损以"一"号填列) 单位:元

项目	2022 年 12 月 31 日	2021 年 12 月 31 日	2020 年 12 月 31 日
一、营业收入	**119790450591.45**	**117502214959.15**	**107841790174.49**
减:营业成本	84193036470.44	84576440398.57	76008352345.28
税金及附加	612252827.55	268607695.48	174392631.24
销售费用	10387387452.52	9733828322.47	11169691825.61
管理费用	1052070843.18	875539864.96	808715696.48
研发费用	4858805454.26	4964928966.97	4811036302.94
财务费用	-2676657645.12	-3058810928.42	-2919245870.62
其中:利息费用	2088897062.24	1312749932.63	840469134.14
利息收入	4994497152.18	4719654050.92	4434457504.91
加:其他收益	197947953.08	98992747.91	233757468.48
投资收益	3978824626.50	2960166670.54	12402627036.29
其中:对联营企业和合营企业的投资收益	-13564461.54	-12905170.50	-12168894.57
公允价值变动收益	-21732079.44	-57612527.32	56685742.93
信用减值损失	29008430.71	47932902.68	2282469.02
资产减值损失	-116830227.19	-482109320.46	-178340890.13
资产处置收益	-12890.45	1775599.93	1733177.13
二、营业利润	**25430761001.83**	**22710826712.40**	**30307592247.28**
加:营业外收入	9279405.22	19734701.84	46252800.73
减:营业外支出	2780548.68	2241847.84	9176432.87
三、利润总额	**25437259858.37**	**22728319566.40**	**30344668615.14**
减:所得税费用	3066558342.67	2891048488.98	2659156932.61
四、净利润	**22370701515.70**	**19837271077.42**	**27685511682.53**
持续经营净利润	22370701515.70	19837271077.42	27685511682.53
五、其他综合收益的税后净额	**-9272631892.47**	**4014556367.52**	**1301384947.45**
(一)不能重分类进损益的其他综合收益	-9308453566.04	4016410674.15	1294557343.46
1. 重新计量设定受益计划变动额	-8601949.00	-12391783.00	-6851653.00
2. 权益法下不能转损益的其他综合收益	-4747875029.30	1849833156.32	215136201.85
3. 其他权益工具投资公允价值变动	-4551976587.74	2178969300.83	1086272794.61

续表

项目	2022 年 12 月 31 日	2021 年 12 月 31 日	2020 年 12 月 31 日
4. 企业自身信用风险公允价值变动			
5. 其他			
(二)将重分类进损益的其他综合收益	35821673.57	—1854306.63	6827603.99
1. 权益法下可转损益的其他综合收益			—182758.17
2. 其他债权投资公允价值变动	60670722.32	—8821012.88	—6728740.34
3. 金融资产重分类计入其他综合收益的金额			
4. 其他债权投资信用减值准备			
5. 现金流量套期储备	—24849048.75	6966706.25	13739102.50
6. 外币财务报表折算差额			
7. 其他			
六、综合收益总额	**13098069623.23**	**23851827444.94**	**28986896629.98**

第5章 投资决策分析

学习目标

1. 掌握投资决策分析的指标函数以及分析模型的编制方法。
2. 掌握固定资产的折旧分析法并学会构建固定资产决策模型。
3. 掌握投资风险分析的方法及创建投资风险分析模型。

5.1 投资决策业务概述

企业投资是指公司对现在所持有资金的一种运用，如投入经营资产或购买金融资产，或者是取得这些资产的权利，其目的是在未来一定时期内获得与风险相匹配的报酬。在市场经济条件下，公司能否把筹集到的资金投入报酬高、回收快、风险小的项目，对企业的生存和发展十分重要。投资决策分析是指使用财务数据和技术来评估投资项目的可行性和风险。投资决策分析可以帮助公司评估投资项目的收益和风险，并做出是否投资的决策。数字化财务管理可以帮助公司更好地进行财务规划和预算，更好地控制财务风险，更好地评估财务状况和绩效，更好地进行财务决策。数字化技术可以帮助公司更好地进行投资决策分析。例如，可以使用数据挖掘技术和机器学习算法来分析大量的历史财务数据，以预测未来的财务状况和绩效，并做出更科学的投资决策。

投资能为企业带来报酬，但投资是一项具体而复杂的系统工程。按照时序的方法，投资过程可以分为事前、事中和事后三个阶段。事前阶段也称投资决策阶段，主要包括投资项目的提出、评价与决策；事中阶段的主要工作是实施投资方案并对其进行监督与控制；事后阶段是指在投资项目结束后对投资效果进行事后审计与评价。

投资决策阶段是整个投资过程的开始阶段，也是最重要的阶段，此阶段决定了投资项目的性质、资金的流向和投资项目未来获得报酬的能力。在进行投资决策分析时，通常需要使用一些财务工具和技术，如财务模型和指标。投资决策的内容很多，在此主要利用 Excel 提供的丰富的投资决策分析函数，进行投资项目的决策、投资风险分析、固定资产更新决策、折旧分析等。

5.1.1 投资决策指标函数

投资决策指标以考虑时间价值的分析为主要依据，是评价投资项目可行性和优劣的标准。其中，时间价值的核心原理是现在一定数量的货币价值不等同于同样数量的货币在未来的价值。因此，将未来的现金流量折算为现值是非常重要的。

为了帮助财务管理人员建立投资决策模型，Excel 提供了多个函数，如净现值函数、内含报酬率函数、修正内含报酬率函数、非周期流量内含报酬率函数、非周期流量净现值函数和现值指数等。这些函数在已知一系列现金流和固定的各期贴现率的条件下，可以直接计算某项投资的净现值、内部收益率、修正后的内部收益率和现值指数等指标。

1. 净现值函数 NPV

NPV 函数是投资决策分析最基本和常用的函数之一。投资的净现值是指投资项目投入使用后产生的净现金流量，按资本成本率或企业要求达到的报酬率折算为现值，减去初始投资以后的余额。

语法：NPV(rate，value1，value2，...)。

功能：在已知项目后期会发生的一系列现金流和各期固定的贴现率的条件下，返回此投资项目的净现值。

参数说明如下。

(1)rate 是现金流量按固定贴现率折现的比率，通常选择投资项目的最低回报率或资本成本率。

(2)value1、value2 等表示现金流出和现金流入的金额。其中，现金流入用正数表示，现金流出用负数表示。value 参数数量在 1 到 29 之间。对 value 参数的要求如下。

①value1、value2 等所属的各期必须具有相同的长度，且现金流出和现金流入均发生在期末。

②NPV 函数按照 value1、value2 等的顺序计算，其中 value1 表示第一期末发生的现金流，value2 表示第二期末发生的现金流，以此类推。因此，要确保按正确顺序输入现金流出和现金流入的金额。

③只要 value1、value2 等的位置包含数值、空白单元格、逻辑值或表示数值的文字表达式，计算净现值时都会考虑在内。

④如果 value1、value2 等的位置是一个数组或引用，只有其中的数值部分在计算净现值时才会考虑在内。

⑤NPV 函数假定投资从 value 现金流所在日期的前一期开始，并在最后一笔现金流所在期结束。如果第一笔现金流发生在第一个周期的期初，则将其额外添加到 NPV 函数的结果中，而不应包含在 value 参数中。NPV 函数计算的是未来现金流的总现值。

【例 5-1】 假设你要投资某项目，该项目需要在第一年年末投入 10000 元启动资金，而在未来三年中各年年末该项目将分别获得 3000 元、5000 元和 7000 元的收入。如果每年的贴现率是 8%，计算该项目的净现值。

(1)单击“公式”→“财务”命令下的 NPV 函数，如图 5-1 所示，弹出如图 5-2 所示的对话框。

(2)按照图 5-2 所示输入各参数，单击“确定”按钮，即可得出计算结果。该投资的净现值＝NPV(8%，－10000，3000，5000，7000)＝2427.13(元)。

本例中，因为投资付款发生的现金流出在第一期的期末，因此，将开始投资的 10000 元作为 value 参数的一部分。

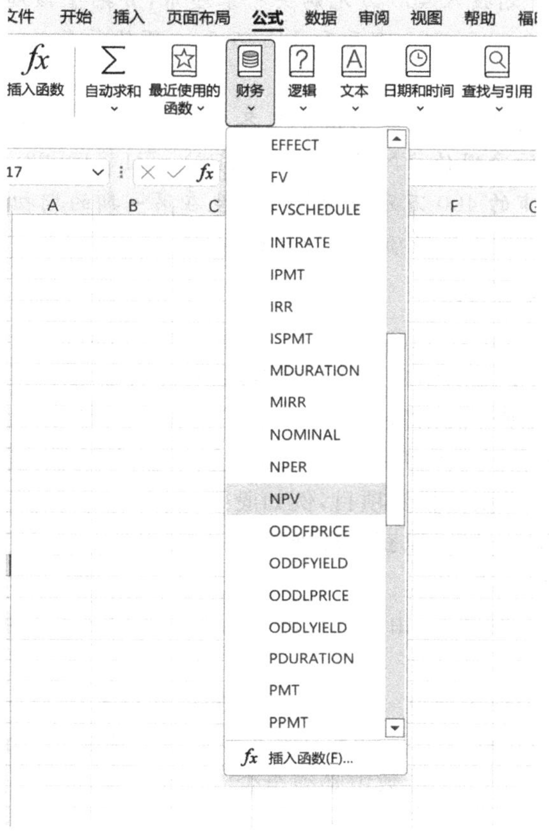

图 5-1　NPV 函数

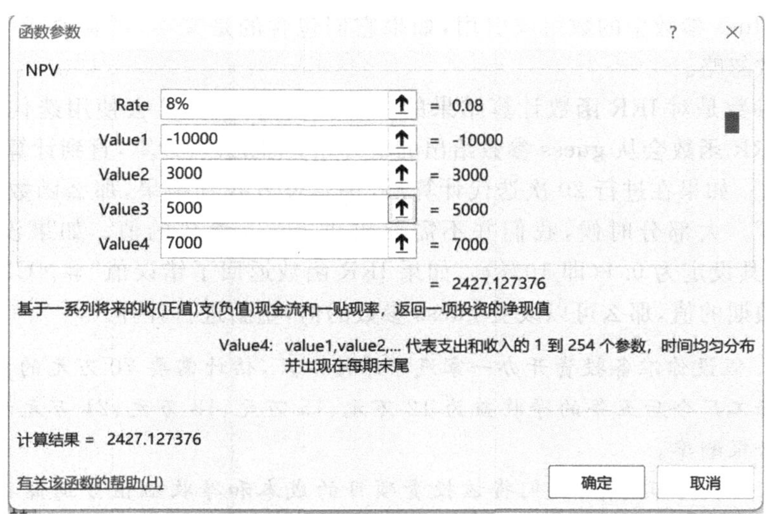

图 5-2　NPV 函数对话框

【例 5－2】 假设你计划投入 400 万元购买一家超市，并期望该超市前五年的营业收入分别为 80 万元、92 万元、100 万元、120 万元和 145 万元。预估每年的贴现率为 8%。计算该投资项目的净现值。

在工作表中，如果将投资购买超市的成本及各年的营业收入分别存储在 B1 到 B6 的单元格中，则投资购买该超市的净现值＝NPV(8%，B2:B6)－B1＝19.22(万元)。

本例中，因为购买超市的 400 万元原始投资发生在第一期的期初，因此在计算净现值时不包含在 value 参数中，而是作为投资项目净现值的减项。

2. **内含报酬率函数** IRR

内含报酬率(internal rate of return，IRR)是一个财务指标，用于衡量投资的回报率。它是能够使投资方案净现值为零的贴现率，是某项投资处于经济保本点时的折现率，即使未来现金流入量的现值等于未来现金流出量的现值。在 Excel 中，IRR 函数可以通过给定一组现金流量，计算出对应的 IRR 值。IRR 可以帮助衡量投资回报率、评估投资风险以及进行投资决策。它可以用于估算各种类型的投资项目，例如股票、债券、房地产等。在实际应用中，我们需要根据具体情况选择合适的参数，以获得准确的 IRR 值。

语法：IRR(values，guess)。

功能：计算在一段连续时间内，由于现金流量而产生的内部收益率。

参数说明如下。

(1)values 可以是一个数组或者一个含有数值的单元格的引用。这个参数代表了一种投资策略中的现金流入和流出的量。我们用正数来表示现金的流入，而用负数来表示现金的流出。为了计算内部收益率，values 参数中必须至少有一个正值和一个负值。

(2)IRR 函数会根据 values 参数中现金流量的顺序，解析出现金流入量和流出量的顺序。这就要求我们在输入现金流量时，必须按照所需的顺序进行。此外，这些现金流量必须按照一定的频率发生，比如每月或者每年。

(3)对于 values 参数中的数组或引用，如果它们包含的是文本、逻辑值或空白单元格，这些内容将被函数忽略。

(4)guess 参数是对 IRR 函数计算结果的一个预估值。Excel 会使用迭代法来计算 IRR 函数的结果。IRR 函数会从 guess 参数给出的值开始，不断进行计算，直到计算结果的误差率小于 0.00001%。如果在进行 20 次迭代计算后，仍然没有找到结果，那么函数会返回一个错误值“#NUM!”。大部分时候，我们并不需要提供 guess 参数的值。如果没有提供，那么 Excel 会自动将其设定为 0.1(即 10%)。如果 IRR 函数返回了错误值“#NUM!”，或者结果没有接近我们预期的值，那么可以改变 guess 参数的值，重新进行计算。

【例 5－3】 假设你准备投资开办一家汽车维修工厂，估计需要 70 万元的初始投资，并预期这个汽车维修工厂今后五年的净收益为 12 万元、15 万元、18 万元、21 万元和 26 万元。计算该项目的内含报酬率。

在 Excel 工作表的布局中，我们将该投资项目的成本和净收益值分别储存在单元格 A2 到 F2 中，而计算的结果则放在 B3 单元格，布局可参见图 5－3。使用内含报酬率函数的计算步骤如下。

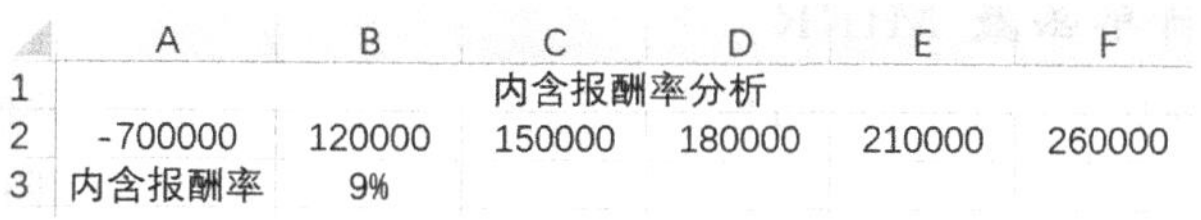

	A	B	C	D	E	F
1	内含报酬率分析					
2	-700000	120000	150000	180000	210000	260000
3	内含报酬率	9%				

图 5－3 内含报酬率计算示例

(1)首先，需要调出 IRR 函数。点击“公式”选项卡下的“财务”命令，然后选择 IRR 函数，这时候会弹出一个对话框，如图 5－4 所示。

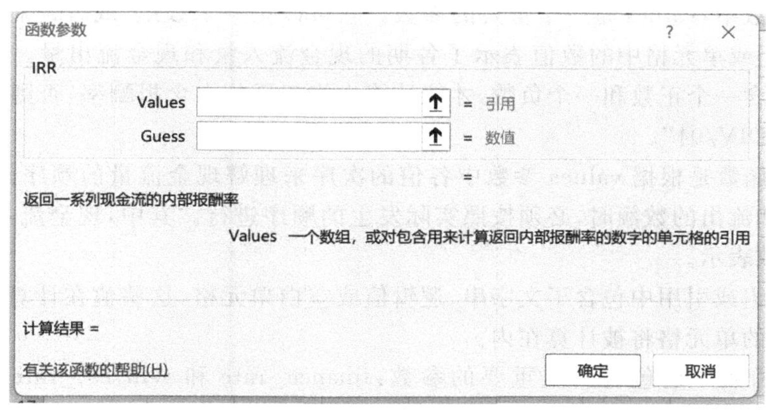

图 5－4 IRR 函数对话框

(2)输入各参数，单击“确定”按钮，即可得出计算结果，如图 5－5 所示。该项目投资五年后的内含报酬率＝IRR(A2:F2)＝8.66%。

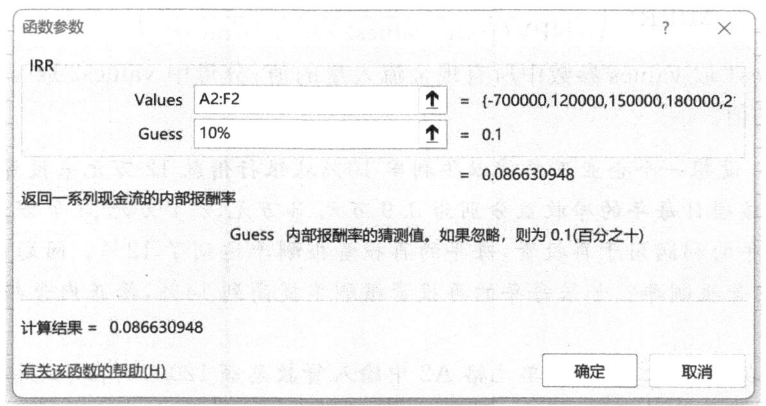

图 5－5 IRR 函数计算结果

如果需要计算投资两年后的内含报酬率，那么在函数中就需要包含一个 guess 参数，否则函数将会返回一个错误值“#NUM!”。假定 guess 为－10%，则投资两年后的内含报酬率＝IRR(A2:C2,－10%)＝－44.35%。

3. 修正内含报酬率函数 MIRR

MIRR 函数是一种用于评估投资回报率的指标。修正内含报酬率是在内含报酬率的基础上,考虑了投资的成本和现金流入可实现的再投资的报酬率,可以处理任意现金流量模式,而不需要假设固定的复利再投资率,因此更准确地反映了投资的真实回报率。

语法:MIRR(values,finance_rate,reinvest_rate)。

功能:返回某一连续期间内现金流量的修正内含报酬率。

参数说明如下。

(1)在此函数中,values 是一个重要的参数。它可以是一个数组,或者是对数值单元格区域的引用。数组或单元格中的数值表示了各期的现金流入量和现金流出量。在 values 参数中,必须至少包含一个正数和一个负数,才能计算出修正后的内含报酬率,否则 MIRR 函数会返回错误值"#DIV/0!"。

(2)MIRR 函数是根据 values 参数中各值的次序来理解现金流量的顺序的,因此在输入各项现金流入和流出的数额时,必须按照实际发生的顺序进行。其中,现金流入用正数表示,现金流出用负数表示。

(3)如果数组或引用中包含了文字串、逻辑值或空白单元格,这些值在计算过程中将被忽略,但数值为零的单元格将被计算在内。

(4)此外,函数中还包含两个重要的参数:finance_rate 和 reinvest_rate。finance_rate 是投入资金的资金成本率或必要的报酬率,而 reinvest_rate 则是各期现金流入再投资的报酬率。

假设 n 代表 values 参数中现金流的次数,frate 代表参数 finance_rate,rrate 代表参数 reinvest_rate,则 MIRR 函数的计算公式如下:

$$\text{MIRR}=\left(\frac{-\text{NPV}(\text{rrate},\text{values1})\times(1+\text{rrate})^{n}}{\text{NPV}(\text{frate},\text{values2})\times(1+\text{frate})}\right)^{\frac{1}{n-1}}-1$$

式中,分子 values1 取 values 参数中所有现金流入量的值;分母中 values2 取 values 参数中所有现金流出量的值。

【例 5-4】 设想一个企业五年前以年利率 10%从银行借款 12 万元来投资某项目。在接下来的五年里,该项目每年的净收益分别为 3.9 万元、3 万元、2.1 万元、3.7 万元和 4.6 万元。而且,企业将每年的利润用于再投资,每年的再投资报酬率达到了 12%。问题是:如何计算这个项目的修正内含报酬率?如果每年的再投资报酬率提高到 14%,修正内含报酬率会有怎样的变化?

首先,我们在 Excel 工作表的单元格 A2 中输入贷款总额 120000,在单元格 B2 到 F2 中按顺序输入这五年的年净收益,如图 5-6 所示。

	A	B	C	D	E	F
1	内含报酬率分析					
2	-120000	39000	30000	21000	37000	46000
3	内含报酬率	13%				

图 5-6 修正内含报酬率计算示例

(1)点击“公式”选项卡下的“财务”命令，选择 MIRR 函数，这时会弹出一个对话框，如图 5－7所示。

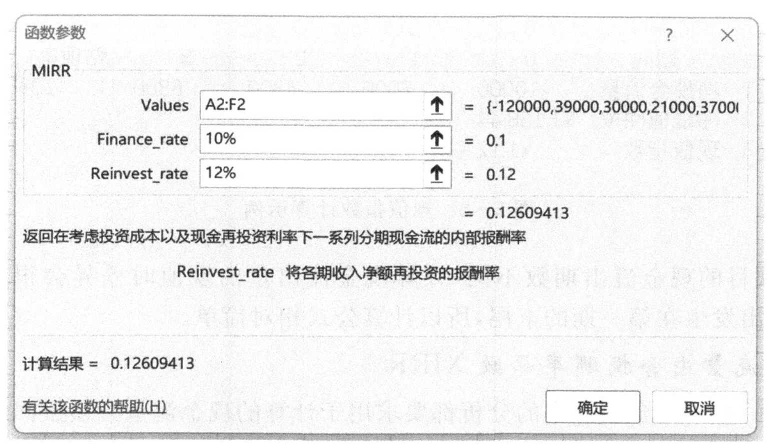

图 5－7 MIRR 函数对话框

(2)输入相应的参数，单击“确定”按钮，即可得出五年后的修正内含报酬率为：MIRR(A2：F2，10％，12％)＝12.61％。

如果把每年的再投资报酬率改为 14％，五年后的修正内含报酬率就变为：MIRR(A2：F2，10％，14％)＝13.48％。

4. **现值指数** PI

现值指数(profitability index，PI)是一种评估投资机会的指标，是指某一方案未来各期现金流入的现值和未来现金流出现值之间的比率。一般来说，现值指数越高，说明投资回报越好。现值指数可用于评估不同的投资机会，帮助投资者比较不同的投资机会，决定是否应该选择某个特定的投资，并选择最有价值的投资。例如，如果一个投资的现值指数大于 2，则项目可能是一个值得考虑的投资机会。在 Excel 中，可以通过计算净现值来得到现值指数，具体方法如下：

$$现值指数=\frac{净现值}{现金流出量的现值}+1$$

式中，现金流出量的现值$=\sum_{j=0}^{n} O_j/(1+r)^j$，$O_j$ 为第 j 期的现金流出量，r 为贴现率，n 为发生现金流出的期数。

【例 5－5】 假设某项目需要在第一年年末投资 10000 元初始成本，在未来三年的每年年末分别获得 3000 元、4200 元和 6800 元的现金流入。设定每年的贴现率为 10％，需要计算这个项目的现值指数。过程参见图 5－8。

该投资的现值指数如下。

现值指数＝B3/ABS(B2)＋1＝1.12

B4	fx =B3/ABS(B2)+1				
A	B	C	D	E	F
期间	0	1	2	3	贴现率
净现金流量	-10000	3000	4200	6800	10%
净现值NPV:	¥1,188.44				
现值指数	¥1.12				

图 5-8 现值指数计算示例

由于每个项目的现金流出期数不同，计算现金流出量的现值时差异会很大。在例 5-5 中，由于现金流出发生在第一期的末尾，所以计算公式相对简单。

5. 非周期流量内含报酬率函数 XIRR

内含报酬率、修正内含报酬率的分析都要求用于计算的现金流量必须按固定的间隔发生，比如按月或按年。但在实际工作中，投资项目的现金流量往往是非周期性的。因此，为了计算这些非周期性项目的内含报酬率，Excel 提供了 XIRR 函数。XIRR 函数与 IRR 函数类似，但它可以处理不规则的现金流量，包括不定期的、不等额的现金流量。

语法：XIRR(values，dates，guess)。

功能：返回一组非定期发生的现金流的内含报酬率。

参数说明如下。

(1)values 是与 dates 中的支付时间相对应的一系列现金流量数组。如果第一个值是投资成本或现金流出量，那么它必须是负数；所有后续的现金流都以 365 天/年进行贴现。

(2)dates 是与现金流相对应的现金流发生的日期数组。dates 中的第一个日期必须是投资的开始日期，最后一个日期必须是投资的结束日期。其他日期应迟于该日期，但可按任何顺序排列。计算时 dates 中的数值将被截尾取整。

(3)guess 是对 XIRR 函数计算结果返回的估计值。XIRR 函数的返回值也就是现金流量的内含报酬率，可以用来比较不同投资方案的收益率，也可以用来评估某个投资方案是否值得投资。

对参数的要求如下。

(1)values 中必须至少包含一个正数和一个负数，否则 XIRR 函数会返回错误值“#NUM!”。

(2)如果 dates 中的任一数字不是合法日期，XIRR 函数将会返回错误值“#VALUE!”。

(3)如果 dates 中的任一数字早于开始日期，XIRR 函数将会返回错误值“#NUM!”。

(4)如果 values 和 dates 所含的数目不一致，XIRR 函数将会返回错误值“#NUM!”。

Excel 使用迭代法计算 XIRR 函数。从 guess 开始，XIRR 函数会不断进行反复计算，直到计算结果的误差率小于 0.000001%。如果 XIRR 函数经过 100 次计算后仍然无法找到结果，那么它就会返回错误值“#NUM!”。在大部分情况下，我们并不需要提供参数 guess 的值。如果省略了 guess，那么系统会默认它为 0.1(即 10%)。但是，如果 XIRR 函数返回错误值“#NUM!”，或者结果并未接近我们预期的值，那么我们可以尝试改变 guess 的值来重新计算。

XIRR 函数的计算公式如下：

$$0=\sum_{j=1}^{n}\frac{P_j}{(1+\text{rate})^{\frac{d_j-d_1}{365}}}$$

式中，d_j表示第 j 个发生日期；d_1表示第 1 个发生日期；P_j表示第 j 笔现金流量金额。

满足上式要求的 rate 即为所求的非周期流量内含报酬率。

【例 5－6】 假设一项投资需要在 2019 年 1 月 1 日支付 10000 元初始成本，2019 年 3 月 1 日可回收 2750 元，2019 年 10 月 30 日可回收 4250 元，2020 年 2 月 15 日可回收 3250 元，2020 年 4 月 1 日可回收 2750 元。计算该项目的内含报酬率。

由于现金流的流入流出并不遵循固定的周期，我们选择应用 XIRR 函数来求解项目的净现值。此过程可以有两种具体实现方式。

1. 操作方法 1

将－10000、2750、4250、3250、2750 依次填入单元格区块 A1:E1 中，将日期数据 2019－1－1、2019－3－1、2019－10－30、2020－2－15、2020－4－1 依次填入单元格区块 A2:E2 中。

（1）单击"公式"→"财务"命令下的函数 XIRR，弹出如图 5－9 所示的 XIRR 函数对话框。

图 5－9 XIRR 函数对话框

（2）按照图 5－9 所示输入参数，点击"确定"，即可得出计算结果。若 guess 设定为 10%，则该项投资的内含报酬率为 0.374581(37.4581%)。

2. 操作方法 2

在存放内含报酬率的单元格中直接输入公式如下："＝XIRR({－10000，2750，4250，3250，2750}，{43466，43525，43768，43876，43922}，0.1)"，然后按 Enter 键，计算结果就显示在输入公式的单元格中，结果是 0.374581(37.4581%)。

6.非周期流量净现值函数 XNPV

用 NPV 分析时要求项目的现金流量必须是按固定的间隔发生的，如按月或按年，而实际工作中，投资项目的现金流量常常是非周期性的，因此为了计算这些项目的净现值，Excel 提供了 XNPV 函数，用于计算一组非周期性现金流的净现值。与传统的 NPV 函数不同的是，XNPV 函数考虑了现金流发生的时间，具体来说，XNPV 函数将各现金流折算到当前时间的价值相加，并减去当前的投资成本，计算出投资的净现值。如果 XNPV 的值大于 0，则意味着该投资是有价值的。

语法：XNPV(rate，values，dates)。

功能：返回非周期性发生的现金流的净现值。

参数说明如下。

(1)rate 是各期现金流量折为现值的贴现率。

(2)values 是与 dates 中的发生时间相对应的一系列现金流量值。如果第一个值是投资成本或现金流出量，则它必须是负数；所有后续现金流都基于 365 天/年贴现。

(3)dates 是与现金流相对应的现金流发生的日期表。第一个日期代表开始日期，其他日期应迟于该日期，但可按任何顺序排列。计算时 dates 中的数值将被截尾取整。

对参数的要求如下。

(1)当参数中出现非数值型数据时，XNPV 函数将返回错误值“#VALUE!”。

(2)若 dates 中存在任何非法日期，XNPV 函数将返回错误值“#VALUE!”。

(3)若 dates 中的任何日期早于投资的开始日期，XNPV 函数将返回错误值“#NUM!”。

(4)若 values 和 dates 的数值数量不匹配，XNPV 函数将返回错误值“#NUM!”。

【例 5-7】 假定一项投资计划，需在 2019 年 1 月 1 日支付初始投资资金 10000 元，在 2019 年 3 月 1 日可回收 2750 元，2019 年 10 月 30 日可回收 4250 元，2020 年 2 月 15 日回收 3250 元，最后在 2020 年 4 月 1 日回收 2750 元。设定贴现率为 9%，求解这项投资的净现值。

由于现金流的进出并不按照固定时间，因此我们选用 XNPV 函数来求解项目净现值。XNPV 函数的实施方式有以下三种。

1.操作方法 1

(1)如前所述，单击“公式”→“财务”命令下的 XNPV 函数，弹出如图 5-10 所示的 XNPV 函数对话框。

(2)输入各参数项，点击“确定”，即可得出计算结果。如贴现率为 9%，该项目的净现值为 2088.92 元。

2.操作方法 2

在单元格中直接输入公式：“=XNPV(9%，{-10000，2750，4250，3250，2750}，{43466，43525，43768，43876，43922})”，然后按 Enter 键，计算结果就显示在输入公式的单元格中。结果是 2088.92。

3.操作方法 3

(1)将-10000、2750、4250，3250，2750 分别放到单元格区域 A1:E1 中，将 2019-1-1、2019-3-1、2019-10-30、2020-2-15、2020-4-1 分别放到单元格区域 A2:E2，如图 5-11 所示。

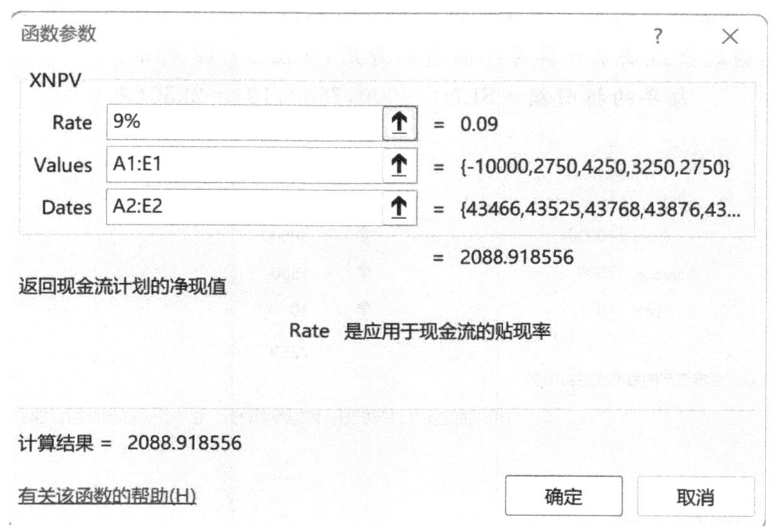

图 5－10　XNPV 函数对话框

A3　　fx　=XNPV(9%,A1:E1,A2:E2)

	A	B	C	D	E
1	-10000	2750	4250	3250	2750
2	2019/1/1	2019/3/1	2019/10/30	2020/2/15	2020/4/1
3	2088.92				

图 5－11　XNPV 函数计算

(2)在单元格 A3 中输入公式“＝XNPV(9％,A1:E1,A2:E2)”,然后按 Enter 键,并保留两位小数,计算结果就显示在输入公式的单元格中。结果是 2088.92。

5.1.2　折旧函数

1. 直线折旧函数 SLN

SLN 函数是 Excel 中的一种财务函数,用于计算某项固定资产按照直线折旧法计算得出的每期折旧额。直线折旧法是根据固定资产的原始价值、预计残值和预计清理费用,按照预计使用年限平均计算折旧的一种方法。用该方法计算出来的折旧额每个年份或月份都是相等的。计算公式如下:

$$年折旧额=\frac{原始价值-预计净残值}{折旧年限}$$

语法:SLN(cost,salvage,life)。

功能:计算固定资产每个周期的直线法折旧费。

参数说明如下。

(1)cost 是固定资产原值,指资产的购买价值。

(2)salvage 是预计的固定资产净残值,指资产在使用年限结束时还剩下的价值。

(3)life 是折旧期限,指资产的预计使用寿命(通常以年为单位)。

【例5-8】 一家企业购入了一辆价值30000元的汽车，该车的折旧年数定为10年，预计残值为7500元，通过直线法来计算每年的折旧费用，如图5-12所示。

每年的折旧额=SLN(30000,7500,10)=2250(元)

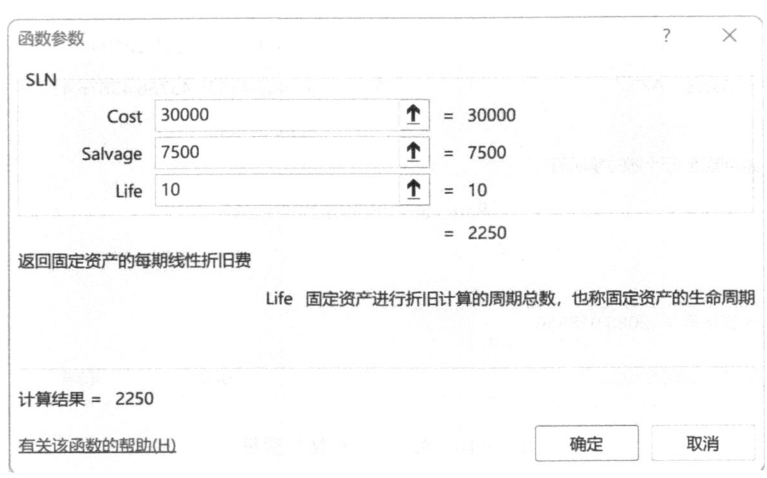

图5-12 SLN函数对话框

2. 双倍余额递减函数DDB

双倍余额递减法(double declining balance,DDB)是一种会计折旧方法，可以在资产使用寿命内以加速的比率减少其账面价值。双倍余额递减法采用直线法折旧率两倍的固定率，乘以该资产的账面净值来估算折旧费。使用此方法时，需要在固定资产折旧年数到期前两年，将固定资产的账面净值扣除预期的净残值后，进行平均摊销。双倍余额递减法是一种快速折旧的方式，这个方法的特点是，刚开始的折旧费用比其他方法要高，随着时间的推移逐渐减少，最终折旧费用会趋于零。这种方法的使用可以使公司在早期获得更高的折旧税收优惠，但会导致后期的折旧费用变得非常低。计算公式如下：

$$年折旧率=\frac{2}{折旧年限}\times 100\%$$

$$年折旧额=年初固定资产账面净值\times 年折旧率$$

语法：DDB(cost,salvage,life,period,factor)。

功能：估算一项固定资产在特定期间内的折旧费。

公式中5个参数都必须为正数。参数说明如下。

(1)cost指固定资产的初始价格。

(2)salvage是预估的固定资产净残值。

(3)life代表折旧期限，如果计算年折旧额则为折旧年数，如果计算月折旧额则为折旧月数。

(4)period表示需要计算折旧额的期间。period必须和life使用相同的单位。

(5)factor是余额递减速率。如果factor被忽略，那么默认为2，即为双倍余额递减法。可以调整此参数。

【例 5-9】 一家工厂购买了一台新设备，价值 24000 元，使用年限为 10 年，预计残值为 3000 元。采用双倍余额递减法计算各年的折旧费用。

(1)在工作表的连续单元区域输入折旧年份，如图 5-13 所示，A3:A12 单元格区域内输入年份 1～10。

(2)在存放第一年折旧额的单元格 B3 中输入公式“=DDB(24000,3000,10,$A3,2)”，如图 5-13 所示，则计算出第一年的年折旧额。

B3 fx =DDB(24000, 3000, 10, $A3, 2)

	A	B	C	D	E	F
1		DDB				
2	年份	年折旧额				
3	1	¥4,800.00				
4	2	¥3,840.00				
5	3	¥3,072.00				
6	4	¥2,457.60				
7	5	¥1,966.08				
8	6	¥1,572.86				
9	7	¥1,258.29				
10	8	¥1,006.63				
11	9	¥513.27				
12	10	¥513.27				

图 5-13 DDB 函数应用示例

(3)选择 B3 单元，单击工具栏中的“复制”按钮。

(4)选择 B4:B10 单元格区域，然后单击工具栏中的“粘贴”按钮，系统将自动复制公式，如 B4 单元为“=DDB(24000,3000,10,$A4,2)”，B5 单元为“=DDB(24000,3000,10,$A5,2)”等，并计算出第 2 年到第 8 年的折旧额。

(5)在 B11 单元输入公式“=(24000-SUM($B$3:$B$10)-3000)/2”，计算第 9 年的折旧。

(6)选中 B11 单元，单击工具栏中的“复制”按钮。

(7)选中 B12 单元，然后单击工具栏中的“粘贴”按钮，于是系统自动复制公式，并计算出第 10 年的折旧额。

在利用 DDB 函数进行折旧计算时，以下几点需特别留意。

(1)由于此方法在固定资产折旧期限结束的最后两年需要将固定资产的账面净值扣除预计的净残值后，进行均等摊销，因此最后两年的折旧费需要通过单独的公式计算。

(2)在折旧费的计算公式中，参数 period 应使用单元格引用，而不能直接输入期间。同时，根据年份所在的单元格区域确定单元格引用的形式。如果年份数据存放在一列中，如本例所示，那么列应为绝对引用，行应为相对引用，例如本例中的“$A3”。如果年份数据存放在一行中，那么行应为绝对引用，列应为相对引用，例如，如果年份数据存放在从 A3 开始的第三行中，那么 period 应为“A$3”。

(3)如果计算的是月折旧费，则年份数据应更改为月份数据，即 life 参数应为月数，在本例中应为 120；同时，period 参数中引用的单元格的值也应相应地改为对应的月份。

(4)在最后两年的折旧费计算公式中，已经提到过，累计折旧的计算应采用绝对引用

“$B$3:$B$10”,这样在复制时,引用的单元格将不会改变。

3. 年限总和函数 SYD

年限总和法(或年数总和法)也是一种递减加速折旧法,可以在资产使用寿命内以递减的速度减少其账面价值。年限总和法根据折旧总额乘以递减分数来计算年折旧额。每年的折旧费用是资产原始成本减去已经折旧的值,再乘以一个比例,这个比例是资产的预计寿命与每年数字总和之比。这个方法的特点是,前几年的折旧费用比其他方法要高,后期的折旧费用比其他方法要低。使用这种方法可以确保资产的折旧费用在使用寿命内逐渐减少,但不能获得双倍余额递减法所提供的折旧税收优惠。计算公式如下。

$$\text{递减分数}=\frac{\text{固定资产尚可提折旧的年数}}{\text{固定资产折旧年限的各年年数之和}}\times 100\%$$

$$=\frac{\text{折旧年限}-\text{已使用年数}}{\text{折旧年限}\times\dfrac{\text{折旧年限}+1}{2}}\times 100\%$$

$$\text{年折旧额}=(\text{固定资产原值}-\text{预计净残值})\times\text{该年折旧率}$$

语法:SYD(cost,salvage,life,per)。

功能:返回某项固定资产在某一期间内按照年限总和法计算的折旧费。

参数说明如下。

(1)cost 代表固定资产的初始价格。

(2)salvage 是预估的固定资产净残值。

(3)life 指折旧期限,如果计算年折旧费则为折旧年数,如果计算月折旧费则为折旧月数。

(4)per 表示需要计算折旧费的期间。per 必须和 life 使用相同的单位。

【例 5-10】 假设购入一台设备,价值 300000 元,使用年限为 5 年,预计残值为 35000 元。将折旧年份 1~5 放在工作表的 A3:A7 单元,那么使用年限总和法计算的各年折旧费如图 5-14所示。

第 1 年折旧额=SYD(300000,35000,5,$A3)=88333.33(元)

第 2 年折旧额=SYD(300000,35000,5,$A4)=70666.67(元)

第 3 年折旧额=SYD(300000,35000,5,$A5)=53000.00(元)

第 4 年折旧额=SYD(300000,35000,5,$A6)=35333.33(元)

第 5 年折旧额=SYD(300000,35000,5,$A7)=17666.67(元)

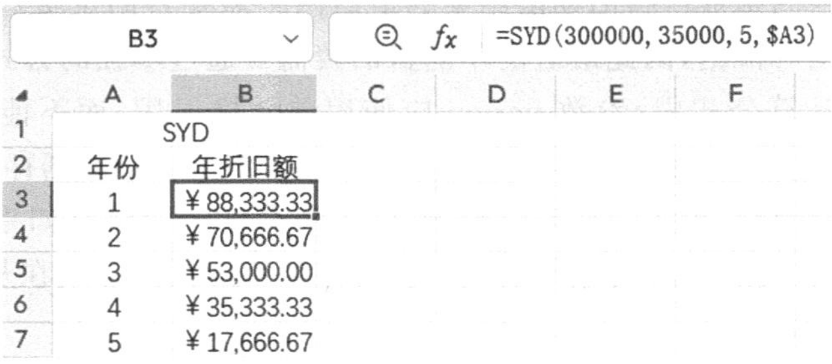

B3 fx =SYD(300000, 35000, 5, $A3)

	A	B	C	D	E	F
1		SYD				
2	年份	年折旧额				
3	1	¥88,333.33				
4	2	¥70,666.67				
5	3	¥53,000.00				
6	4	¥35,333.33				
7	5	¥17,666.67				

图 5-14 SYD 函数应用示例

与 DDB 函数相同，折旧费计算公式中的参数 per 应使用单元格引用，而不能直接输入期数，同时根据年份所在的单元格区域确定单元格引用的形式。如果年份数据存放在一列中，那么列应为绝对引用，行应为相对引用；如果年份数据存放在一行中，那么行应为绝对引用，列应为相对引用。如果计算的是月折旧费，那么年份数据应更改为月份数据，即 life 参数为月份数据。

4. 可变余额递减函数 VDB

可变余额递减法是一种会计折旧方法，可以在资产使用寿命内以变化的速度减少其账面价值。VDB 函数与 DDB 函数有着相似的性质，当 factor 参数设置为 2 时，DDB 函数就是 VDB 函数的一个特例。DDB 函数只能计算各期的折旧额，而 VDB 函数可以计算某一期间的折旧额，VDB 函数的折旧速率是在每个折旧期内变化的，这使得折旧速率可以更好地反映资产的实际价值变化情况。

语法：VDB(cost,salvage,life,start_period,end_period,factor,no_switch)。

功能：计算并返回在指定的期间或某个特定时间范围内固定资产的折旧额。

参数说明如下。

(1)cost 表示固定资产的购买原价。

(2)salvage 是预测的固定资产的净残值。

(3)life 代表折旧的期限。如果要计算年折旧额，那么它就是折旧年数；而如果计算月折旧额，那么它就是折旧月数。

(4)start_period 是需要计算折旧额的开始期间。start_period 必须与 life 参数使用相同的单位。

(5)end_period 是需要计算折旧额的结束期间。end_period 必须与 life 参数使用相同的单位。

(6)factor 代表余额递减速度。当 factor 值为 2 时，就等同于双倍余额递减法。

(7)no_switch 是一个逻辑值。如果它被设置为 False 或者被省略，那么当直线法的折旧值超过余额递减计算值时，Excel 将切换到直线折旧法；否则，就不会切换。

(8)公式中，除了 no_switch 外，所有的参数都必须为正数。

【例 5-11】 继续使用例 5-9 的数据，当 factor 值设定为 1.5 和 2 时，利用 VDB 函数计算第 1 年、第 1 个月、第 6 个月至第 18 个月的折旧额。设定设备是在一个财政年度的第 1 季度中期购买的，并且假设税法规定余额递减按 150% 计算折旧。计算设备购置后的第一个财政年度的折旧额。

factor=2 时：

第 1 年折旧额=VDB(24000,3000,10,0,1,2)=4800(元)

第 1 个月折旧额=VDB(24000,3000,120,0,1,2)=400(元)

第 6 个月到第 18 个月的折旧额=VDB(24000,3000,120,6,18,2)=3963.06(元)

factor=1.5 时：

第 1 年折旧额=VDB(24000,3000,10,0,1,1.5)=3600(元)

第 1 个月折旧额＝VDB(24000,3000,120,0,1,1.5)＝300(元)

第 6 个月到第 18 个月的折旧额＝VDB(24000,3000,120,6,18,1.5)＝3118.09(元)

购置设备后第 1 个财政年度折旧额＝VDB(24000,3000,10,0,0.875,1.5)＝3150(元)

5.2 Excel 投资决策模型

5.2.1 投资指标决策分析

1.设计模型

根据投资评估决策分析的特性,在模型构建阶段应细分功能区域,主要涵盖已知变量区、数据区、决策指标区和分析结果区等部分。每个功能区域的单元格数量根据实际需求来设定。设立这些功能区的目标是更有效地组织和处理数据和计算成果,以便进行深入的投资评估决策分析。

已知变量区主要储存贴现率、再投资利润率、guess 预估值等已知数据。将这些公式中要用到的常数存放在独立的单元格中,而不是直接在指标计算公式中填入,这样做的优点主要是:一旦这些数据需要更改,只需调整对应的单元格值,无须变动指标的计算公式,通过单元格链接就可以自动更新所有指标计算结果,这大大提高了模型的适用性和灵活性,同时降低了输入量和模型维护的工作量。

数据区则用来储存业务数据,包含各期的现金流量等信息,以便进行投资决策分析。数据区可以进一步分为现金流量计算数据区和决策指标计算数据区,以方便进行投资评估指标的计算和分析。

决策指标区的功能是储存投资评估指标的计算公式和结果,包括净现值、内部收益率、投资回收期等指标。这些指标可以根据具体的需求选取,以便评估投资的可行性和收益。

分析结果区则用来储存对计算结果的分析、解释以及得出的结论。通过对投资指标的分析和评估,可以得出是否应进行投资的结论,并据此做出相应的决策。此外,也可以在这个区域反馈和改进模型中的问题和不足。

备注区可以用来为模型中需要解释的部分提供注释,以便于理解和维护。例如,可以在备注区记录模型中的假设和约定,以方便未来的维护和更新。

在模型构建过程中,需要根据实际需求来确定各个功能区单元格的数量。这样能确保模型的效率和灵活性,同时避免数据和计算结果的冗余或遗漏。

2.投资指标决策模型

在创建模型时,需要考虑到模型的通用性,为了适应不同投资项目的不同期限,数据区可以预设足够的单元格,同时在决策指标的公式中考虑到这些单元格(对没有数据的单元格可以视为 0),这样即使决策项目改变,模型公式仍能保持稳定。

在对模型进行编辑时,需要注意模型的清晰度、美观度、直观性和实用性,以提升用户的体验和效率。

5.2.2 折旧函数对比分析

折旧分析模型

在实际业务中，企业经常需要采用折旧计算方法来对固定资产进行统计和管理。常用的折旧计算方法包括直线法、年限总和法和余额递减法。Excel 提供的 SLN、SYD、DDB 和 VDB 函数可以计算折旧。通过比较不同折旧计算方法的结果，企业可以量化地了解折旧对企业的影响，并选择最适合的折旧方法，以遵守审慎原则和降低税收负担，从而实现合理的避税目标。

下面以例 5－10 为例，说明如何设计折旧分析模型，并利用模型进行不同折旧计算方法的比较分析。

1. 设计模型

将固定资产原值、使用年限和净残值分别输入“折旧分析”工作表的 B2、B3、E2 单元格中，B4:F4 单元分别输入年份 1～5，如图 5－15 所示。

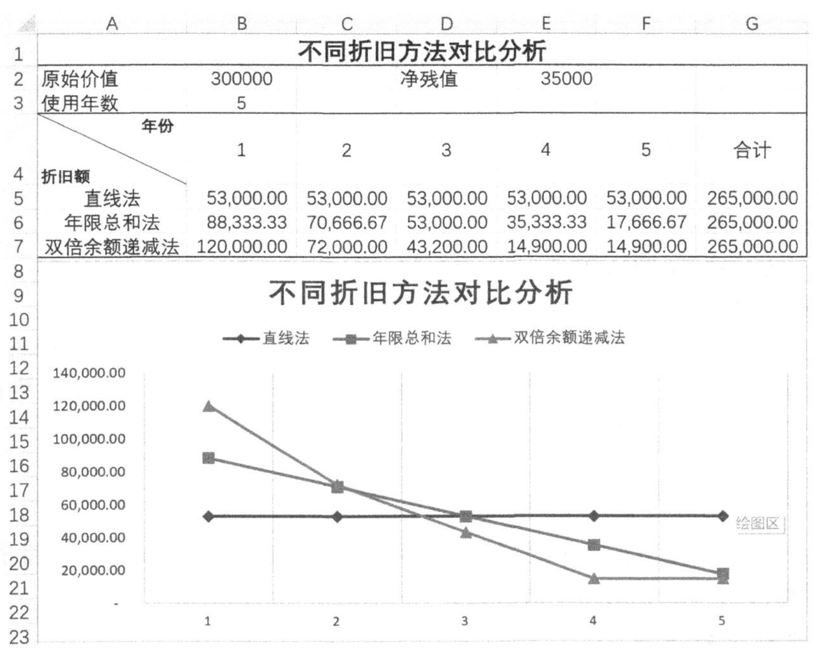

	A	B	C	D	E	F	G
1	不同折旧方法对比分析						
2	原始价值	300000		净残值	35000		
3	使用年数	5					
4	年份 / 折旧额	1	2	3	4	5	合计
5	直线法	53,000.00	53,000.00	53,000.00	53,000.00	53,000.00	265,000.00
6	年限总和法	88,333.33	70,666.67	53,000.00	35,333.33	17,666.67	265,000.00
7	双倍余额递减法	120,000.00	72,000.00	43,200.00	14,900.00	14,900.00	265,000.00

图 5－15 不同折旧方法分析比较模型

B5:F5 单元分别存放直线法折旧的公式与计算结果，如图 5－15 所示。

B6:F6 单元分别存放年限总和法折旧的公式与计算结果，如图 5－15 所示

B7:F7 单元分别存放双倍余额递减法折旧的公式与计算结果，如图 5－15 所示。同时计算各种折旧方法下的折旧合计，计算公式见表 5－1。

表 5-1 三种折旧方法的计算公式表

折旧年限	直线法	年限总和法	双倍余额递减法
1	=SLN($B$2,$E$2,$B$3)	=SYD($B$2,$E$3,$BS3,$B$4)	=DDB($B$2,$E$2,$B$3,$B$4,2)
2	=SLN($B$2,$E$2,$B$3)	=SYD($B$2,$E$3,$BS3,$C$4)	=DDB($B$2,$E$2,$B$3,$C$4,2)
3	=SLN($B$2,$E$2,$B$3)	=SYD($B$2,$E$3,$BS3,$D$4)	=DDB($B$2,$E$2,$B$3,$D$4,2)
4	=SLN($B$2,$E$2,$B$3)	=SYD($B$2,$E$3,$BS3,$E$4)	=($B$2-SUM($B$7:$D$7)-$E$2)/2
5	=SLN($B$2,$E$2,$B$3)	=SYD($B$2,$E$3,$BS3,$F$4)	=($B$2-SUM($B$7:$D$7)-$E$2)/2
合计	=SUM(B5:F5)	=SUM(B6:F6)	=SUM(B7:F7)

2. 绘制折旧比较分析图

(1)选取 A5:F7 单元区域,点击“插入”菜单下的“折线图”按钮。

(2)绘制出折线图。

(3)填写图表标题、X 轴、Y 轴和图例项标识。

(4)生成折旧比较分析图,如图 5-15 所示。

由于表内数据之间已经形成了关联,表中数据与分析图之间也形成了关联,因此在计算不同固定资产的折旧时,只需要更改固定资产原值、使用年限和净残值 3 个单元格的数值,其对应各期折旧额将自动被计算出来,分析图表也将随着数据的改变而自动刷新。

5.2.3 投资风险分析

投资风险评估的常用方式主要是风险调整贴现率法和肯定当量法。本节将依据风险调整贴现率法探讨如何构建投资风险评估模型。

1. 风险调整贴现率法

风险和报酬的基本关系是风险越大、要求的报酬率越高。这一关系可以用以下公式表示。

期望投资报酬率=无风险报酬率+风险报酬率

风险报酬率=风险报酬斜率×风险程度

风险调整贴现率法的核心理念是针对投资项目风险的差异,采用不同的贴现率计算其净现值。这个方法的关键在于如何根据风险的级别来确定风险因素的贴现率,即风险调整贴现率。

风险和风险调整贴现率之间的关系用公式表达如下。

$$K=r+b\times Q$$

式中,K 代表风险调整贴现率;r 代表无风险贴现率;b 代表风险报酬斜率;Q 代表风险程度。

风险调整贴现率法计算的关键是 r 已知的情况下，确定 Q 和 b。

1)确定风险程度 Q 的计算步骤

(1)计算现金流量的期望值 E。某期现金流量的期望值可按下列公式计算。

$$E=\sum_{i=1}^{n}\mathrm{CFAT}_i\times P_i$$

式中，E 为某期的现金流量期望值；CFAT_i 为某期第 i 种可能的现金流量；P_i 为第 i 种可能现金流量出现的概率；n 为可能现金流量的个数。

(2)计算各期现金流量期望值的现值。

$$现金流量期望值的现值=\frac{E_1}{(1+r)^1}+\frac{E_2}{(1+r)^2}+\cdots+\frac{E_n}{(1+r)^n}$$

式中，E_n 为第 n 期现金流量期望值；r 为无风险贴现率。

(3)计算各期现金流量的标准离差 d。某期现金流量标准离差的计算公式如下。

$$d=\sqrt{\sum_{i=1}^{n}(\mathrm{CFAT}_i-E)^2\times P_i}$$

式中各符号的意义同上。

(4)计算各期现金流量综合标准离差 D。

$$D=\sqrt{\sum_{i=1}^{n}\frac{d^2}{(1+r)^{2i}}}$$

(5)计算风险程度 Q。

$$风险程度\ Q=\frac{综合标准离差}{现金流量期望值现值}$$

2)确定风险报酬斜率 b

风险回报率是直线方程的斜率 b，它可以根据公司的历史资料通过统计方法来确定，或由投资者通过分析判断得出。

3)用风险调整贴现率 K 计算方案的净现值

Q 和 b 确定后，风险调整贴现率 K 也确定了，用风险调整贴现率去计算净现值，然后根据净现值法的规则选择方案。净现值的计算公式如下。

$$净现值=\frac{E_1}{(1+K)^1}+\frac{E_2}{(1+K)^2}+\cdots+\frac{E_n}{(1+K)^n}$$

2. 创建投资风险分析模型

在建立模型之前，应在“投资决策分析”工作簿插入一个新的工作表，并命名为“投资风险分析”。

1)建立基本数据区

基本数据区存储企业投资计划的基本数据以及无风险回报率、风险回报斜率等基础数据。对于不同的公司或同一公司的不同计划，可以根据具体计划改变基本数据区的数据。

构建基本数据区的方法是：在“投资风险分析”工作表的适当位置输入有关计划的已知

数据和资料；进行编排和编辑，如改变字体和字号、设置对齐方式、加上边框等，如图 5－16 所示。

	A	B	C	D	E	F	G
1	投资风险分析						
2	无风险报酬率	8%	资本成本	8%			
3	风险报酬斜率	0.5					
4		方案1		方案2		方案3	
5	t（年）	税后现金流量CFAT	概率	税后现金流量CFAT	概率	税后现金流量CFAT	概率
6	0	-10000	1	-4000	1	-4000	1
7	1	6000	0.2				
8		4000	0.55				
9		2000	0.25				
10	2	8000	0.2				
11		7000	0.6				
12		5000	0.2				
13	3	6000	0.3	3000	0.2	6000	0.1
14		4000	0.4	8000	0.6	8000	0.8
15		3000	0.3	15000	0.2	13000	0.1

图 5－16　投资风险分析模型——基本数据

为了与计算分析区区别，还可以进行其他设置，本例中为该区域添加了数据条，操作方法如下。

(1)选定想要添加阴影的单元格区域，例如 A2:G15。

(2)点击“条件格式”按钮中的“数据条”命令，出现所有的数据条颜色样式，如图 5－17 所示。

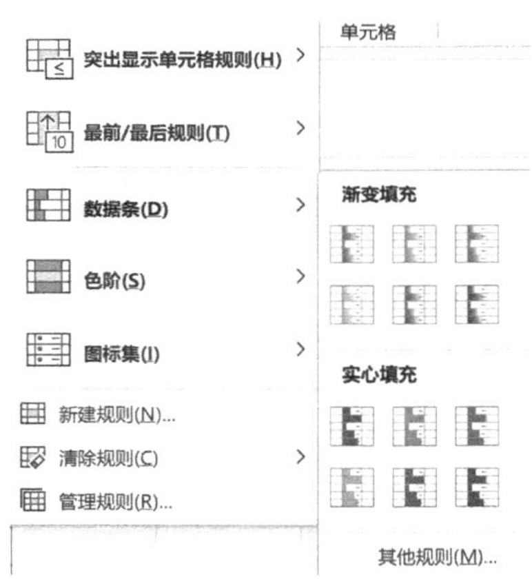

图 5－17　可选的阴影样式

(3)将鼠标指向偏好的样式并点击鼠标，然后选定的区域中的数据部分添加了颜色，如图 5－18 所示。如果不满意，可以按照上述步骤重新设置。

	A	B	C	D	E	F	G
1	投资风险分析						
2	无风险报酬率	8%	资本成本	8%			
3	风险报酬斜率	0.5					
4		方案1		方案2		方案3	
5	t（年）	税后现金流量CFAT	概率	税后现金流量CFAT	概率	税后现金流量CFAT	概率
6	0	-10000	1	-4000	1	-4000	1
7	1	6000	0.2				
8		4000	0.55				
9		2000	0.25				
10	2	8000	0.2				
11		7000	0.6				
12		5000	0.2				
13	3	6000	0.3	3000	0.2	6000	0.1
14		4000	0.4	8000	0.6	8000	0.8
15		3000	0.3	15000	0.2	13000	0.1

图 5-18　给数据列加色

2)建立计算分析区

按照风险调整贴现率法，我们需要在分析区建立每个计划、每期的现金流量预期值 E、标准差 d 的计算公式，构建每种计划的预期现值 EPV、综合标准差 D、风险程度 Q 以及风险调整贴现率 K 的公式。

(1)现金流量预期值 E 和现金流量标准差 d 的公式的构建方法。首先，建立计划 1 的第 1 年现金流量预期值和现金流量标准差的公式：

- 选择 B20 单元，输入 E 的公式："=B7 * C7+B8 * C8+B9 * C9"。
- 选择 C20 单元，输入 d 的公式："=SQRT(SUMSQ(B7-B20) * C7+SUMSQ(B8-B20) * C8+SUMSQ(B9-B20) * C9)"。

其次，使用复制和粘贴或者通过使用拖动填充，建立方案 2、方案 3 的公式。

使用复制和粘贴方法如下。

- 选择 B20:C20 单元区域。
- 单击"开始"菜单中的"复制"工具。选择 D20:G20 单元区域。
- 点击"开始"菜单中的"粘贴"工具。

拖动填充句柄的步骤如下。

- 选定 B20:C20 的单元格范围，将填充句柄拖到 G20 单元格。

(2)期望现值 EPV、总体标准差 D、风险程度 Q、风险调整贴现率 K 的公式的建立方式。首先设立方案 1 的公式。

- 选择 C23 单元，输入 EPV 的公式："=B20/(1+ $B$2)+B21/POWER(1+B2,2)+B22/POWER(1+B2,3)"。
- 选择 C24 单元，输入 D 的公式："=SQRT(POWER(C20,2)/POWER(1+ $B$2,2)+POWER(C21,2)/POWER(1+ $B$2,4)+POWER(C22,2)/POWER(1+ $B$2,6))"。
- 选择 C25 单元，输入 Q 的公式："=C24/C23"。
- 选择 C26 单元，输入 K 的公式："= $B$2+ $B$3 * C25"。
- 选择 C27 单元，输入 NPV 的公式："=NPV(C26,B6,B20,B21,B22)"。

其次，通过复制和粘贴或使用填充句柄，设立方案 2、方案 3 的公式。操作同上。

3)编辑计算分析区

为了使计算分析区的关键指标更突出,可以进行编辑设置。在此例中,将对净现值指标小于 0 的值进行标注,操作方式如下。

(1)选择三个项目净现值所在的单元格区域,如 B27:G27。

(2)打开“开始”选项卡,点击“条件格式”→“突出显示单元格规则”按钮中的“小于”命令,如图 5-19 所示。

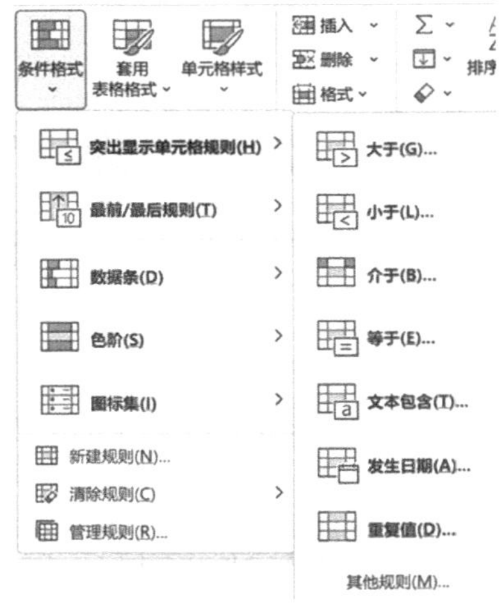

图 5-19　突出显示单元格规则

(3)弹出如图 5-20 所示的对话框,设置条件和突出的颜色,点击“确定”完成设置。这样,满足条件的单元格将被添加所选的颜色,如图 5-21 所示。

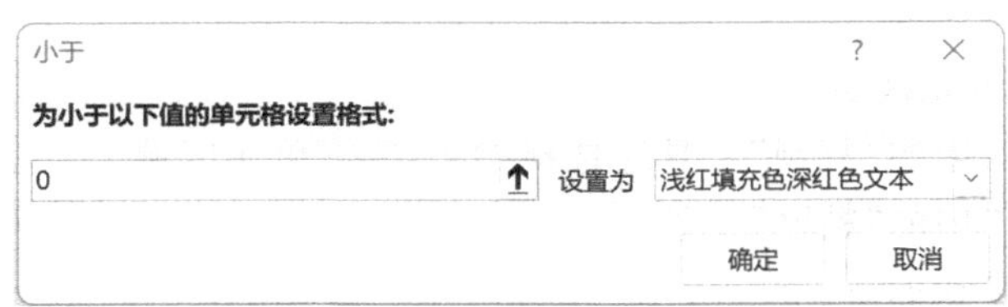

图 5-20　突出显示单元格规则设置

17	计算分析区						
18		方案1		方案2		方案3	
19	t（年）	现金流量期望值E	标准离差D	现金流量期望值E	标准离差D	现金流量期望值E	标准离差D
20	1	3900	1337.91	0	0	0	0
21	2	6800	979.8	0	0	0	0
22	3	4300	1187.43	8400	3826.23	8300	1676.31
23		期望现值EPV	12854.49	期望现值EPV	6668.19	期望现值EPV	6588.81
24		综合标准差D	1768.84	综合标准差D	3037.38	综合标准差D	1330.71
25		风险程度Q	0.14	风险程度Q	0.46	风险程度Q	0.2
26		调整风险贴现率K	0.15	调整风险贴现率K	0.31	调整风险贴现率K	0.18
27		净现值NPV	¥1,204.31	净现值NPV	¥-186.73	净现值NPV	¥879.81

图 5-21　突出显示满足条件的单元格

一旦计算的净现值发生变化,突出显示的部分也会自动调整。

如果要移除已经定义的条件格式,只需要点击“条件格式”按钮中的“清除规则”→“清除所选单元格的规则”或“清除整个工作表的规则”命令,如图 5-22 所示,相应的规则即被删除。

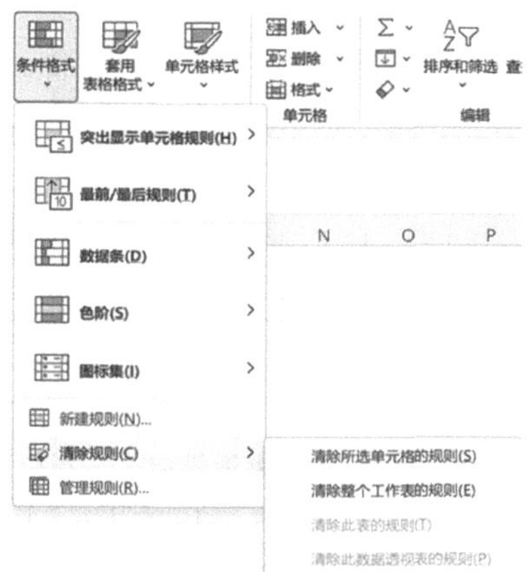

图 5-22 删除条件格式

5.3 投资决策模型应用

投资决策模型

5.3.1 投资指标决策分析模型

【例 5-12】 某企业拥有三个投资计划,其资金成本为 10%。相关数据参见表 5-2。

表 5-2 三种投资方案的净现金流量 单位:元

期间	A 方案净现金流量	B 方案净现金流量	C 方案净现金流量
0	−20000	−9000	−12000
1	11800	1200	5000
2	14000	5000	4500
3		6000	4800

试着进行投资标准的分析,确定最佳投资策略。

依照 5.2.1 节的步骤,构建投资计划决策模型。图 5-23 展示的是已知变量区,图 5-24 显示的是数据区,而图 5-25 展示的则是指标区。

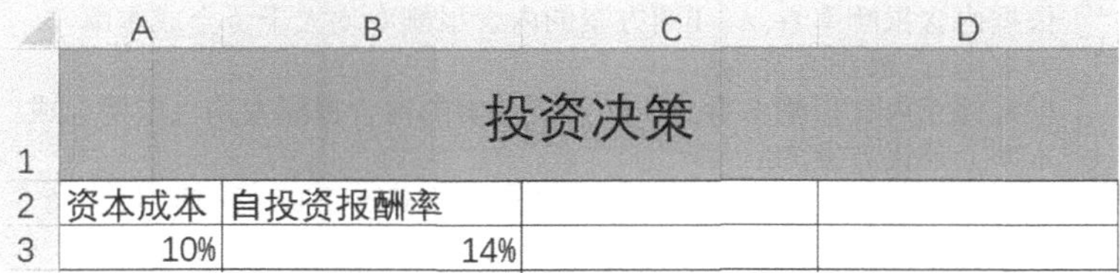

图 5-23 投资指标决策模型——已知变量区

4	期间	A方案净现金流量	B方案净现金流量	C方案净现金流量
5	0	-20000	-9000	-12000
6	1	11800	1200	5000
7	2	14000	5000	4500
8	3		6000	4800

图 5－24　投资指标决策模型——数据区

9	净现值	2,088.66	664.57	-117.48
10	内含报酬率	18.21%	13.73%	9.38%
11	修正内含报酬率	17.16%	13.79%	11.04%
12	现值指数	1.10	1.07	0.99

图 5－25　投资指标决策模型——指标区

模型中各个决策指标的计算公式见表 5－3。

表 5－3　模型中各个决策指标的计算公式

指标	计算公式
方案 A 净现值	B9＝NPV(A3,B5:B8)
方案 B 净现值	C9＝NPV(A3,C5:C8)
方案 C 净现值	D9＝NPV(A3,D5:D8)
方案 A 内含报酬率	B10＝IRR(B5:B8)
方案 B 内含报酬率	C10＝IRR(C5:C8)
方案 C 内含报酬率	D10＝IRR(D5:D8)
方案 A 修正内含报酬率	B11＝MIRR(B5:B8,A3,B3)
方案 B 修正内含报酬率	C11＝MIRR(C5:C8,A3,B3)
方案 C 修正内含报酬率	D11＝MIRR(D5:D8,A3,B3)
方案 A 现值指数	B12＝1＋ABS(B9/B5)
方案 B 现值指数	C12＝1＋ABS(C9/C5)
方案 C 现值指数	D12＝1－ABS(D9/D5)

基于上述模型，可以对该项目进行决策分析，其结论如图 5－26 所示。

结论：

依据净现值进行分析，A、B两方案的净现值均大于0，方案可行，最优方案为A。

依据内含报酬率看，A、B两方案的内含报酬率均大于资金成本率，方案可行，最优方案为A。

根据修正内含报酬率看，A、B、C三方案的内含报酬率均大于资金成本率，最优方案为A。

依据现值指数分析，A、B两方案的现值指数大于1，方案可行，最优方案为A。

图 5－26　投资指标决策模型——结论区

5.3.2　投资风险分析模型

【例 5－13】　某公司目前有三个投资计划，公司规定的最低回报率为 8%，相关数据见图 5－27。要求用风险调整贴现率法进行投资决策。

	A	B	C	D	E	F	G
1		方案1		方案2		方案3	
2	t（年）	税后现金流量CFAT	概率	税后现金流量CFAT	概率	税后现金流量CFAT	概率
3	0	-10000	1	-4000	1	-4000	1
4	1	6000	0.2				
5		4000	0.55				
6		2000	0.25				
7	2	8000	0.2				
8		7000	0.6				
9		5000	0.2				
10	3	6000	0.3	3000	0.2	6000	0.1
11		4000	0.4	8000	0.6	8000	0.8
12		3000	0.3	15000	0.2	13000	0.1

图 5－27　三个方案的资料

基本数据区如图 5－28 所示。

1	投资风险分析						
2	无风险报酬率	8%	资本成本	8%			
3	风险报酬斜率	0.5					
4		方案1		方案2		方案3	
5	t（年）	税后现金流量CFAT	概率	税后现金流量CFAT	概率	税后现金流量CFAT	概率
6	0	-10000	1	-4000	1	-4000	1
7	1	6000	0.2				
8		4000	0.55				
9		2000	0.25				
10	2	8000	0.2				
11		7000	0.6				
12		5000	0.2				
13	3	6000	0.3	3000	0.2	6000	0.1
14		4000	0.4	8000	0.6	8000	0.8
15		3000	0.3	15000	0.2	13000	0.1

图 5－28　投资风险分析模型——基本数据区

运用前述的步骤，输入各类计算公式，构建投资风险分析模型的计算分析区，如图 5－29 所示。

17	计算分析区						
18		方案1		方案2		方案3	
19	t（年）	现金流量期望值E	标准离差D	现金流量期望值E	标准离差D	现金流量期望值E	标准离差D
20	1	3900	1337.91	0	0	0	0
21	2	6800	979.8	0	0	0	0
22	3	4300	1187.43	8400	3826.23	8300	1676.31
23		期望现值EPV	12854.49	期望现值EPV	6668.19	期望现值EPV	6588.81
24		综合标准差D	1768.84	综合标准差D	3037.38	综合标准差D	1330.71
25		风险程度Q	0.14	风险程度Q	0.46	风险程度Q	0.2
26		调整风险贴现率K	0.15	调整风险贴现率K	0.31	调整风险贴现率K	0.18
27		净现值NPV	¥1,204.31	净现值NPV	¥-186.73	净现值NPV	¥879.81

图 5－29　投资风险分析模型——计算分析区

模型中各年的现金流量期望值和现金流量标准离差的公式如表 5－4 所示。

表 5－4　现金流量期望值和现金流量标准离差公式

单元	公式
B20	=B7 * C7+B8 * C8+B9 * C9
C20	=SQRT(SUMSQ(B7-B20) * C7+SUMSQ(B8-B20) * C8+SUMSQ(B9-B20) * C9)
B21	=B10 * C10+B11 * C11+B12 * C12
C21	=SQRT(SUMSQ(B10-B21) * C10+SUMSQ(B11-B21) * C11+SUMSQ(B12-B21) * C12)
B22	=B13 * C13+B14 * C14+B15 * C15
C22	=SQRT(SUMSQ(B13-B22) * C13+SUMSQ(B14-B22) * C14+SUMSQ(B15-B22) * C15)
D20	=D7 * E7+D8 * E8+D9 * E9
E20	=SQRT(SUMSQ(D7-D20) * E7+SUMSQ(D8-D20) * E8+SUMSQ(D9-D20) * E9)
D21	=D10 * E10+D11 * E11+D12 * E12
E21	=SQRT(SUMSQ(D10-D21) * E10+SUMSQ(D11-D21) * E11+SUMSQ(D12-D21) * E12)
D22	=D13 * E13+D14 * E14+D15 * E15
E22	=SQRT(SUMSQ(D13-D22) * E13+SUMSQ(D14-D22) * E14+SUMSQ(D15-D22) * E15)
F20	=F7 * G7+F8 * G8+F9 * G9
G20	=SQRT(SUMSQ(F7-F20) * G7+SUMSQ(F8-F20) * G8+SUMSQ(F9-F20) * G9)
F21	=F10 * G10+F11 * G11+F12 * G12
G21	=SQRT(SUMSQ(F10-F21) * G10+SUMSQ(F11-F21) * G11+SUMSQ(F12-F21) * G12)
F22	=F13 * G13+F14 * G14+F15 * G15
G22	=SQRT(SUMSQ(F13-F22) * G13+SUMSQ(F14-F22) * G14+SUMSQ(F15-F22) * G15)

模型中各方案的计算公式如表 5－5 所示。

表 5－5　模型中各方案的计算公式

项目	公式
方案 2 期望现值 EPV	=D20/(1+$B$2)+D21/POWER(1+B2,3)+D22/POWER(1+B2,3)
方案 2 综合标准差 *D*	=SQRT(POWER(E20,2)/POWER(1+SB$2,2)+POWER(E21,2)/POWER(1+$B$2,4)+POWER(E22,2)/POWER(1+$B$2,6))
方案 2 风险程度 *Q*	=E24/E23
方案 2 调整风险贴现率 *K*	=$B$2+$B$3 * E25
方案 2 净现值 NPV	=NPV(E26,D6,D20,D21,D22)
方案 3 期望现值 EPV	=F20/(1+$B$2)+F21/POWER(1+$B$2,2)+F22/POWER(1+$B$2,3)
方案 3 综合标准差 *D*	=SQRT(POWER(G20,2)/POWER(1+$B$2,2)+POWER(G21,2)/POWER(1+$B$2,4)+POWER(G22,2)/POWER(1+$B$2,6))
方案 3 风险程度 *Q*	=G24/G23
方案 3 调整风险贴现率 *K*	=$B$2+$B$3 * G25
方案 3 净现值 NPV	=NPV(G26,F6,F20,F21,F22)

5.4 Stata、Python 与投资决策分析

5.4.1 Stata 与投资决策分析

Stata 是一个功能强大的统计软件，可以用于数字化财务管理和投资决策分析。Stata 的易用性和强大的统计功能使其成为许多财务分析师、经济学家和数据科学家的首选工具。通过使用 Stata，可以更高效地处理数据，分析得出更有意义的结论，帮助投资者做出更明智的投资决策。

下面是一些使用 Stata 进行财务管理的投资决策分析的基本步骤。

1. 准备数据

首先，需要准备分析的数据，并将其导入 Stata。Stata 支持多种数据格式，如 Excel、CSV、SAS 等。使用“File”菜单中的“Import”命令来导入数据。

2. 数据清理

在导入数据之后，需要清理数据，以确保数据的准确性和一致性。例如，可能需要删除重复的数据、缺失的数据、异常值等。

3. 描述性统计

使用 Stata 的描述性统计功能来了解数据的基本特征，如平均值、标准差、最小值、最大值等。

4. 建立模型

接下来，可以使用 Stata 的命令行或图形用户界面来建立相应数据指标模型。使用 Stata 对财务指标进行财务分析，例如资产负债比率、收益率、市盈率等。这些指标可以帮助投资者了解公司的财务状况，并做出投资决策。

5. 回归分析

使用 Stata 的回归分析功能，可以确定投资因素与财务报酬率之间的关系，并建立预测模型。使用“regress”命令对公司的收益率数据进行回归分析，以确定其内含报酬率。

6. 时间序列分析

使用 Stata 的时间序列分析工具，可以了解财务报酬率的变化趋势，以及预测未来的财务报酬率。

7. 风险评估

使用 Stata 的风险评估工具，可以了解投资的风险水平，并进行风险管理。

8. 可视化

使用 Stata 的图形界面，可以方便地对数据进行可视化，更好地理解数据的特征和关系。

对于财务指标分析，可以使用 Stata 提供的多种统计分析工具和图形，还可以创建自定义函数的脚本语言。

例如，要计算资产负债比率，可以导入财务数据，然后使用以下代码：

```
gen debt_ratio=debt/assets
```

其中，debt 是公司的负债，assets 是公司的资产。

对收益率的计算，可以使用以下代码：

gen return_on_investment=profit/investment

其中，profit 是公司的利润，investment 是公司的投资。

市盈率可以使用以下代码计算：

gen price_earnings_ratio=stock_price/earnings_per_share

其中，stock_price 是公司的股票价格，earnings_per_share 是公司的每股收益。

使用 Stata 提供的图形工具，如折线图、散点图、直方图等可视化数据，可以更好地理解和解释结果。

NPV 函数和 IRR 函数中年金现值系数也可用 Stata 实现。可以用 Stata 快速生成私人定制版本的年金现值系数表，参数的选取可以非常灵活。

【例 5-14】 甲公司想现在存入一笔钱，准备在以后三年中每年年末得到 10000 元，如果利率为 6%，现在应存入多少钱？

在本例中，根据年金现值系数公式可得：

$$\frac{P}{A}=\left(\frac{P}{A},0.06,3\right)=\frac{1}{0.06}-\frac{1}{0.06\times(1+0.06)^{3}}=2.673$$

相应的 Stata 代码，如图 5-30 所示。

```
*  PVA = A*[1-1/(1+`i')^n]
*    A = PVA * 1/[1-1/(1+`i')^n]

. local i=0.06

. local n=3

. dis (1-1/(1+`i')^`n')/`i'
2.6730119
```

图 5-30 Stata 计算年金现值代码

因此，甲公司需要现在存入 $P=A\times(P/A)=10000$ 元 $\times 2.673=26730$ 元。

上述计算过程可以简化为查表，我们可以自己定义一个矩阵，以便存储年金现值系数表，进而使用循环语句得出完整的年金现值系数表，如图 5-31 所示。

```
mat a = J(30,10,.)
forvalues n=1/30{
  forvalues i=0.01(0.01)0.1{
    local L = `i'*100
    mat a[`n',`L'] = (1-1/(1+`i')^`n')/`i'
  }
}

mat list a, format(%6.4f)
```

图 5-31 Stata 计算年金现值系数的代码

结果如图 5 - 32 所示。

r

Yr	0.01	0.02	0.03	0.04	0.05	0.06	0.07	0.08	0.09	0.010
1	0.9901	0.9804	0.9709	0.9615	0.9524	0.9434	0.9346	0.9259	0.9174	0.9091
2	1.9704	1.9416	1.9135	1.8861	1.8594	1.8334	1.8080	1.7833	1.7591	1.7355
3	2.9410	2.8839	2.8286	2.7751	2.7232	2.6730	2.6243	2.5771	2.5313	2.4869
4	3.9020	3.8077	3.7171	3.6299	3.5460	3.4651	3.3872	3.3121	3.2397	3.1699
5	4.8534	4.7135	4.5797	4.4518	4.3295	4.2124	4.1002	3.9927	3.8897	3.7908
6	5.7955	5.6014	5.4172	5.2421	5.0757	4.9173	4.7665	4.6229	4.4859	4.3553
7	6.7282	6.4720	6.2303	6.0021	5.7864	5.5824	5.3893	5.2064	5.0330	4.8684
8	7.6517	7.3255	7.0197	6.7327	6.4632	6.2098	5.9713	5.7466	5.5348	5.3349
9	8.5660	8.1622	7.7861	7.4353	7.1078	6.8017	6.5152	6.2469	5.9952	5.7590
10	9.4713	8.9826	8.5302	8.1109	7.7217	7.3601	7.0236	6.7101	6.4177	6.1446
11	10.3676	9.7868	9.2526	8.7605	8.3064	7.8869	7.4987	7.1390	6.8052	6.4951
12	11.2551	10.5753	9.9540	9.3851	8.8633	8.3838	7.9427	7.5361	7.1607	6.8137
13	12.1337	11.3484	10.6350	9.9856	9.3936	8.8527	8.3577	7.9038	7.4869	7.1034
14	13.0037	12.1062	11.2961	10.5631	9.8986	9.2950	8.7455	8.2442	7.7862	7.3667
15	13.8651	12.8493	11.9379	11.1184	10.3797	9.7122	9.1079	8.5595	8.0607	7.6061
16	14.7179	13.5777	12.5611	11.6523	10.8378	10.1059	9.4466	8.8514	8.3126	7.8237
17	15.5623	14.2919	13.1661	12.1657	11.2741	10.4773	9.7632	9.1216	8.5436	8.0216
18	16.3983	14.9920	13.7535	12.6593	11.6896	10.8276	10.0591	9.3719	8.7556	8.2014
19	17.2260	15.6785	14.3238	13.1339	12.0853	11.1581	10.3356	9.6036	8.9501	8.3649
20	18.0456	16.3514	14.8775	13.5903	12.4622	11.4699	10.5940	9.8181	9.1285	8.5136
21	18.8570	17.0112	15.4150	14.0292	12.8212	11.7641	10.8355	10.0168	9.2922	8.6487
22	19.6604	17.6580	15.9369	14.4511	13.1630	12.0416	11.0612	10.2007	9.4424	8.7715
23	20.4558	18.2922	16.4436	14.8568	13.4886	12.3034	11.2722	10.3711	9.5802	8.8832
24	21.2434	18.9139	16.9355	15.2470	13.7986	12.5504	11.4693	10.5288	9.7066	8.9847
25	22.0232	19.5235	17.4131	15.6221	14.0939	12.7834	11.6536	10.6748	9.8226	9.0770
26	22.7952	20.1210	17.8768	15.9828	14.3752	13.0032	11.8258	10.8100	9.9290	9.1609
27	23.5596	20.7069	18.3270	16.3296	14.6430	13.2105	11.9867	10.9352	10.0266	9.2372
28	24.3164	21.2813	18.7641	16.6631	14.8981	13.4062	12.1371	11.0511	10.1161	9.3066
29	25.0658	21.8444	19.1885	16.9837	15.1411	13.5907	12.2777	11.1584	10.1983	9.3696
30	25.8077	22.3965	19.6004	17.2920	15.3725	13.7648	12.4090	11.2578	10.2737	9.4269

图 5 - 32 年金现值系数表

5.4.2 Python 与投资决策分析

Python 是一种高级的、通用的、解释型的编程语言。它的语法易于学习，代码可读性高、可维护性好，可应用于各种场景，在数字化财务管理中的应用也是非常广泛的。与传统的财务管理方法不同，数字化财务管理通过使用数据科学、机器学习等技术，快速地处理大量的数据，减少人工错误和遗漏，从数据中提取有用的信息并进行分析，从而帮助管理者做出更明智的决策，使公司的财务管理更加高效。

数字化财务管理和投资决策分析可以通过使用数据挖掘和人工智能技术来提高效率和准确性。数据挖掘技术可以帮助公司从大量数据中提取有用信息，并进行预测和分析。例如，可以使用数据挖掘技术预测销售额、客户流失率等。人工智能技术，如机器学习和深度学习，可以帮助公司建立高精度的预测模型和决策支持系统。例如，可以使用机器学习技术建立一个财务报酬率预测模型，或者使用深度学习技术建立一个股票价格预测模型。

Python是一种高级编程语言，具有丰富的第三方库和工具，可以帮助我们完成财务管理的投资决策分析。

常用的Python第三方库有：①NumPy和Pandas，用于数据分析和清洗；②Matplotlib和Seaborn，用于数据可视化；③scikit-learn，用于机器学习和数据建模；④TensorFlow和Keras，用于深度学习。

例如，可以使用Pandas读取财务数据，使用NumPy进行矩阵运算和数据分析，使用Matplotlib、Seaborn和Plotly进行数据可视化，然后使用scikit-learn建立财务报酬率预测模型，并利用模型结果来做出决策。

另外，还有很多专门用于金融领域的第三方库可以使用，比如pyfolio用于回测，ffn用于财务数据分析，zipline用于自动交易系统，pyfin用于金融基础理论。使用这些工具，可以做出股票投资组合管理、风险管理、统计套利、资产定价、策略回测、信用风险、定量分析、数量化交易等金融分析和预测。然而，需要注意的是，在使用数据挖掘和人工智能技术时，需要保证数据质量和模型准确性，并且需要对模型进行定期评估和更新。

此外，一些其他工具也可以帮助公司进行投资决策分析，如现金流量分析、成本-效益分析、实数估值等。这些技术可以帮助公司评估投资项目的未来财务状况和绩效，但投资决策分析不仅仅是使用财务数据和工具，还需要具备财务知识和经验，并考虑其他非财务因素，如市场环境、竞争对手、政策等。

5.5 案例分析：A公司的投资决策选择

5.5.1 背景介绍

A公司发展了十余年，已然步入了发展的转折期。此时如何运作公司充裕的现金流成了集团高管集体思考的问题：是坚持目标集聚的竞争战略，还是走很多大公司的成功范例之路——多元化的竞争战略？如果走多元化发展道路，是否拓展一个新的领域？这是全体高管最近愁思未解的难题。公司鉴于专业人才不足，决定聘请第三方专业人士进行公司投资决策的指导。在公司财务部门的努力下，聘请到了资深的李教授，由李教授挂帅组成了项目小组，开始对拟投资方案进行研究和评价。

5.5.2 投资方案

雷厉风行的李教授带领项目小组立即着手进行方案原始资料的分析和可行性研究，打算从行业背景、经济影响因素以及财务预测数据等方面逐一进行细致审核与查验，以便在最短的时间给董事会一个交代。公司的两种投资方案如下：

A方案估计项目投资总额为2190万元，包括项目正常年营运资金、土地及厂房投资等费用。所需资金全部为自筹资金，股东要求的回报率为16%。根据目前市场调查，项目营运期内产品销售收入、成本费用均采用平均预测价格，并考虑一定的通货膨胀因素。该投资项目预计十年的现金流入流出如表5-6所示。

表 5-6 A 方案现金流量预测表 单位:万元

年份	净利润	加:折旧	净现金流量	累计净现金流
建设期			—2190.00	—2190.00
第 1 年	170.26	124.50	294.76	—1895.25
第 2 年	245.04	124.50	369.54	—1525.70
第 3 年	330.81	124.50	455.31	—1070.39
第 4 年	449.06	124.50	573.56	—496.83
第 5 年	587.13	124.50	711.63	214.80
第 6 年	751.66	124.50	876.16	1090.96
第 7 年	942.87	124.50	1067.37	2158.33
第 8 年	1164.59	124.50	1289.09	3447.42
第 9 年	1421.17	124.50	1545.67	4993.09
第 10 年	1717.55	124.50	2042.05	7035.13

B 方案预计总投资 600 万元,股东要求回报率为 12%以上。营运期内产品销售收入、成本费用均采用平均预测价格,并考虑一定的涨价因素,税收按现行规定取值。该项目净现金流量预测表如表 5-7 所示。

表 5-7 B 方案现金流量预测表 单位:万元

项目	市场培育期	成长期				稳定期
	第 1 年	第 2 年	第 3 年	第 4 年	第 5 年	第 6～10 年
净利润	—98.85	224.90	281.83	234.85	259.51	280.87
加:折旧及摊销	61.75	61.75	61.75	61.75	61.75	33.25
净现金流量	—37.10	286.65	343.58	296.60	321.26	314.12

李教授在取得上述资料数据后,带着 M 财务总监与企划部的 R 部长一起,跟项目小组的其他人员一起开始了对两个不同的投资方案的细致的财务分析。

5.5.3 方案评价

李教授领导的项目小组决定在上述分析的基础上,采用分值比较评价法对两个项目打分评价。为了公司价值最大化,现金流量和利润是决策的主要因素,考虑公司内部机构的意见和领导层的偏好(利润决定一切并要公司在稳定下进行)后,项目组做出如下各决策因素标准。

各决策因素在总方案中的权重:总权重为 10,现金净流量为 4,利润总额为 2,干部职工意见为 2,高层领导意见为 2。

(1)现金净流量:总分 100 分,当现金净流量大于 6138.5 万元并超过 70%为 100 分;超过量小于等于 70%且大于等于 50%为 50 分;超过量小于 50%为 0 分。

(2)利润总额：总分 100 分，当项目寿命期的利润总额大于 3600 万元并超过 80%为 100 分；超过量小于等于 80%且大于等于 50%为 50 分；超过量小于 50%为 0 分。

(3)干部职工意见：总分 100 分，当同意时为 100 分，当一半同意一半反对时为 50 分，当不同意时为 0 分。

(4)高层领导意见：总分 100 分，当同意时为 100 分，当一半同意一半反对时为 50 分，当不同意时为 0 分。

A 方案股东要求的投资报酬率为 16%，计算得出净现值为 1108.48 万元，投资回收期为 4.7 年，内含报酬率为 25.62%。B 方案股东要求的投资报酬率为 12%，该项目的净现值为 853.21 万元，投资回收期 3.02 年，内含报酬率为 32.93%。经评分加权后得出如下结果：A 方案得 8 分，B 方案得 7 分，如表 5－8 所示。

表 5－8　A 方案和 B 方案分值表

关键因素	权重	A 方案		B 方案	
		评分	加权得分	评分	加权得分
现金净流量	4	100	4	50	2
利润总额	2	100	2	50	1
干部职工意见	2	50	1	100	2
高层领导意见	2	50	1	100	2
合计	10	—	8	—	7

项目组全体成员认为两种方案各有长短，风险都处于可接受的范围内。究竟是投资 A 项目还是 B 项目，更好地实现现金流转，给公司带来最大收益，还需公司高层做出决策。如果高层追求长远发展，看好更高的净现金流量，那么 A 方案更加适合公司需求；如果高层想要快速收回投资，在短时间内获得正现金流量，偏好更高的投资回报率，那么 B 方案无疑是最佳选择。

习题

名词解释

投资决策分析　净现值　内含报酬率　现值指数

简答题

1. 投资决策指标函数有哪些？
2. 阐述双倍余额递减法的计算过程。
3. 阐述用风险调整贴现率法进行投资风险分析的步骤。

案例分析

某公司有以下三种投资方案(见表 5－9)，公司要求的最低投资报酬率为 10%。

5-9 某公司三种投资方案年收益 单位:万元

年份	方案A	方案B	方案C
第0年	−5700	−3500	−2200
第1年	2700	1400	1550
第2年	2750	1850	1100
第3年	1550	1250	500

(1)计算三种投资方案的内含报酬率以及净现值。

(2)如果每年的再投资报酬率为11%,计算三种投资方案的修正内含报酬率。

第6章 筹资决策分析

学习目标

1. 了解筹资决策的目的和内容。
2. 掌握利用 Excel 建立筹资决策模型的原理和方法。
3. 了解筹资决策模型在企业中的应用过程和方法。

6.1 筹资决策简述

企业筹资，是指企业为了满足经营活动、投资活动、资本结构管理和其他需要，运用一定的筹资方式，通过一定的筹资渠道，筹措和获取所需资金的一种财务行为。筹资活动是企业资金有序流转的前提，筹资决策要求解决企业为什么要筹资、需要筹集多少资金、从什么渠道或以什么方式筹集等问题。随着中国特色社会主义市场经济体制的不断演进和完备，企业的融资渠道也在逐步扩展，可以大致分为内部资金筹集和外部资金筹集两大类别。筹资是企业经营活动中一项非常重要的内容。企业筹资决策的核心在于确定最优的筹资组合，以在获得所需资金的同时，降低筹资成本、控制潜在财务风险并合理规划资本结构。由于不同的筹资方式具有不同的特征，因此需要建立相应的筹资决策支持系统来支持筹资决策。Excel 作为一款广泛应用、普及率极高的办公软件，提供了丰富的筹资决策相关函数和功能，可协助企业快速建立高效准确的筹资决策模型，从而顺利完成筹资决策工作。

6.1.1 资本成本计量模型

资本成本计量模型

资本成本是指企业为筹集资金而付出的代价成本，是衡量资本结构优化程度的标准，也是对投资获得经济效益的最低要求，一般用资本成本率表示。企业所筹得的资本付诸使用以后，只有项目的投资报酬率高于资本成本率，才能说明所筹集的资本获得较好的收益回报。

为了便于比较分析，资本成本通常用不考虑货币时间价值的一般通用模型计算。计算时将初期的筹资费用作为筹资额的一项进行扣除，扣除筹资费用后的筹资额称为筹资净额。资本成本通用计算公式为

$$资本成本=\frac{每年用资费用}{筹资数额-筹资费用}$$

1. 银行借款成本计量模型

银行借款资本成本包括借款利息和借款手续费用。手续费用是筹资费用的具体表现。利息费用在税前支付，可以起到抵扣税款的作用，一般计算税后资本成本率，以便与权益资本成本率具有可比性。银行借款的资本成本按通用模型计算为

$$K_t = \frac{银行存款年利率 \times (1-所得税税率)}{1-筹资费用率} = \frac{i \times (1-T)}{1-F}$$

式中，K_t表示银行借款资本成本率；i 表示银行借款年利率；T 表示所得税税率；F 表示筹资费用率。

【例 6-1】 某企业取得 5 年期长期借款 100 万元，年利率为 5%，每年付息 1 次，到期一次还本，借款费用率为 0.3%，企业所得税税率为 20%，计算该项借款的资本成本。

在 Excel 中，建立计算模型的过程如下：

(1)建立新的 Excel 表，并输入计算模型中所需要的数据参数，如图 6-1 所示。

(2)在 C6 单元格中输入"=C3*(1-C4)/(1-C5)"，计算得到结果，如图 6-1 所示。

	A	B	C
1		银行借款成本计量模型	
2			
3		银行借款年利率	5.00%
4		企业所得税税率	20.00%
5		银行借款筹资费用率	0.30%
6		银行借款资本成本	4.01%

图 6-1 银行借款成本计量模型

2. 债券成本计量模型

公司债券资本成本，包括债券利息与借款发行费用。债券既可以溢价发行，也可以折价发行。其资本成本按通用模型计算如下

$$K_b = \frac{年利息 \times (1-所得税税率)}{债券筹资总额 \times (1-筹资费用率)} = \frac{i \times (1-T)}{L \times (1-f)}$$

式中，K_b表示债券资本成本率；i 表示银行借款年利息；T 表示所得税税率；L 表示公司债券筹资总额；f 表示筹资费用率。

【例 6-2】 某企业以 1200 元的价格，溢价发行面值为 1000 元、期限 5 年、票面利率为 6%的公司债券。每年付息 1 次，到期一次还本，发行费用率为 3%，企业所得税税率为 25%，计算该批债券的资本成本。

(1)在 Excel 中，建立计算模型的过程如图6-2所示。

(2)在 D12 单元格中输入"=D7*D10*((1-D8)/(D11*(1-D9)))"，计算结果如图6-2所示。

	A	B	C	D
1				
2				
3				
4				
5		债券成本计量模型		
6				
7		发行面额		1000.00
8		所得税率		25%
9		债券筹资费用率		3.00%
10		票面利率		6.00%
11		发行价格		1200.00
12		债券成本		3.87%

图 6-2 债券成本计量模型

3. **留存收益成本计量模型**

留存收益是企业税后净利润所形成的所有者权益。留存收益是所有者权益下的一个科目,其实质是所有者向企业进一步追加的投资。留存收益的资本成本表现为股东追加投资所要求的报酬率。留存收益成本的计算方法很多,本书介绍三种计量模型来计算留存收益成本。

1)股利增长模型法

假定资本市场有效,股票市场价格与价值相等。假定某股票本期支付的股利为 D,未来各期股利按固定速度 g 增长。目前股票市场的价格为 P,则留存收益成本的计算公式如下:

$$K_s=\frac{\text{现金股利}\times(1+\text{预期股利增长率})}{\text{股票市价}}+\text{预期股利增长率}=\frac{D\times(1+g)}{P}+g$$

式中,K_s表示留存收益成本;D 为股利;g 表示普通股利年增长率;P 表示普通股市价。

【例 6-3】 某企业普通股市价为 40 元,本年发放现金股利每股 0.8 元,预期股利年增长率为 15%,计算该批普通股留存收益的资本成本。

(1)在 Excel 中,建立计算模型的过程如图 6-3 所示。

(2)在 C6 单元格中输入"=C3*(1+C4)/C5+C4",计算结果如图 6-3 所示。

	A	B	C
1		股利增加模型	
2			
3		现金股利	0.8
4		预期股利年增长率	15.00%
5		普通股市价	40
6		留存收益	17.30%

图 6-3 股利增长模型

2)资本资产定价模型法

假定资本市场有效,股票市场价格与价值相等,则留存收益成本的计算公式如下:

$$K_s=\text{无风险报酬率}+\text{股票贝塔系数}\times(\text{市场平均报酬率}-\text{无风险报酬率})$$

$$K_s=R_f+\beta\times(R_m-R_f)$$

式中,K_s表示留存收益成本;R_f 为无风险报酬率;R_m 为市场平均报酬率;β 为股票的贝塔系数。

【例 6-4】 某企业普通股贝塔系数为 1.5,此时一年期国债利率为 5%,市场平均报酬率 15%,计算该批普通股留存收益的资本成本。

(1)在 Excel 中,建立计算模型的过程如图6-4所示。

(2)在 C6 单元格中输入"=C5*(C4-C3)+C3",计算结果如图 6-4 所示。

	A	B	C
1		资本资产定价模型	
2			
3		无风险报酬率	5.00%
4		市场平均报酬率	15.00%
5		股票贝塔系数	1.5
6		留存收益成本	20.00%

图 6-4 资本资产定价模型

3)风险溢价模型法

由于“风险越大,所需报酬率越高”,普通股股东投资相对于债券投资具有更高的风险,因此需要在债券投资者所要求的回报率上增加一定的风险溢价。根据该理论,在风险溢价模型下的留存收益成本计算公式如下:

$$K_s = K_b + R_p$$

式中,K_s表示留存收益成本;K_b为债务成本率;R_p为股东比债权人承担更多风险所要求追加的风险溢价。

【例 6-5】 某公司债券资本成本为 12%,留存收益资本成本相对于债券资本成本有 3%的风险溢价。使用风险溢价法计算该公司留存收益的资本成本。

(1)在 Excel 中,建立计算模型的过程如图 6-5 所示。

(2)在 C5 单元格中输入“=C3+C4”,计算结果如图 6-5 所示。

	A	B	C
1		风险溢价模型	
2			
3		债务成本率	12.00%
4		风险溢价	3.00%
5		留存收益成本	15.00%

图 6-5 风险溢价模型

4. 优先股成本计量模型

优先股的资本成本主要是向优先股东支付的各期股利。对于固定股息率优先股而言,如果各期股利是相等的,优先股的资本成本按通用模型计算为

$$K_p = \frac{\text{优先股年固定股息}}{\text{优先股发行价格} \times (1 - \text{筹资费用率})} = \frac{D}{P \times (1 - f)}$$

式中,D 表示优先股每年的股利;P 为优先股发行价格;f 为筹资费用率。

【例 6-6】 某上市公司发行面值为 200 元的优先股,规定的年股息率为 10%。该优先股溢价发行,发行价格为 220 元,发行时筹资费用率为发行价的 3%。计算该优先股的资本成本。

(1)在 Excel 中,建立计算模型的过程如图6-6所示。

(2)在单元格中输入“=C3 * C4/(C5 * (1-C6))”,计算结果如图 6-6 所示。

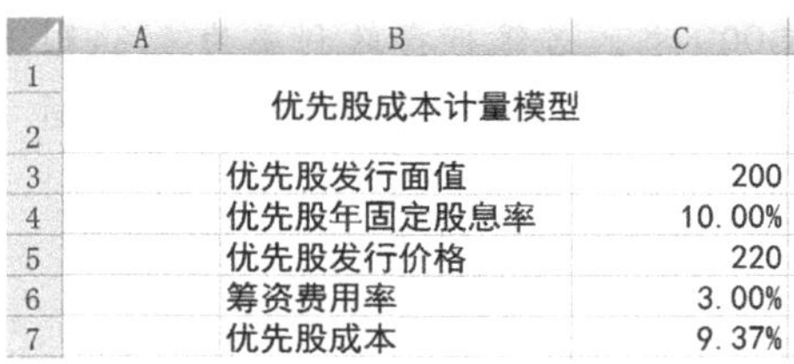

	A	B	C
1		优先股成本计量模型	
2			
3		优先股发行面值	200
4		优先股年固定股息率	10.00%
5		优先股发行价格	220
6		筹资费用率	3.00%
7		优先股成本	9.37%

图 6-6 优先股成本计量模型

6.1.2 Excel 中现金流量时间价值函数应用

现金流量时间价值函数应用

在财务管理中，货币的时间价值是指一定量货币资本在不同时点上的价值量差额。根据货币时间价值理论，可以将某一时点的货币价值折算为其他时点的价值金额。Excel 中提供了相应的函数，使用者可以快速计算出结果，这些函数的参数及其含义说明如表 6-1 所示。

表 6-1 时间价值函数参数及含义说明

参数	参数说明
rate	各期利率
per	本金或利息期次
nper	年金收付的总期数
pmt	年金
pv	现值
fv	终值
type	年金类型，普通年金为 0，预付年金为 1，默认值为 0
guess	对利率的猜测，默认值为 10%

需要注意的是，上述参数在计算时要保持单位一致性，如果是按月支付，则需要将按年支付转化为按月支付。

1. 年金终值函数 FV

功能：基于固定利率及等额分期付款基础上返回某项投资的未来价值。

函数语法公式：FV(rate，nper，pmt，pv，type)。

【例 6-7】 为了给儿子在大学期间出国交换做准备，王先生连续 5 年于每年年初存入银行 5000 元。若银行存款利率为 4%，则王先生在第 5 年年末能一次取出多少钱？

在 Excel 中建立模型，如图 6-7 所示。

	A	B	C
1		年金终值计算模型	
2			
3		年利率	4.00%
4		年金期限	5
5		年金	5000
6		年金终值	¥28,164.88

图 6-7 年金终值计算模型

在 C6 单元格中，点击“公式”选项卡，点击最左边的“插入函数”，出现“插入函数”对话框，如图 6-8 所示，在选择类别中点击“财务”，在选择函数中点击“FV”，最后点击“确定”。

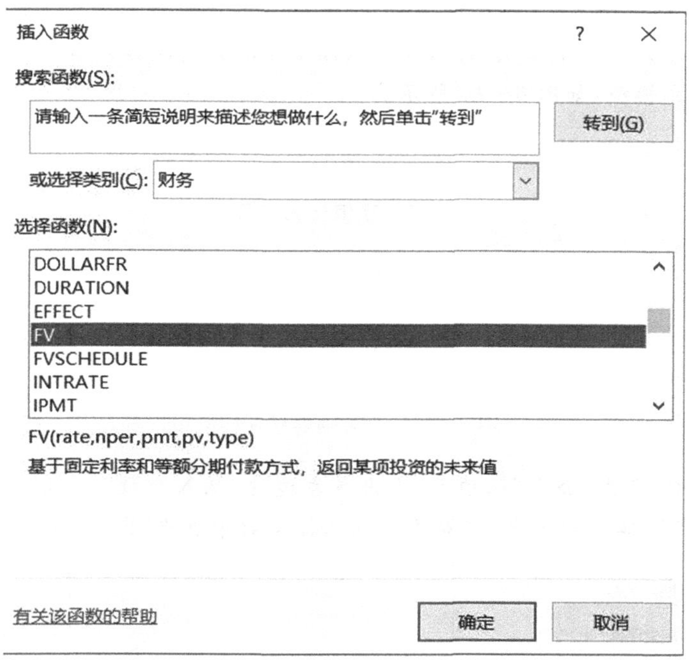

图 6－8 “插入函数”对话框

如图 6－9 所示，在“函数参数”对话框中，填写相应的区域地址，在“Type”中根据具体要求选择 1 或 0，进而得出所要计算的年金结果。

函数参数

FV

Rate	C3	= 0.04
Nper	C4	= 5
Pmt	-C5	= -5000
Pv		= 数值
Type	1	= 1

= 28164.87731

基于固定利率和等额分期付款方式，返回某项投资的未来值

Pmt 各期支出金额，在整个投资期内不变

计算结果 = 28164.87731

有关该函数的帮助(H) 确定 取消

图 6－9 FV 函数对话框

2. 年金终值函数 PV

功能：返回某项投资的一系列等额分期偿还当前值之和。

函数语法公式：PV(rate，nper，pmt，fv，type)。

【例 6-8】 某公司于 2020 年投资一项目，假设当年开始动工并投产，从投产之日起每年末可获得收益 50000 元。年利率为 5%，那么预期 8 年收益的现值是多少？

在 Excel 中建立模型，如图 6-10 所示。

	A	B	C
1	年金现值计算模型		
2			
3		年利率	5.00%
4		年金期限	8
5		年金	50000
6		年金现值	¥323,160.64

图 6-10 年金现值计算模型

在 C6 单元格中，点击“公式”选项卡，点击最左边的“插入函数”，出现“插入函数”对话框，如图 6-11 所示，在选择类别中点击“财务”，在选择函数中点击“PV”，最后点击“确定”。

图 6-11 “插入函数”对话框

如图 6-12 所示，在“函数参数”对话框中，填写相应的区域地址，在“Type”中根据具体要求选择 1 或 0，进而得出所要计算的年金结果。

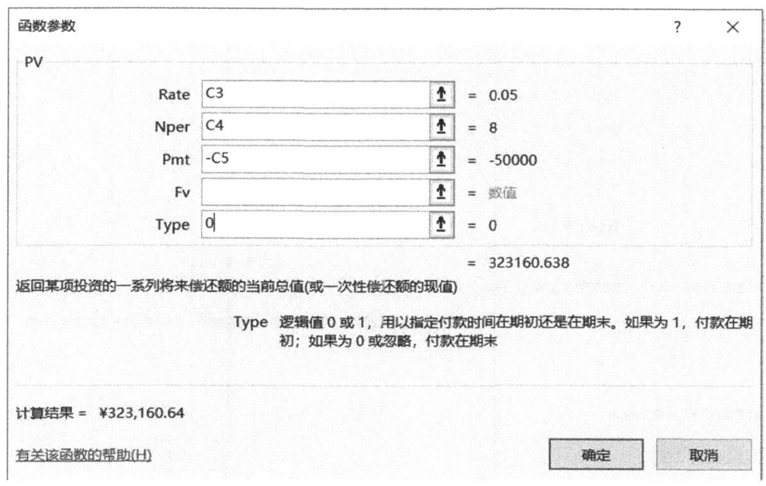

图 6－12　PV 函数对话框

3. 等额还款函数 PMT

功能：在固定利率下，返回投资或贷款的等额分期偿还额。

函数语法公式：PMT(rate，nper，pv，fv，type)。

【例 6－9】　某公司开发一个项目，因资金不足需从银行贷款 10000 元，年利率为 9%，借款期为 6 年，偿还条件为每年年末等额偿还，则公司每年还款额为多少？

在 Excel 中建立等额还款计算模型，如图 6－13 所示。

	A	B	C
1		年金现值计算模型	
2			
3		年利率	9.00%
4		借款期限	6
5		初始贷款	10000
6		等额还款额	¥-2,229.20

图 6－13　等额还款计算模型

在 C6 单元格中，点击“公式”选项卡，点击最左边的“插入函数”，出现“插入函数”对话框，在选择类别中点击“财务”，在选择函数中点击“PMT”，最后点击“确定”。如图 6－14 所示，在“函数参数”对话框中，填写相应的区域地址，在“Type”中根据具体要求选择 1 或 0，进而得出所要计算的年金结果。

函数参数

PMT

Rate	C3	=	0.09
Nper	C4	=	6
Pv	C5	=	10000
Fv		=	数值
Type	0	=	0

= -2229.197833

计算在固定利率下，贷款的等额分期偿还额

Pv 从该项投资(或贷款)开始计算时已经入账的款项，或一系列未来付款当前值的累积和

计算结果 = ¥-2,229.20

有关该函数的帮助(H)　确定　取消

图 6－14　PMT 函数对话框

4. **年金中的本金函数** PPMT

功能：在给定期次内，返回某项投资回报或贷款偿还的本金部分。

函数语法公式：PPMT(rate，per，nper，pv，fv，type)。

5. **年金中的利息函数** IPMT

功能：在给定期次内，返回某项投资回报或贷款偿还的利息部分。

函数语法公式：IPMT(rate，per，nper，pv，fv，type)。

【例 6－10】　某公司为支付员工工资从银行贷款 250000 元，年利率为 10%，借款期为 8 年，偿还条件为每月月初等额偿还，则第 10 个月的本金支付额与利息支付额各为多少？

在 Excel 中建立还款本金及利息计算模型，如图 6－15 所示。

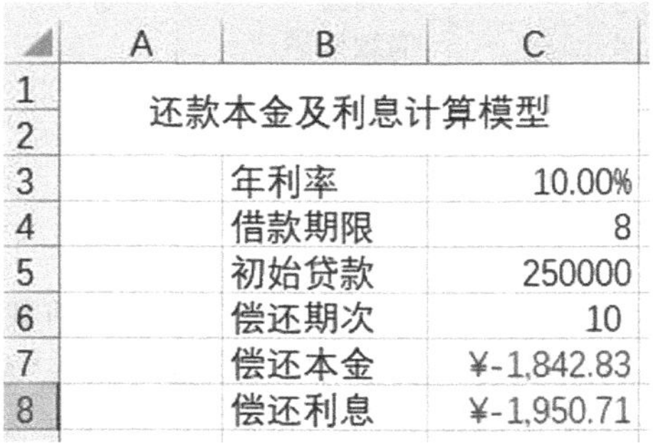

	A	B	C
1	还款本金及利息计算模型		
2			
3		年利率	10.00%
4		借款期限	8
5		初始贷款	250000
6		偿还期次	10
7		偿还本金	¥-1,842.83
8		偿还利息	¥-1,950.71

图 6－15　还款本金及利息计算模型

其中，C7 单元格本金函数定义如图 6－16 所示。

其中，C8 单元格利息函数定义如图 6－17 所示。

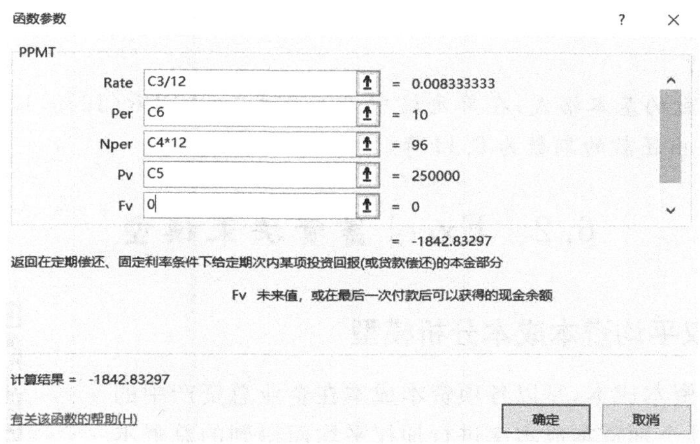

图 6－16 PPMT 函数对话框

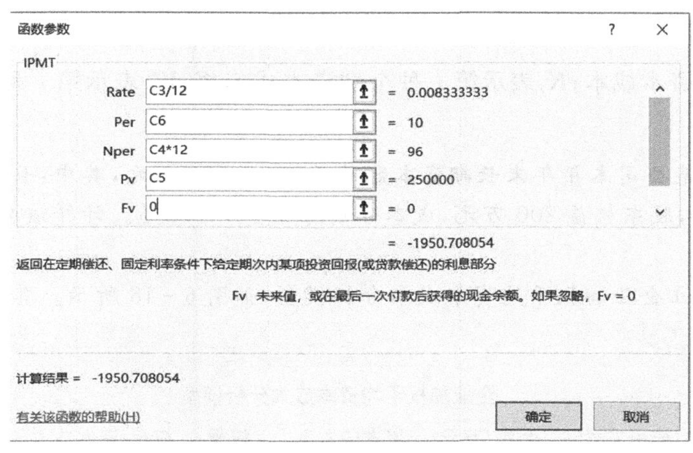

图 6－17 IPMT 函数对话框

可以发现，等额还款函数 PMT 与年金中的本金函数 PPMT、年金中的利息函数 IPMT 存在下述关系：

PMT＝PPMT＋IPMT

6. 利息函数 RATE

功能：基于等额分期付款(或一次性付清)方式，返回投资或付款的实际利率。

函数语法公式：RATE(nper，pmt，pv，fv，type，guess)。

【例 6－11】 某公司从银行贷款 6000 元，共计 5 年，每月月初支出 120 元，则该笔贷款的实际利率是多少？

按照利率函数的基本格式，在单元格中输入公式"＝RATE(5＊12，－120，6000，0，1)"后按 Enter 键，则可以得出该笔贷款的月利率为 1%，将月利率转换为年利率为：1%×12＝12%。

7. 计息期函数 NPER

功能：基于固定利息与等额分期付款方式，返回一项投资或贷款的期数。

函数语法公式：NPER(rate，pmt，pv，fv，type)。

【例 6－12】 某公司从银行贷款 7000 元，年利率为 10%，每年年末支出 1300 元，则需要还款的年数是多少？

按照计息期函数的基本格式，在单元格中输入公式“＝NPER(10%,1300,1,7000)”后按 Enter 键，则可以得出还款的期数为 8.11 年。

6.2 Excel 筹资决策模型

6.2.1 企业加权平均资本成本分析模型

企业加权平均资本成本分析模型和长期借款基本模型

企业加权平均资本成本，是以各项资本成本在企业总资产中的比重为权数，对各项个别资本成本率进行加权平均而得到的总资本成本率。计算公式为

$$K_w = \sum_{j=1}^{n} K_j W_j$$

式中，K_w表示平均资本成本；K_j表示第 j 种个别资本成本率；W_j表示第 j 种个别资本在全部资本中的比重。

【例 6－13】 某公司本年年末长期资本账面总额为 1500 万元，其中：长期贷款 600 万元，长期债券 700 万元，股东权益 200 万元，成本分别为 5%、7%、8%。计算该公司的加权平均资本成本。

在 Excel 中建立企业加权平均资本成本分析模型，如图 6－18 所示。其过程如下：

	A	B	C	D	E
1	企业加权平均资本成本分析模型				
2					
3	筹资方式	金额/万元	资本成本率	权重	权重*资本成本率
4	长期借款	600	5%	0.40	2.00%
5	长期债券	700	7%	0.47	3.27%
6	保留盈余	200	8%	0.13	1.07%
7	加权平均资本成本				6.33%

图 6－18 企业加权平均资本成本分析模型

(1)建立基础数据表，将参与运算的基础数据输入设计的表格中，包括筹资方式、金额、资本成本等。

(2)利用 Excel 快速计算各项资本权重并使用工具填充下拉功能。

(3)同样，在 F5 单元格填入“＝D5 * E5”并下拉。

(4)在 F8 单元格中使用 SUM 函数求和。

在实际运用中，企业可以构建该模型，通过改变不同筹资方式所占资本成本的比重进而考察对加权平均资本的影响，从而选择最适合企业的筹资组合。

6.2.2 长期借款基本模型

资金短缺对企业生产经营活动产生很大影响，因此筹集长期资金显得至关重要。长期借款是企业筹集资金必不可少的方式之一。在进行长期借款前，企业需要针对贷款金额、贷款利率、贷款期限及偿还时间等因素进行多次测算，在测算后企业应根据自身情况选择一种合理的借款方案，以最大限度地提高资金利用效率和降低财务成本。

长期借款模型通过建立窗体来调节借款年利率、借款年限和每年还款期数。总付款期数通过借款年限和每年还款期数计算，每期偿还金额利用 PMT 函数来计算。在第 6.1.2 小节中已对 PMT 函数运算过程进行详细的描述，这里不再赘述。

(1)在 Excel 中建立该模型的过程如图 6－19 所示。

	A	B	C
1		长期借款等额还款基本模型	
2			
3		借款类型	长期贷款
4		借款金额	150000
5		借款年利率	10%
6		借款年限	7
7		每年还款期数	1
8		还款总期数	7
9		分期等额偿还金额	¥30,810.82

图 6－19　长期借款等额还款基本分析表格

在图 6－19 中，C8＝＄C＄6＊＄C＄7；各期利率＝C5/C7；C9＝PMT(C5，C8，－C4，0)。

(2)建立通用模型。考虑到实际工作中的需求，特别是考察某一个变化量对模型的整体影响，通过窗体添加“滚动条”“数字调节钮”等工具，可以快速满足现实需求。建立通用模型如图 6－20 所示。

	A	B	C	D	E
1		长期借款等额还款通用模型			
2					
3		借款类型	贷款		
4		借款金额	150000		
5		借款年利率	10%		1000
6		借款年限	7		
7		每年还款期数	1		
8		还款总期数	7		
9		分期等额偿还金额	¥30,810.82		

图 6－20　长期借款等额还款基本分析通用表格

在通用模型中，对借款年利率使用“数值调节钮”，具体操作如下：在“开发工具”选项卡中点击“插入”，从中选取“数值调节钮”，单击鼠标右键，选择“设置控件格式”，在弹出的对话框中，设置最小值为 500，最大值为 1000，步长为 100。定义 C5 单元格公式为“＝E5/10000”。因数值做了放大，不能直接与年利率所在的单元格进行链接，需选择旁边的 E5 单元格。借款年限的设置方式与此相同，最小值为 1，最大值为 10，步长为 1，因单元格中数值小，可直接进行链接。

对每年还款期数使用“滚动条”，具体操作如下：在“开发工具”选项卡中点击“插入”，从中选取“滚动条”，单击鼠标右键，选择“设置控件格式”，在弹出的对话框中，点击“控制”，最小值为 1，最大值为 6，步长为 1，页步长为 1，因单元格中数值小，可直接进行链接。

分期等额偿还金额依旧使用 PMT 公式，即在 C9 单元格输入“＝PMT(C5，C8，－C4，0)”，通过按钮调节出想要的条件，分期等额偿还金额随之发生变化。

6.2.3 利用模拟运算表建立筹资分析模型

利用模拟运算表建立筹资分析模型及分期偿还借款模型

长期借款分析结果受到多个变量共同作用影响，财务人员期望探究这些变量之间的共同作用对筹资决策结果的影响。在 Excel 中，可以利用“模拟运算表”功能，快速完成上述分析。

模拟运算表是展示改变数值对公式结果影响的单元格区域。它提供了快速计算多种情况数值的操作，因此常用于进行灵敏度分析。Excel 中有单变量和双变量两种模拟运算表。单变量模拟运算表考察一个变量变化对结果的影响和程度。双变量运算表考察两个变量共同作用对结果影响的程度。

1. 单变量模拟运算表的应用

【例 6－14】 将长期借款等额还款分析模型中的数据应用在单变量数据表中，分析不同利率对分期等额偿还金额的影响。

模型建立如下：

(1)建立基础数据表。在本例中，将借款金额、借款年限、每年还款期数、还款总期数等基础数据列在一张表上，并在下方表格中列出借款年利率、分期等额偿还金额，如图 6－21 所示。

(2)定义计算公式。在 C8 单元格中，定义公式为“C6 * C7”。在 C11 单元格中，定义分期等额偿还金额公式为“＝PMT(B11/C7,C8,－C5)”。计算出利率为 5％情况下分期等额偿还金额。

(3)进行单变量模拟运算。选中区域(B11:C21)后，在“数据”选项卡中选择“模拟分析”—“模拟运算表”，弹出如图 6－22 所示的对话框。在“输入引用列的单元格”中选择 B11 单元格，单击“确定”得出计算结果，如图 6－21 所示。

	A	B	C
1			
2			
3		单变量模拟运算表	
4			
5		借款金额	150000
6		借款年限	7
7		每年还款期数	1
8		还款总期数	7
9			
10		借款年利率	分期等额偿还金额
11		5%	¥25,922.97
12		6%	¥26,870.25
13		7%	¥27,832.98
14		8%	¥28,810.86
15		9%	¥29,803.58
16		10%	¥30,810.82
17		11%	¥31,832.29
18		12%	¥32,867.66
19		13%	¥33,916.62
20		14%	¥34,978.86
21		15%	¥36,054.05

图 6－21 单变量模拟运算模型

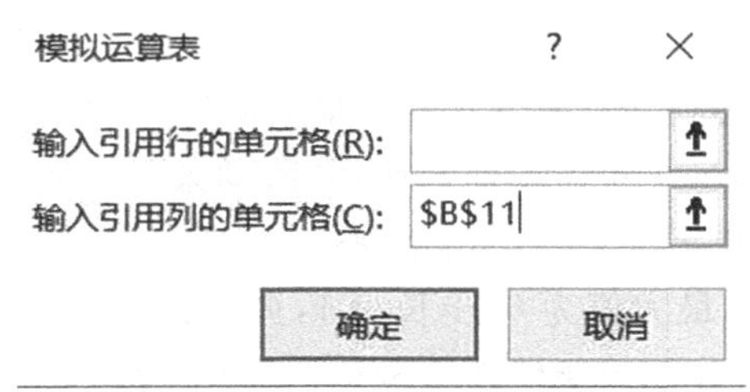

图 6－22 单变量模拟运算对话框

2. 双变量模拟运算表应用

【例 6－15】 将长期借款等额还款分析模型中的数据应用在双变量数据表中，分析借款利率和借款年限同时变化的情况对每期偿还金额的影响。

模型建立如下：

(1)建立基础数据表，如图 6－23 所示。

	A	B	C	D	E	F	G	H
1								
2								
3		双变量模拟运算表						
4								
5		借款金额	150000					
6		每年还款期数	1					
7		借款年限	7					
8		借款年利率	10%					
9								
10		¥30,810.82	7	8	9	10	11	12
11		5%	¥25,922.97	¥23,208.27	¥21,103.51	¥19,425.69	¥18,058.33	¥16,923.81
12		6%	¥26,870.25	¥24,155.39	¥22,053.34	¥20,380.19	¥19,018.94	¥17,891.55
13		7%	¥27,832.98	¥25,120.16	¥23,022.97	¥21,356.63	¥20,003.54	¥18,885.30
14		8%	¥28,810.86	¥26,102.21	¥24,011.96	¥22,354.42	¥21,011.45	¥19,904.25
15		9%	¥29,803.58	¥27,101.16	¥25,019.82	¥23,373.01	¥22,042.00	¥20,947.60
16		10%	¥30,810.82	¥28,116.60	¥26,046.08	¥24,411.81	¥23,094.47	¥22,014.50
17		11%	¥31,832.29	¥29,148.16	¥27,090.25	¥25,470.21	¥24,168.15	¥23,104.09
18		12%	¥32,867.66	¥30,195.43	¥28,151.83	¥26,547.62	¥25,262.31	¥24,215.52
19		13%	¥33,916.62	¥31,258.01	¥29,230.34	¥27,643.43	¥26,376.22	¥25,347.91
20		14%	¥34,978.86	¥32,335.50	¥30,325.26	¥28,757.03	¥27,509.14	¥26,500.40
21		15%	¥36,054.05	¥33,427.51	¥31,436.10	¥29,887.81	¥28,660.35	¥27,672.12

图 6－23　双变量模拟运算模型

(2)输入公式。在 B10 单元格中填入“＝PMT(C8/C6，C6＊C7，－C5)”。要注意不同的利率值输入在一列中，列输入项必须在公式的正下方，不同年限输入在第一行，行输入项必须在公式的右侧。

(3)进行双变量模拟运算。选中区域(B10：H21)后，在“数据”选项卡中选择“模拟分析”—“模拟运算表”，弹出如图 6－24 所示的对话框。在“输入引用行的单元格”中选择 C7 单元格，并在“输入引用列的单元格”中选择 C8 单元格，单击“确定”得出计算结果，如图 6－23 所示。

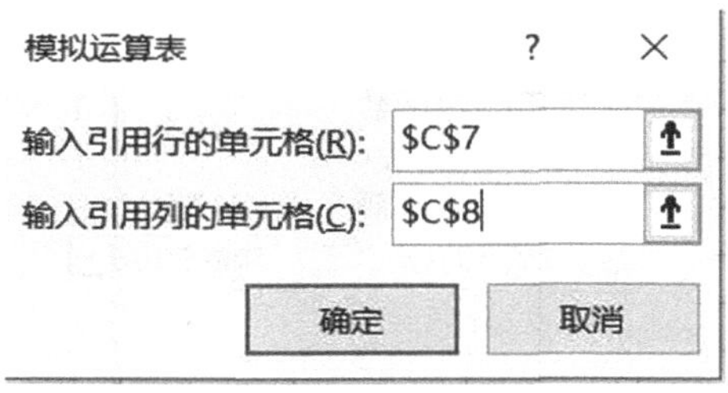

图 6－24　双变量模拟运算对话框

6.3　筹资决策模型应用

6.3.1　分期偿还借款模型

如前文所述，长期借款是企业筹集资金的重要途径之一，但在进行此类贷款之前，企业必须对贷款金额、利率、期限以及偿还时间等因素进行多次计算和评估。

分期偿还借款模型涉及借款金额、年限、利率、每年还款期数、总付款期数、偿还金额及折旧方法等因素，如图 6－25 所示。

（1）借款金额可以直接输入所需数字，总付款期数设定为“＝E7 * E8”。

（2）借款年利率通过设置“数值调节钮”进行调整。具体做法是：先在 C4 单元格设置“＝E4/10000”，然后在“开发工具”选项卡中点击“插入”，从中选择“数值调节钮”，单击鼠标右键，选择“设置控件格式”，在弹出的对话框中，输入当前值为 500、最小值为 100、最大值为 1000、步长为 100，在单元格链接选择 E4。借款年限设置方法类似，不同之处是最小值为 1、最大值为 10、步长为 1，单元格直接链接 C5。

（3）每年还款期数可以通过“滚动条”设置，具体设置办法如下：在“开发工具”选项卡中点击“插入”，从中选取“滚动条”，单击鼠标右键，选择“设置控件格式”，在弹出的对话框中，点击“控制”，最小值为 1，最大值为 6，步长为 1，页步长为 1，因单元格中数值小，可直接进行链接。

（4）折旧方法，选择使用“组合框”，在设置控件格式中，在数据源区域输入“$A$9：$A$12”，在单元格链接选择 C9。

（5）每期偿还金额设定公式为“＝ABS(PMT(C4/C6,C7,C3))”，变化不同的条件可以得到相应的每期偿还金额。

	A	B	C	D	E
1		分期偿还借款分析模型			
2					
3		借款金额	2500000		
4		借款年利率	4%		400
5		借款年限	7		
6		每年还款期数	1	< >	
7		总付款期数	7		
8		每期偿还金额	¥416,524.03		
9	年数总和法	折旧方法	年数总和法		
10	年限平均法				
11	工作量法				
12	双倍余额递减法				

图 6－25　分期偿还贷款模型

6.3.2 租赁筹资模型

租赁，是指通过签署资产出让合同的形式，使用资产的一方（承租方）通过支付租金，向出让资产的一方（出租方）获得资产使用权的一种交易行为。现在，很多企业都把租赁业务作为一种重要的筹措长期资金的手段。依据租赁合同，企业只需支付租金就可以在规定的时间内使用急需的设备，而不必立即支付购置设备的全部费用。租赁公司提供多种可租设备，租赁条件各异。建立租赁模型并设置图形接口可以简化租赁决策。

租赁筹资模型

1. **模型的建立**

首先建立租赁公司价格基础数据表，如图 6－26 所示。租赁公司价格基础数据表应该包括待租赁设备名称、租金、租金的支付方法等，以便在租赁筹资决策分析模型中使用。

租赁公司价格表			
生产厂家	设备名称	租金总额/万元	支付办法
美国	aaa	250	后付
日本	aaa	230	先付
德国	aaa	210	先付
美国	bbb	2	后付
美国	bbb	1	后付
美国	ccc	100	先付

图 6－26 租赁公司价格表

建立了租赁公司价格基础数据表以后，就可以根据相应的价格条件及 Excel 的多种图形控制项工具，确定控件的位置、格式及相应的链接，从而建立各种控件，限定每个参数的选择范围。利用“组合框”从租赁公司价格基础数据表中检索获取所选设备的租金及支付租金的方式。如图 6－27 所示，步骤要点如下：

H	I	J	K	L
租赁分析模型				
租赁项目名称	aaa			
租金/万元	250			
支付租金方式	后付			
每年付款次数	1			
租赁年利率	4.00%		400	5.4163
租赁年限	5			
总付款次数	5			
每期付款租金/万元	46.16			

图 6－27 租赁分析模型

(1)在租赁项目名称上使用“组合框”按钮进行调整，具体设置办法如下：在“开发工具”选项卡中点击“插入”，从中选取“组合框”，单击鼠标右键，选择“设置控件格式”，在弹出的对话框中，点击“控制”，在数据源区域输入“＄C＄5：＄C＄10”，并在单元格链接项选择 I4 单元格。

租金与支付租金方式与此设置相同，这里不再赘述。

(2)租赁付款可以选择季付、半年付、一年付等，在这里选择一年付款方式，所以总付款次数设置为“=I7 * I9”。

(3)每年付款次数与租赁年利率使用“数值调节钮”，详细的操作步骤在前面多次演示，这里不再赘述。

(4)年金系数的确定，通过租赁年限与年利率查阅查阅“年金系数表格”，寻找我们所需要的年金系数，在本案例中所对应的年金系数为5.4163，所以I11单元格设置为“=250/5.4163”，从而得出正确答案。

2. 租赁分析模型的应用

根据租赁分析模型，通过单击下拉框列表中的某个设备来自动获取该设备的名称、租金以及租金支付方式，这些信息将从租赁公司的价格表中提取并填入分析模型中，如图6-27所示。使用微调按钮和滚动条即可灵活选择每年付款次数、利率和租赁年限，快速查看每期应付租金的变化。若需比较不同设备的每期租金，可重复上述步骤。在租赁设备发生变化时，更新租赁公司价格表即可获得最新的分析结果，无须编写程序或修改租赁分析模型。

3. 借款模型与租赁模型的比较分析

当企业需要进行设备更新时，选择借款购买还是采用租赁的方式取得设备是一个急需解决的现实问题。基于此，通过建立借款模型、租赁模型，将两者进行比较就可以满足决策需求。

6.4 Stata与筹资决策分析

第5章已经对Stata在财务管理数字化中的前提步骤做了详细描述，本章不再进行赘述，仅对Stata在本章的应用步骤做简要说明。

6.4.1 数据处理

导入数据后观察数据，发现数据标红，这说明数据类型为字符串类型，这种数据类型不能直接进行统计分析，需要转换为数值类型。可以使用destring命令，具体命令如下：desting variable(标红的变量)，replace。

如果有些变量使用desring命令不能转换为数值型，可以使用encode命令，具体命令如下：encode variable(标红的变量)，generate new vairable(新变量)，然后再使用rename命令将新变量名称变为之前的变量名称。

6.4.2 数据计算

对于本章计算则主要使用generate命令，使用时缩写为gen。

(1)对银行借款成本的计算，可以使用以下代码：

gen BC=rate * (1-tax)/(1-ec)

式中，BC表示银行借款资本成本率；rate表示银行借款年利率；tax表示所得税税率；ec表示筹资费用率。

(2)对债券成本的计算,可以使用以下代码:

```
gen TC=rate*(1-tax)/{tb(1-ec)}
```

式中,TC表示债券资本成本率;rate表示银行借款年利息;tax表示所得税税率;tb表示公司债券筹资总额;ec表示筹资费用率。

(3)对在股利增长模型下的留存收益成本计算,可以使用以下代码:

```
gen RC=di*(1+gro)/pr+gro
```

式中,RC表示留存收益成本;di为股利;gro表示普通股利年增长率;pr表示普通股市价。

(4)对在资本资产定价模型下的留存收益成本计算,可以使用以下代码:

```
gen RC=bt*(ar-rf)+rf
```

式中,RC表示留存收益成本;ar为无风险报酬率;rf为市场平均报酬率;bt为股票的贝塔系数。

(5)对在风险溢价模型下的留存收益成本计算,可以使用以下代码:

```
gen RC=dc+rp
```

式中,RC表示留存收益成本;dc为债务成本率;rp为股东比债权人承担更多风险所要求追加的风险溢价。

(6)对优先股成本的计算,可以使用以下代码:

```
gen PC=rc/{pr(1-ec)}
```

式中,PC表示优先股成本;rc表示留存收益成本;pr为优先股发行价格;ec为筹资费用率。

6.5 案例分析:A公司的上市融资战略

6.5.1 背景介绍

创业初期的A公司,需要大量资金进行产业布局,但利润积累能力却比较薄弱,基本处于盈亏平衡状态。由于规模不大,盈利能力不强,因此A公司的融资渠道非常少。A公司没有银行借款和其他外部股权资金投入。除了创始人股东和员工出资之外,主要依靠关联方借款、融资租赁等方式筹集资金。

经过数年的快速成长,A公司吸引了众多私募股权投资人,开始通过股权融资与潜在客户进行利益绑定。在资本的助力下,A公司的产能快速增加,市场份额也不断提升,成为行业销量最大的企业。在这一阶段,A公司的海外市场布局也开始提速,分别在法国、日本和加拿大设立子公司,进行相关项目的投资、销售和技术服务。经过多轮私募融资,A公司的财务状况已远远超过A股主板和创业板上市的财务门槛。

6.5.2 上市融资

已是行业龙头的A公司不可能停下扩张的脚步。要在快速增长的市场中抢占更大的市场份额,必须以超过对手的速度扩张产能,这意味着资金需求也与日俱增。为了获得更大的融资平台和满足私募股权基金退出的要求,A公司选择上市融资。上市后,公司还可以借助公开资本市场平台展开更多形式的再融资。A股创业板估值高于A股主板,也高于香港资本市场,能够在稀释相同比例股权的情况下获得更多的融资,也能够给予私募股权投资人更高的回报，同时传递公司高速成长的企业形象。未来也可以继续利用高估值进行股权再融资。

公司上市的动因一般如下。

(1)满足融资需求：获得大规模融资支撑公司业务发展。

(2)拓展融资渠道：获得公开融资渠道，可为业务发展提供更多融资方式。

(3)实现资本退出：私募投资人通过公司上市实现投资退出。

(4)获得股份溢价：上市后，公司的股价获得流动性溢价。如果作为并购的支付手段，可使公司以更小的代价完成收购；也可作为更有效的管理层激励方式。

(5)规范治理管理：资本市场监管和媒体关注将倒逼公司治理和管理的规范化。

(6)提高公司声誉：公司上市可作为公司经营业绩良好、前景良好的体现。

公司上市时对资本市场的选择：

(1)考虑不同资本市场的估值(市盈率等)；

(2)考虑资本市场的流动性和交易的活跃性；

(3)考虑信号传递(在不同资本市场上市传递了公司业务特征的定位)；

(4)考虑资本市场提供的服务。

A 公司在上市后受到热烈追捧，三年内股价增长了 20 余倍。市值爆发式的增长也伴随着公司业务的爆发式增长，上市后的 A 公司国内市场份额继续提升至 50%左右。除了国内市场之外，A 公司还一直注重海外市场的布局与扩张，在上市后加速于德国、法国、美国和日本等国家设立子公司，海外营业收入占比不断增高。

6.5.3 定向增发

然而，一骑绝尘的市场份额和广泛的产业链布局并非意味着高枕无忧。在惊艳的市值之下，压力和风险始终暗流涌动。随着行业内其他头部企业“产能军备竞赛”的不断升级，A 公司不得不扩大新建产能投资。与此同时，产业的市场竞争和技术进步导致 A 公司的毛利率快速下降；研发难度和技术创新的不确定性日益增加导致技术研发未来还需大量投资。相对于投资需求，A 公司暴露出较大的资金缺口和融资压力。

受相关政策影响，A 公司经历了自成立以来的收入首次下滑，但 A 公司并没有停下扩张的脚步。由于公司发布业绩预告提示净利润预计比上年同期上升 20%～45%，并持续发布与知名企业展开业务合作的公告等利好消息，公司股价仍在震荡中不断上升，正处于上市以来最高的股价区间。于是，公司发布定向增发预案公告，拟用于×××项目建设、研发和补充流动资金，发行价格为 161.00 元/股，相当于申购报价日前 20 个交易日均价 163.81 元/股的 98.28%。通过此次定向增发，A 公司引进 9 名机构投资人，获得融资额 197 亿元。数月后，市场开始恢复，巨大的市场前景和行业龙头的市场地位，使得资本市场对 A 公司的估值一路狂升，在这样的背景下，A 公司于 2021 年 8 月 12 日发出了上市以来的第二个定向增发预案，拟募资 582 亿元用于产能扩张和研发项目。

定向增发相对于公开增发和配股的优势在于：

(1)可引进并锁定战略投资者。战略投资者一般是潜在客户、关键供应商或拥有重要战略资源的合作伙伴。战略投资者的加入有助于增强公司竞争力，降低经营风险。

(2)传递积极信号。定向增发成功意味着得到专业投资人的认可，可向资本市场传递积极信号，有助于抬升股价。

(3)监管要求较低。根据监管规则，公开增发和配股对企业的盈利能力、现金分红率、融资规模均有一定要求，而定向增发没有这些规则限制。

定向增发相对于债务融资的优势在于：

(1)募集资金量较大，尤其是股价处于高位甚至高估的时点。

(2)增厚股本，降低资产负债率，降低财务风险。

(3)不会导致未来还本付息等刚性现金流出，可为公司保留更多现金。

A公司两度选择定向增发的选择是合理的。第一，A公司的产能扩张充满了风险，而股权融资没有对投资人的刚性现金偿付要求，比债务融资更适合于风险项目的投资。第二，通过定向增发可以引入更多战略投资者，获得重要的战略性资源。第三，与债务融资相比，运用股权融资没有还本现金流出并可实施低股利支付率政策，有利于保留更多现金。第四，股权融资有利于降低资产负债率，控制财务风险。第五，公司两次定向增发的决策时点都是A公司股价持续上涨的阶段，在股价位于高点的时机进行定向增发，不仅可以获得更多的融资额，而且可最大程度降低对控制权的影响。

习题

名词解释

企业筹资　资本成本　企业加权平均资本成本

简答题

1. 资本成本计量模型具体有哪几种？
2. 阐述Excel中的现金流量时间价值函数。
3. Excel中的模拟运算表有什么作用？有几种？区别是什么？

案例分析

N公司拟购入一台新设备用以扩张生产，该设备价值3200000元，以直线法折旧，4年后残值为零。该公司所得税税率为30%。该公司有以下两种方案：①向P银行申请4年期3200000元的贷款，对应偿还计划为4年每年支付本金800000元以及年初贷款余额9%的利息，本金和利息于年末支付。②向Q租赁公司租入设备，采用先付等额租金方式，在4年租赁期每年年初支付946200元。

(1)N公司应该采取哪种方案？

(2)若要使N公司对两种方案选择无差异，则租金应设置在什么水平？

第7章 利润规划分析

本章操作视频

学习目标

1. 了解利润规划在财务管理数字化中的作用和地位。
2. 掌握利用 Excel 工具软件进行利润规划的思路及方法。
3. 掌握利润规划模型的分析和制作。

7.1 利润规划业务概述

在财务管理中，收入预测和制定盈利战略是至关重要的企业决策方面。收入预测涉及对一个组织从其日常活动中获得的总体经济利益的评估；而制定盈利战略则是现代企业系统管理的一种方法，旨在通过科学的预测、控制和规划来实现企业盈利战略。企业盈利战略制定主要采用本量利分析法。这种方法基于单位产品销售、单位产品成本和利润之间的关系，帮助企业了解其运营成本结构，确定产品或服务的定价策略，并在此基础上制定营销策略和经营决策，以实现盈利和增长目标。

Excel 中有多种方法可以支持企业建立和使用利润规划模型。通过利用 Excel 的强大功能，企业可以更加精确地预测和分析其未来的收入和利润情况，并制订出更合理的业务策略和财务计划。因此，掌握 Excel 工具的方法对于企业实现有效的利润规划和管理至关重要。

7.1.1 预测及预测方法

财务管理的核心在于做出明智的决策，而决策则需要基于准确的预测。预测分析是一种通过收集、整理和分析相关数据、信息以及知识，利用专业技术和科学方法对未来的情况、趋势、可能的事件或行动做出推测和估计的过程。

预测分析方法有很多，但可以概括为定量分析法和定性分析法两类。

1. 定量分析法

定量分析法是一种利用数学和统计学方法对历史数据和趋势进行分析和预测的方法。它通过收集和处理大量的数值数据，运用各种定量模型、算法和工具，对未来的趋势和变化进行预测和分析，以便为决策者提供基于数据的准确预测和决策依据。定量分析法可以细分为以下两种分析法。

(1)时间序列分析法，又称趋势预测分析法，是一种基于预测对象过去的数据进行分析的方法。它将数据按时间顺序进行数学处理和计算，以预测该数据未来发展中的线性趋势。常用的方法包括算术平均法、移动加权平均法、指数平滑法、回归分析法和二次曲线法等。

(2)因果预测分析，也称为因果分析或因果建模，基于预测对象和其他相关指标之间的相互依赖和制约关系进行预测分析，主要目标是根据相关原则确定对象的发展趋势。预测的因果分析包括收支平衡分析和投入产出分析等方法。通过仔细研究各种因素之间的关系，因果预测分析有利于预测未来趋势和做出决策。与趋势预测分析相比，因果预测分析更注重于变量之间的因果关系。

2. **定性分析法**

定性分析法，也被称为经验判断分析或专家意见分析，是一种依靠分析人员的专长、理论知识和逻辑推理来评估一个主题的性质和趋势的方法。当历史数据不可用于分析或有重大环境变化时，可以采用定性分析方法。然而，它不适合利用软件工具来建立分析和预测的模型；相反，它通常通过讨论和推理来实现。在实践中，定性分析法往往与定量分析法相结合，定性分析法提供战略分析与方向指导，定量分析法为路径验证。

7.1.2 利用 Excel 实现趋势预测

利用 Excel 实现趋势预测是一种常见的定量分析方法。Excel 具有强大的数据处理功能，可以对历史数据进行分析、计算，并根据不同的预测方法进行预测分析。在使用 Excel 进行趋势预测时，需要先将历史数据按照时间序列排列，并使用 Excel 的相关函数或工具进行数据处理和预测分析。通过不断调整模型参数和方法，可以提高预测准确性，为企业的决策提供参考。

1. **趋势分析图形的制作**

Excel 的强大图表功能可以用来制作趋势分析图形，可以针对对象的变化趋势进行趋势分析。这种方法只能提供简单的趋势观察，精确度不高，因此趋势分析图形通常用于分析历史数据和当前模式基础上的简单的未来趋势预测过程。

【例 7-1】 某企业各年的主营业务收入如图 7-1 所示，制作图表预测该公司未来三年的主营业务收入的变化趋势。

制作步骤如下：

(1)建立原始数据表，输入各年度主营业务收入数据。

(2)打开“插入”选项卡，单击“查看所有图表”按钮，在“插入图表”对话框中选择“带数据标记的折线图”，如图 7-2 所示，将会在工作表上生成主营业务收入的折线图。

(3)单击“确定”按钮，可以得到一个主营业务收入折线图，如图 7-3 所示。

(4)将鼠标指向图中的折线并单击鼠标右键，在弹出的快捷菜单中选择“添加数据标签”，如图 7-4 所示，这样数值就会显示在折线的样本点上。

	A	B
1	年份	主营业务收入
2	2012	20000
3	2013	26000
4	2014	18000
5	2015	24000
6	2016	28000
7	2017	42000
8	2018	35000
9	2019	42000
10	2020	66000
11	2021	38000

图 7-1 基础数据表

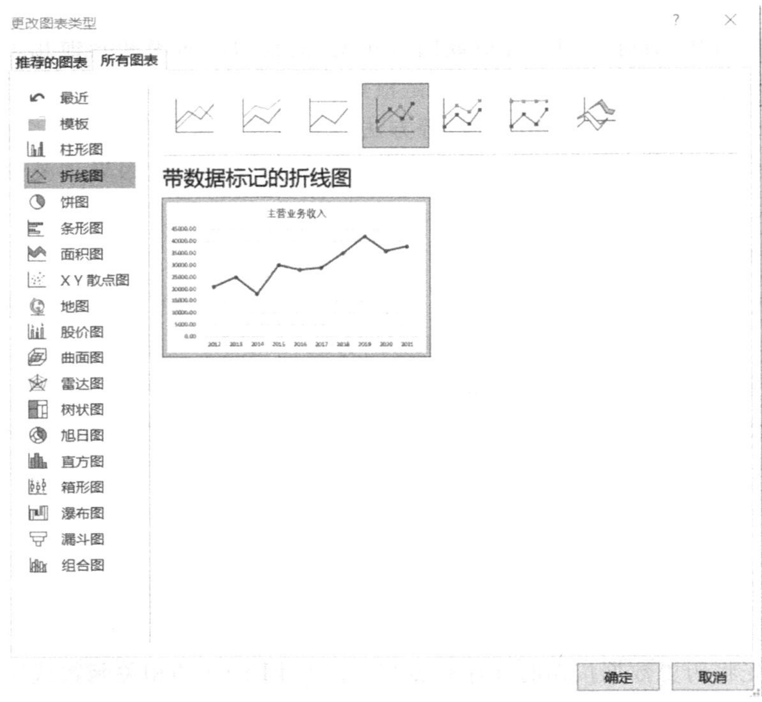

图 7－2　图表类型选择

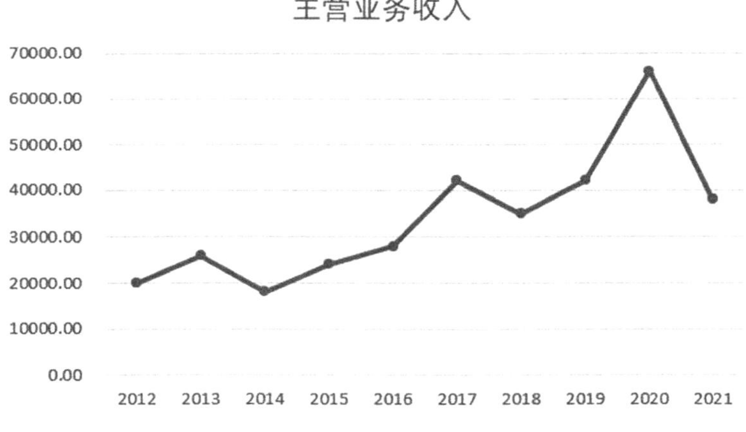

图 7－3　主营业务收入折线图

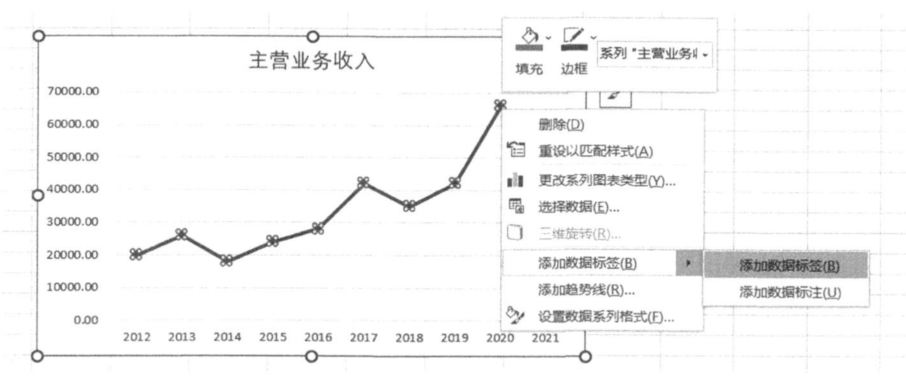

图 7-4 添加数据标签

(5)为了更好地体现主营业务收入的变化趋势，可以添加趋势线。右击图 7-4 中数据线的任意位置，在弹出的快捷菜单中选择“添加趋势线”，这时会弹出“设置趋势线格式”对话框，如图 7-5 所示。

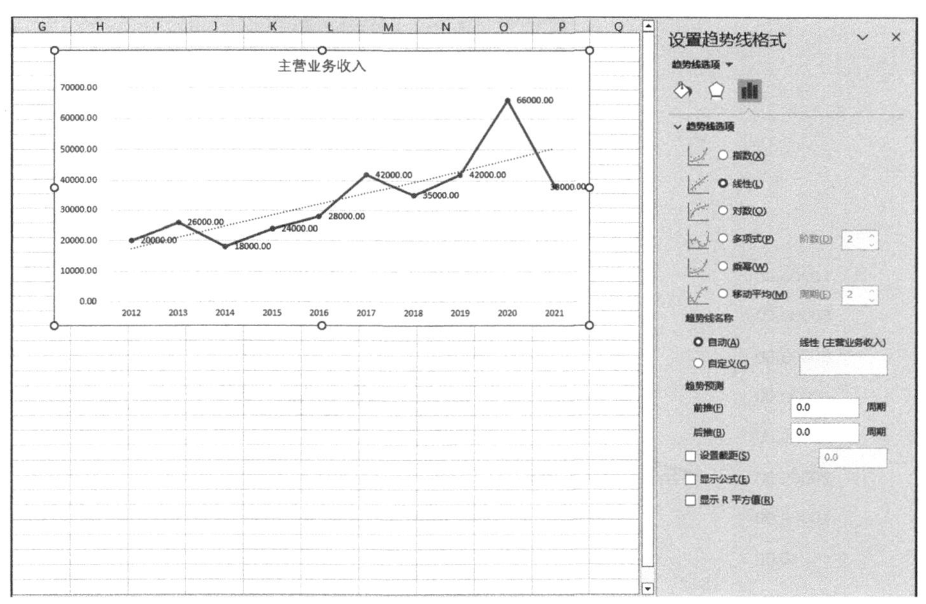

图 7-5 设置趋势线格式

(6)在“设置趋势线格式”对话框中选择“线性”图形；在“趋势预测”选项组中“前推”设置为“3”，如图 7-6 所示。按 Enter 键之后可以得到如图 7-7 所示的趋势线分析图，并可据此预测以后三年的主营业务收入。

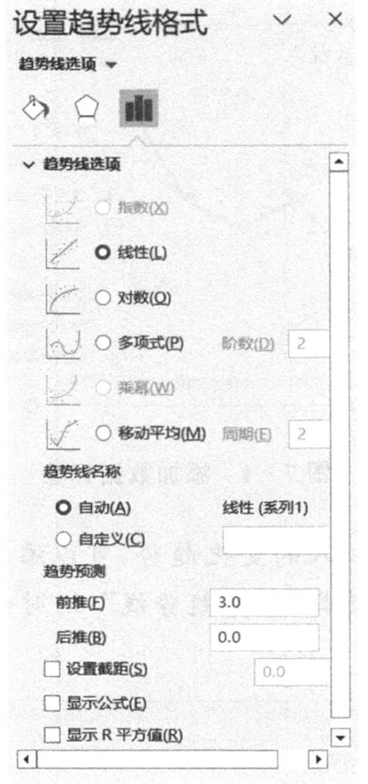

图 7－6　趋势线选项

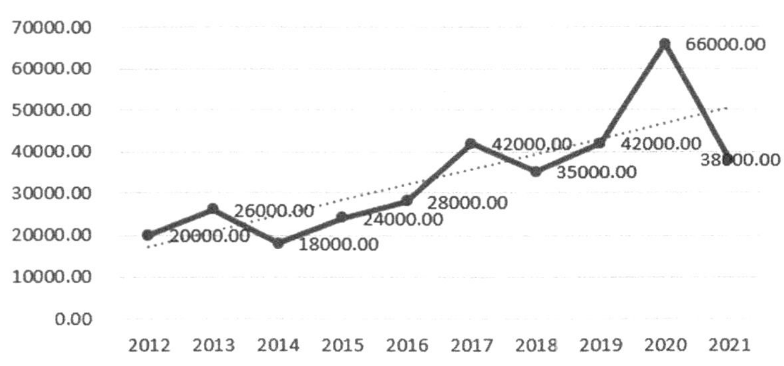

图 7－7　趋势线分析图

2. 算术平均法的应用

算术平均法是一种简单的统计分析方法，可用于分析数据的集中趋势。算术平均法的计算公式如下：

预计销售收入＝各期销售收入之和÷期数

这种方法计算简单，但在数据分布不均匀、存在极端值等情况下可能会出现偏差，因此需要结合实际情况综合考虑。该方法适用于预测对象销售环境波动不大、销售收入比较稳定的企业。

【例 7-2】 某商品1—11月销售额如表7-1所示，按照算术平均法预计12月的销售额。

表 7-1 算术平均法预测销售额

月份	销售额/万元
1	30
2	24
3	27
4	26
5	28
6	24
7	26
8	27
9	19
10	28
11	27
12	

在12月的销售额单元格内定义公式“=SUM(B3:B13)/11”，得到12月的预测结果为26。

3. 移动平均法的应用

移动平均法是一种在各期之间移动平均数的方法，其依据是最近获得的连续数据系列被认为对目标预测值有较大影响。其计算模型如下：

$$预测值\ X_1=(X_{t-1}+X_{t-2}+\cdots+X_{t-n})/N$$

当数据集中时间序列没有明显的变动趋势，移动平均法仅需一次计算就能够消除较短期波动，准确地反映数据集的实际情况，从而预测未来数据情况。然而，如果数据存在长期线性趋势，使用一次移动平均后，数据仍然不够平滑，需要进行二次移动平均，通过对曲线方向和趋势的函数建立线性趋势模型进行曲线趋势预测。

该直线趋势的预测模型如下：

$$y_{t+T}=a_t+b_t\times T$$

式中，t 表示目前周期；T 表示由目前周期需要预测的周期数，即 t 以后模型外推的时间；y_{t+T} 表示 $t+T$ 周期的预测值。

【例 7-3】 已知2020年1—11月的销售收入，使用移动平均法预测2021年1月的主营业务收入。模型制作过程如下：

(1)在Excel中，建立基础数据表，如图7-8所示。

(2)定义截距 a 和斜率 b 的公式。在B16单元格定义公式“=C14*2—D14”，在B17单元格输入公式“=(C14—D14)*2/3”。

	A	B	C	D
1				
2		移动平均预测收入		
3	月份	销售收入	一次平均	二次平均
4	1	675		
5	2	820		
6	3	774		
7	4	716		
8	5	940		
9	6	1159		
10	7	1300		
11	8	1524		
12	9	1668		
13	10	1671		
14	11	1895		
15				
16	a:			
17	b:			
18	2021年1月预测值			

图 7－8　建立基础数据表

(3)在 B18 单元格内输入预测值公式“＝B16＋B17＊2”，其中的系数 2 表示 11 月与预测月之间相距两个月。其中，由于尚未使用移动平均，a，b 的值均为 0。

(4)第一次计算移动平均数。

第一步，单击“数据”—“数据分析”菜单，弹出“数据分析”对话框，选择“移动平均”，如图 7－9所示。

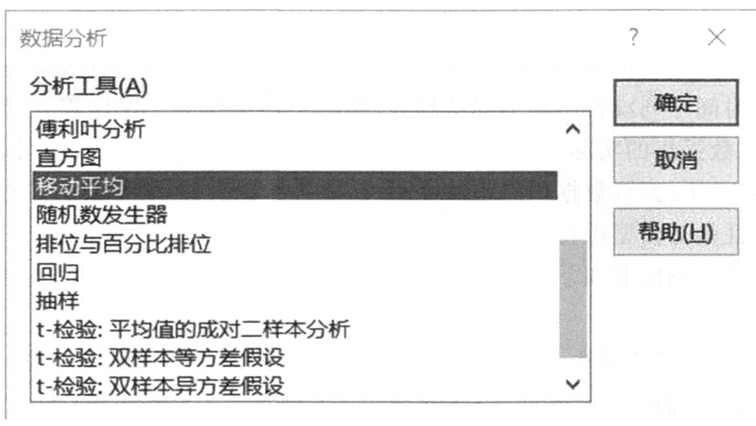

图 7－9　“数据分析”对话框

如果“数据”菜单下没有“数据分析”，则需要在 Excel 中安装“分析工具库”。操作过程为：在“文件”菜单下选择“选项”，在弹出的对话框中选择“加载项”，之后弹出如图 7－10 所示的对话框。

图 7-10 "加载项"对话框

选择"分析工具库"后，单击"确定"返回，则可以在"数据"菜单下找到"数据分析"命令。如果在"加载宏"下没有"分析工具库"，则需要单击"浏览"按钮，定位到"分析工具库"所在文件夹(默认 Microsoft Office\Office\Library\Analysis)中加载宏文件 Analys32. xll，加载该功能。若没有找到该文件，则应补充安装该功能。

第二步，在弹出的"移动平均"对话框中，确定相关参数，如图 7-11 所示。

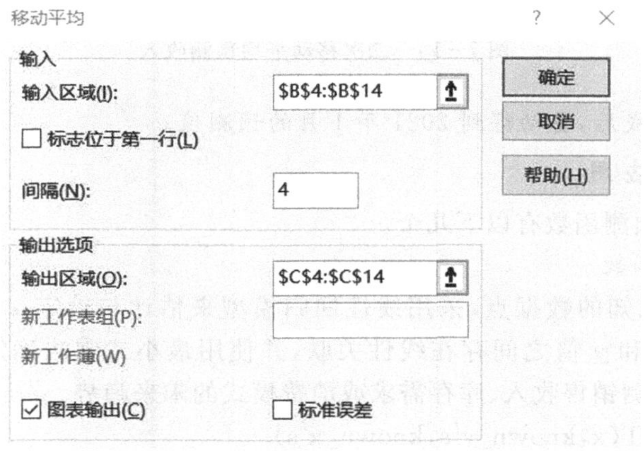

图 7-11 "移动平均"对话框

在输入区域中选择区域 B4:B14，间隔为 4，输出区域选择 C4:C14，勾选"图表输出"，点击"确定"按钮，则可生成第一次移动平均后的数据结果，如图 7-12 所示。

第三步，从图 7-12 可以看出，销售收入具有明显增长的趋势，因此，要进行预测，必须先做二次移动平均。二次移动平均是在一次移动平均的基础上进行的。可以按照上述方法进行，得到二次移动平均结果，如图 7-13 所示。

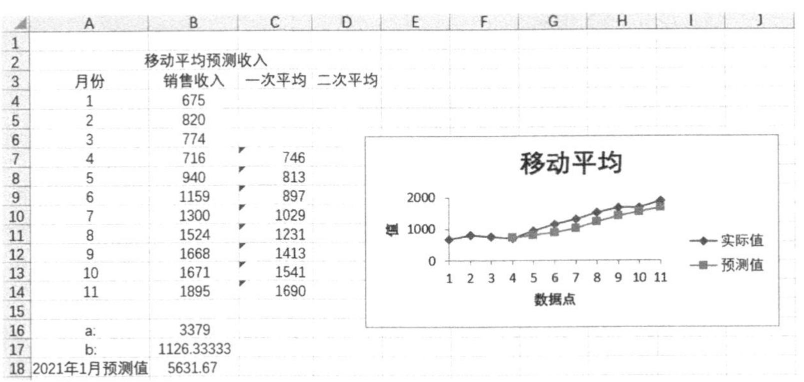

	A	B	C	D
1				
2		移动平均预测收入		
3	月份	销售收入	一次平均	二次平均
4	1	675		
5	2	820		
6	3	774		
7	4	716	746	
8	5	940	813	
9	6	1159	897	
10	7	1300	1029	
11	8	1524	1231	
12	9	1668	1413	
13	10	1671	1541	
14	11	1895	1690	
15				
16	a:	3379		
17	b:	1126.33333		
18	2021年1月预测值	5631.67		

图 7－12　移动平均法预测模型

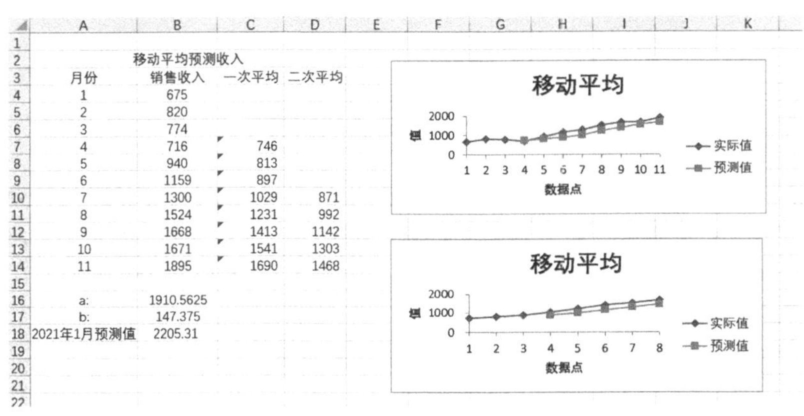

	A	B	C	D
1				
2		移动平均预测收入		
3	月份	销售收入	一次平均	二次平均
4	1	675		
5	2	820		
6	3	774		
7	4	716	746	
8	5	940	813	
9	6	1159	897	
10	7	1300	1029	871
11	8	1524	1231	992
12	9	1668	1413	1142
13	10	1671	1541	1303
14	11	1895	1690	1468
15				
16	a:	1910.5625		
17	b:	147.375		
18	2021年1月预测值	2205.31		

图 7－13　二次移动平均预测收入

二次移动结果生成后，自动得到 2021 年 1 月的预测值。

4. 预测函数的应用

Excel 中提供的预测函数有以下几个。

1)FORECAST 函数

功能：通过利用已知的数据点，采用线性回归模型来估计与给定 x 值相关的预测 y 值。该模型假设已知的 x 和 y 值之间存在线性关联，并使用最小二乘法确定适合数据的最佳直线。这一功能可以预测销售收入、库存需求或消费模式的未来趋势。

语法：FORECAST(x,known_y's,known_x's)

参数说明如下：

x 为需要进行预测的数据点。

known_y's 是已知的 y 值(依赖变量)的数据点集合。

known_x's 是可选的已知的 x 值(独立变量)的数据点集合。

如果 x 为非数字，则 FORECAST 函数返回错误值"#VALUE!"。

如果 known_y's 或 known_x's 为空，或者含有不同数量的数据点，则 FORECAST 函数将返回错误值"#N/A"。

如果 known_x's 的方差为零，则 FORECAST 函数返回错误值“#DIV/0!”。

FORECAST 函数的计算公式为 $a+bx$。

$$a=\bar{y}-b\bar{x}$$

$$b=\frac{n\sum xy-(\sum x)(\sum y)}{n\sum x^2-(\sum x)^2}$$

式中，$\bar{x}$ 和 $\bar{y}$ 为样本平均值 AVERAGE(known_x's)和 AVERAGE(known_y's)。

2)TREND 函数

功能：计算线性回归中趋势线的值，使用最小二乘法确定最适合给定的已知数组 known_y's 和 known_x's 的直线，通过提供一个指定的数组 new_x's，返回直线上相应的 y 值。

语法：TREND(known_y's，known_x's，new_x's，const)

参数说明如下。

known_y's 是关系表达式 $y=mx+b$ 中已知的 y 值集合。

如果 known_y's 矩阵由一列组成，那么 known_x's 的每一列都被视为一个独立变量。

如果已知 y 值的矩阵是一行，那么每一行的已知 x 值都被当作一个自变量。

known_x's 是方程 $y=mx+b$ 中已知 x 值的可选矩阵。

known_x's 的数组可以由一组或多组变量组成。当使用单个变量时，只要 known_y's 和 known_x's 有相同的维数，区域可以有任何形状。然而，如果使用多个变量，则 known_y's 必须是一个矢量，可以是行的形式，也可以是列的形式。

如果省略 known_x's，则假设该数组为{1，2，3，…}，其大小与 known_y's 相同。

new_x's 为需要 TREND 函数返回对应 y 值的新 x 值。

new_x's 与 known_x's 类似，应该为每个自变量设置单独的行(或列)。因此，如果 known_y's 是单列的，那么 known_x's 和 new_x's 应该有相同数量的列。同样，如果 known_y's 是单行，那么 known_x's 和 new_x's 应该有相同的行数。

如果 new_x's 被省略，则假定它的值与 known_x's 相同。

如果 known_x's 和 new_x's 都被省略，则假设它们是数组{1，2，3，…}，大小与 known_y's 相同。

const 是一个逻辑值，表示常数 b 是否可以被设定为 0。如果 const 为 True 或省略，则 b 将按正常计算。如果 const 为 False，则 b 将被设为 0，m 将被调整以使 $y=mx$。

【例 7-4】 已知某商品 1—11 月的销售额，预测 12 月的销售额。步骤如下。

第一步，建立基础数据表，如图 7-14 所示。

第二步，在 B13 单元格，定义 TREND 公式。单击“插入函数”，在统计函数类别中，选择函数 TREND，如图 7-15 所示。

	A	B
1	月份	销售额/万元
2	1	22
3	2	28
4	3	26
5	4	30
6	5	24
7	6	27
8	7	26
9	8	29
10	9	19
11	10	28
12	11	23
13	12	

图 7-14　利用 TREND 函数预测销售额时的基础数据表

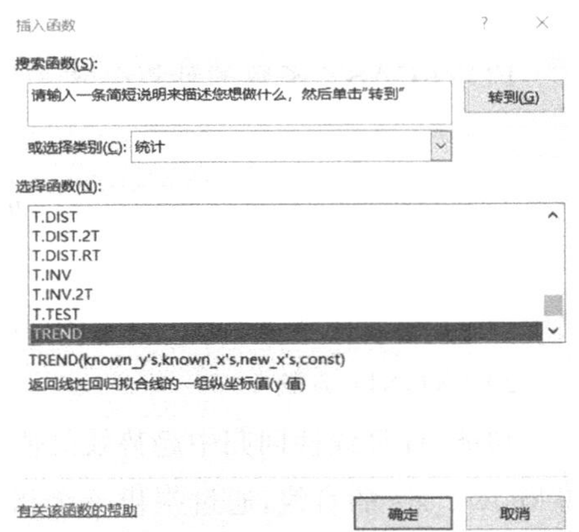

图 7-15　"插入函数"对话框

第三步：为了选择对应的参数，可以单击"确定"按钮，在弹出的函数参数对话框中进行操作，如图 7-16 所示。其中 known_y′s 参数选择区域 B2:B12，为各月销售额；known_x′s 参数选择区域 A2:A12，为对应的月份（时间序列数）；new_x′s 为 A13，表示对应的预测月份值；const 参数可以省略。

函数参数

TREND

Known_y's　B2:B12　= {22;28;26;30;24;27;26;29;19;28;23}

Known_x's　A2:A12　= {1;2;3;4;5;6;7;8;9;10;11}

New_x's　A13　= {12}

Const　= 逻辑值

= {24.7636363636364}

返回线性回归拟合线的一组纵坐标值(y 值)

New_x's　一组新 x 值，希望通过 TREND 函数推出相应的 y 值

计算结果 = 24.76363636

有关该函数的帮助(H)　确定　取消

图 7-16　"函数参数"对话框

参数选择完毕后，单击"确定"按钮，生成最后的结果为 12 月预测值 24.76。

3）LINEST 函数

功能：使用最小二乘法计算出最佳拟合直线的斜率、截距和相关性等统计信息，并返回拟合直线的斜率、截距以及其他统计信息。这些统计信息可以用于评估回归模型的拟合程度，预测新数据点的 y 值等。直线的公式为

$$y = mx + b$$

或　$$y=m_1x_1+m_2x_2+\cdots+b\text{（若有多个区域的 } x \text{ 值）}$$

在线性回归模型中，因变量 y 被表示为自变量 x 的函数。系数 m 代表与每个自变量 x 相

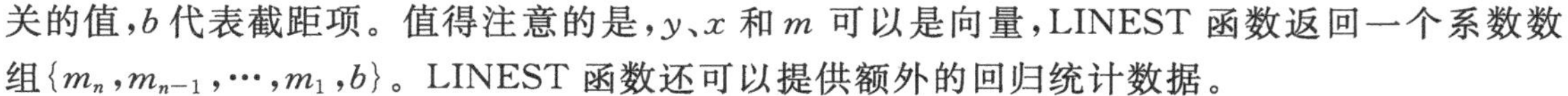

关的值，b 代表截距项。值得注意的是，y、x 和 m 可以是向量，LINEST 函数返回一个系数数组$\{m_n, m_{n-1}, \cdots, m_1, b\}$。LINEST 函数还可以提供额外的回归统计数据。

语法：LINEST(known_y's,known_x's,const,stats)。

参数说明同 TREND 函数。

7.1.3　利用 Excel 进行因果分析

1. 单变量求解

单变量求解是假设分析工具组中的一项功能，当一个特定公式的预期结果是已知的，但实现该结果所需的输入值是未知的时候，它可以提供帮助。要利用单变量求解功能，可以访问工具菜单并选择“单变量求解”。当采用单变量求解时，Excel 将反复调整指定单元格的值，直到依赖于该单元格的公式产生所需的结果。

【例 7-5】　利用单变量求解计算盈亏平衡点。

某公司生产电子零件，固定成本为 3000 元，单位可变成本为 6 元，单位售价为 15 元。计算该公司生产该元件的盈亏平衡点。

Excel 的单变量求解功能通常被用来分析影响特定目标值的变量。它允许对实现给定目标值所需的元素值进行评估。例如，在计算盈亏平衡点时，该函数会在零利润的假设下检查输出信息。基于这些信息，可以在 Excel 中生成一个表格，如图 7-17 所示。可定义相关单元格公式，如表 7-2 所示。

	A	B	C
1	利用单变量求解计算盈亏平衡点		
2			
3	固定成本	3000	
4	单位可变成本	6	
5	单位售价	15	
6			
7	产量		
8	总成本		
9	总收入		
10	利润		
11			

图 7-17　单变量求解应用模型

表 7-2　相关单元格公式

单元格	公式
B8	=B3+B4*B7
B9	=B5*B7
B10	=B9-B8

在上述表格中，应用单变量求解。单击“数据”菜单下“模拟分析”菜单，选择“单变量求解”，弹出如图 7-18 所示的对话框。

在对话框中，指定利润单元为目标单元，将目标值设为 0，并指定生产单元为变量单元。点击“确定”按钮后，将出现一个单变量求解状态窗口，显示盈亏平衡点数据。计算结果如图 7－19所示，显示了生产量为 333.3333 的盈亏平衡点。

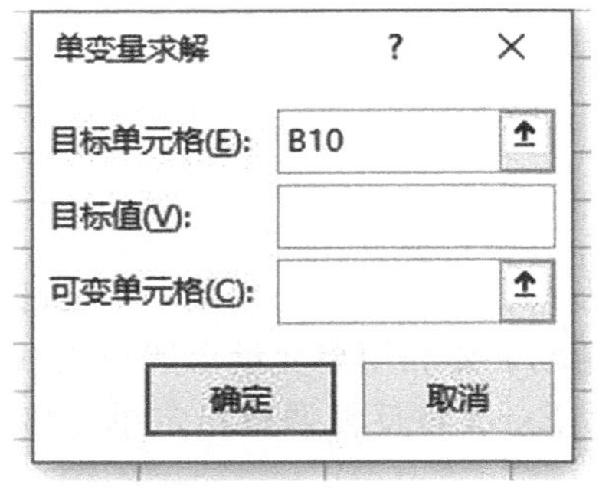

图 7－18 “单变量求解”对话框

	A	B	C
1	利用单变量求解计算盈亏平衡点		
2	固定成本	3000	
3	单位可变成本	6	
4	单位售价	15	
5			
6	产量	333.3333	
7	总成本	5000	
8	总收入	5000	
9	利润	0	

图 7－19 单变量求解状态

2. **模拟运算表的应用**

模拟运算表是一个指定的单元格范围，用于观察改变公式中的特定值对结果的影响。它提供了一种方便的方法，可以在一次操作中迅速计算出不同情况下的数值。此外，它还提供了一种有效的方法来分析和比较工作表内不同修改所产生的各种结果。根据影响目标结果的变量数量，模拟运算表可以分为单变量模拟运算表和双变量模拟运算表。

1）单变量模拟运算表

单变量模拟表有助于分析单个变量的变化对预期结果的影响。例 7－5 中，一位商业经理想了解单位的可变成本对利润率的影响程度，可以通过使用单变量模拟来实现。

首先，生成基础数据表，如图 7－20 所示。

	A	B	C	D	E
1	利用单变量求解计算盈亏平衡点				
2					
3	固定成本	3000		不同单位的可变成本	利润
4	单位可变成本	6		2	0
5	单位售价	15		2.1	
6				2.2	
7	产量	333.3333		2.3	
8	总成本	5000		2.4	
9	总收入	5000		2.5	
10	利润	0		2.6	
11				2.7	
12				2.8	
13				2.9	
14				3	

图 7－20 单变量模拟运算表的基础数据表

在图 7－20 中，首先在 D4:D14 单元格中设置了变量变化的数据范围。利用自动填充功能，为每单位的可变成本生成一系列等差数据点。同时，在单元格 E4 中定义公式“＝(B5－B4)＊B7－B3”。目标单元格必须与变量数据范围内的单元格建立直接的公式联系。

第二步，通过选择相应的单元格区域，将模拟计算区域指定为 D4:E14。

第三步，单击“模拟分析”菜单下的“模拟运算表”，弹出如图 7－21 所示的对话框。

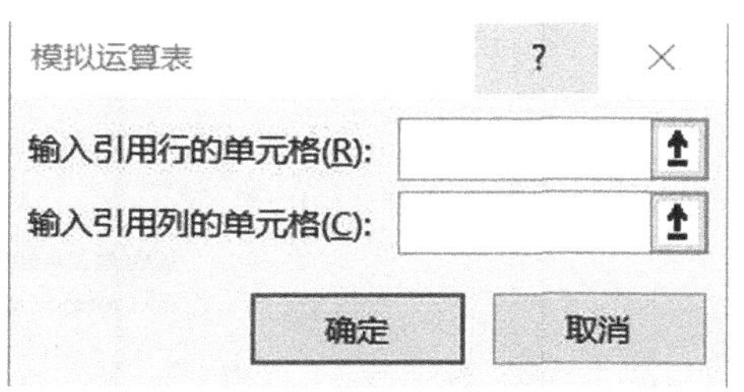

图 7-21 “模拟运算表”对话框

在当前设置中，模拟数据的结构是以列为单位的，因此，在“输入引用列的单元格”文本框中指定单位变动成本的单元格地址为 B4。之后，点击“确定”按钮，生成最终结果，如图 7-22 所示。

	A	B	C	D	E
1	利用单变量求解计算盈亏平衡点				
2					
3	固定成本	3000		不同单位的可变成本	利润
4	单位可变成本	6		2	0
5	单位售价	15		2.1	1300
6				2.2	1266.667
7	产量	333.3333		2.3	1233.333
8	总成本	5000		2.4	1200
9	总收入	5000		2.5	1166.667
10	利润	0		2.6	1133.333
11				2.7	1100
12				2.8	1066.667
13				2.9	1033.333
14				3	1000
15					
16					
17					

图 7-22 单变量模拟运算结果

2)双变量模拟运算表

采用双变量模拟运算表可以分析两个变量对目标值的影响。在前面的例子基础上，单位销售价格可以作为第二个变量。本质上，双变量模拟表是一个以变量为维度的二维表。在上述例子中，我们创建了一个二维表格，横向表示不同的单位销售价格，纵向表示单位可变成本。表内的每个单元格都对应于单位销售价格和单位可变成本不同组合下的利润值。操作过程如下。

第一步是创建一个基本数据表，沿单位可变成本方向扩展列，沿单位销售价格方向扩展行，从而形成一个二维表。这些数据可以自动填充。此外，在单元格 B12 中，将利润计算公式定义为“=(B5-B4) * B7-B3”。需要注意的是，在定义公式时，应通过公式与行和列的数据相联系。

第二步，选择模拟单元格区域，特别是 B12:H23。

第三步，点击“数据分析”菜单下的“模拟运算表”。在出现的对话框中，将“输入引用行的单元格”地址设为 B5。最后，点击“确定”按钮，生成最终结果，如图 7-23 所示。

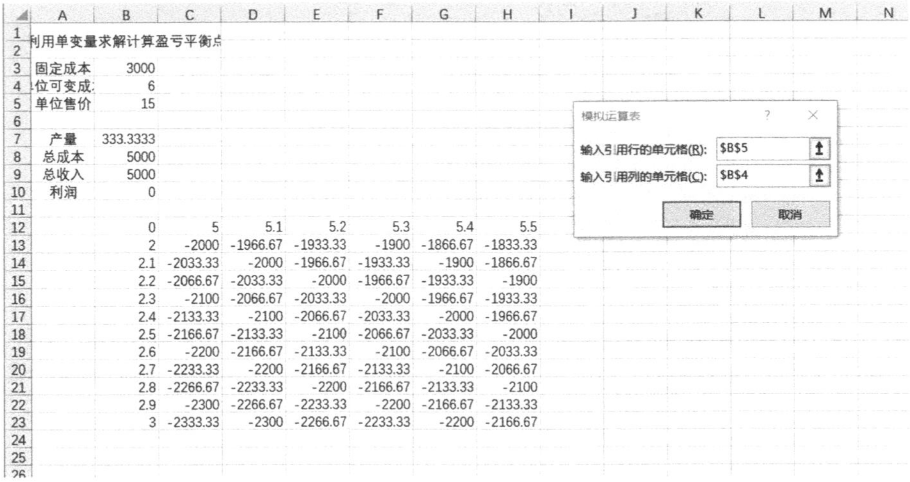

	A	B	C	D	E	F	G	H
1	利用单变量求解计算盈亏平衡点							
2								
3	固定成本	3000						
4	位可变成:	6						
5	单位售价	15						
6								
7	产量	333.3333						
8	总成本	5000						
9	总收入	5000						
10	利润	0						
11								
12		0	5	5.1	5.2	5.3	5.4	5.5
13		2	-2000	-1966.67	-1933.33	-1900	-1866.67	-1833.33
14		2.1	-2033.33	-2000	-1966.67	-1933.33	-1900	-1866.67
15		2.2	-2066.67	-2033.33	-2000	-1966.67	-1933.33	-1900
16		2.3	-2100	-2066.67	-2033.33	-2000	-1966.67	-1933.33
17		2.4	-2133.33	-2100	-2066.67	-2033.33	-2000	-1966.67
18		2.5	-2166.67	-2133.33	-2100	-2066.67	-2033.33	-2000
19		2.6	-2200	-2166.67	-2133.33	-2100	-2066.67	-2033.33
20		2.7	-2233.33	-2200	-2166.67	-2133.33	-2100	-2066.67
21		2.8	-2266.67	-2233.33	-2200	-2166.67	-2133.33	-2100
22		2.9	-2300	-2266.67	-2233.33	-2200	-2166.67	-2133.33
23		3	-2333.33	-2300	-2266.67	-2233.33	-2200	-2166.67

模拟运算表

输入引用行的单元格(R): $B$5

输入引用列的单元格(C): $B$4

确定 取消

图 7-23 双变量模拟运算结果

3. 规划求解

规划解决方案是通常被称为假设分析工具的命令组的一个组成部分。规划解决方案可以确定电子表格中特定单元格(称为目标单元格)的最佳公式值。规划解决方案通过调整与目标单元格中的公式直接或间接相关的单元格值,试图在目标单元格中实现预期结果。在模型创建阶段,约束条件可以应用于规划解决方案模型中的可变单元格值。这些约束可以参考影响目标单元格公式的其他单元格。利用规划解决方案,可以通过修改其他单元来确定一个单元的最大或最小值。从本质上讲,规划方案代表了一系列的约束条件,旨在解决方程和实现预期的结果。

【例 7-6】 某公司生产和销售 A、B 两种产品,它们的生产与销售数据如表 7-3 所示。

表 7-3 生产销售数据表

项目	产品 A	产品 B
单价/元	15	18
单位可变成本/(元/件)	10	15
固定成本/元	500	900
所需单位机器/(小时/件)	80	130
所需单位人工/(小时/件)	90	70

该公司拥有的机器和劳动力资源的月生产能力分别为 5000 个机器小时和 3000 个劳动力小时。假设所有产品在生产后能立即以预定的价格出售。

要求:在考虑生产限制的情况下,为了使公司的利润最大化,有必要确定两种产品销售量的最佳分配。这个问题可以用如下的计划解决方法来解决。

1. 问题分析

将产品 A 和产品 B 的销售量分别记为 x_1 和 x_2,让 y 代表销售的总利润。根据给定的条

件,确定最大利润的方程式可以表述如下:

$$\max y = (15-10)x_1 + (18-15)x_2 - 500 - 900$$

$$\max y = 5x_1 + 3x_2 - 1400$$

约束条件为

$$80x_1 + 130x_2 \leqslant 5000$$

$$90x_1 + 70x_2 \leqslant 3000$$

$$x_1 \geqslant 0, x_2 \geqslant 0$$

2. 建立求解问题的 Excel 表格(如图 7-24 所示)

	A	B	C	D	E	F
1						
2		项目	产品A	产品B	需要量	可提供量
3		所需单位机器/(小时/件)	80	130	5000	5000
4		所需单位人工/(小时/件)	90	70	3000	3000
5		单价/元	15	18	0	
6		单位可变成本/(元/件)	10	15	0	
7		固定成本/元	500	900		
8		产品销售数量				
9		总成本	500	900		
10		销售收入	0	0		
11		利润	-500	-900		
12						
13		利润总额	-1400			

图 7-24 模型基础数据表

定义相关公式如表 7-4 所示。

表 7-4 定义相关公式

单元格	公式	说明
C9	=C8 * C6+C7	求产品 A 总成本
D9	=D8 * D6+D7	求产品 B 总成本
C10	=C8 * C5	求产品 A 销售收入
D10	=D8 * D5	求产品 B 销售收入
C11	=C10-C9	求产品 A 利润
D11	=D10-D9	求产品 B 利润
E5	=C3 * C8+D3 * D8	求产品 A、B 总机器小时数
E6	=C4 * C8+D4 * D8	求产品 A、B 人工小时数
C13	=C11+D11	利润总额

在这个模型中,变量单元格是位于单元格 C8 和 D8 的产品销售数量。制约因素在单元格 E3 和 E4 中被指定,而目标单元格被表示为 C13。

3. 采用规划求解

单击“数据”菜单下“规划求解”命令,弹出“规划求解参数”对话框,如图 7-25 所示。如果菜单中没有“规划求解”选项,可以点击“选项”菜单下的“加载宏”命令,添加“规划求解”菜单并调用或进行补充安装。

图 7-25 “规划求解参数”对话框

在“规划求解参数”对话框中，将目标单元配置为 C13，它代表总利润单元。当利用规划求解器时，目标单元格必须有一个定义的公式，其值应直接或间接地与变量单元格相联系。此外，选择最大值选项。在本例中，变量单元格被定义为 C8:D8。

如果想要添加约束条件，可以单击“添加”按钮，如图 7-26 所示，弹出“添加约束”对话框。

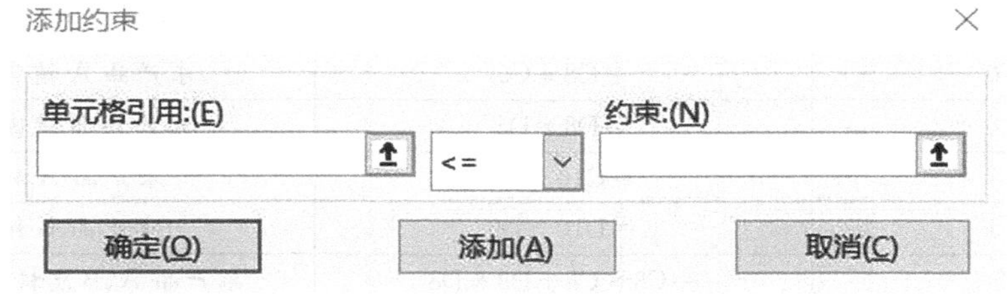

图 7-26 “添加约束”对话框

要定义一个约束条件，可以选择“单元格引用”位置 E3，“约束”值单元格为 F3，这个约束条件确保生产两种产品所需的总机时数不超过可用的机时。由于单元格参考位置不允许进行公式计算，因此有必要在表格中加入辅助的单元格操作，以方便约束值的计算。

要添加额外的约束条件，请点击“添加”按钮。在这个例子中，有四个约束条件需要定义。定义完所有的约束条件后，请单击“确定”按钮可以返回规划求解定义状态。规划求解参数，包括已定义的约束，将显示在图 7-27 中。

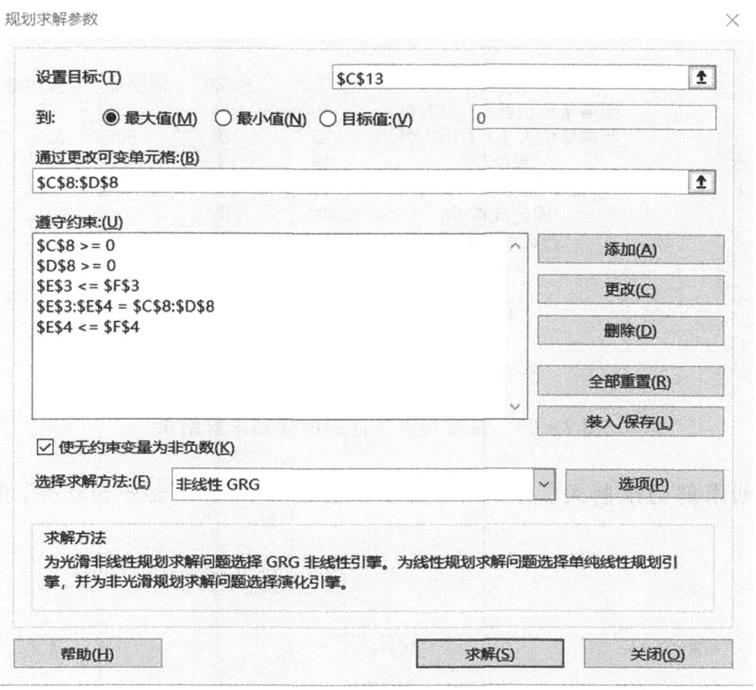

图 7－27 设置规划求解参数

4.结果生成

在图 7－27 中，单击“求解”按钮，可以生成最终的运算结果，如图 7－28 所示。

	A	B	C	D	E	F
1						
2		项目	产品A	产品B	需要量	可提供量
3		所需单位机器/（小时/件）	80	130	5000	5000
4		所需单位人工/（小时/件）	90	70	3000	3000
5		单价/元	15	18	790000	
6		单位可变成本/（元/件）	10	15	660000	
7		固定成本/元	500	900		
8		产品销售数量	5000	3000		
9		总成本	50500	45900		
10		销售收入	75000	54000		
11		利润	24500	8100		
12						
13		利润总额	32600			
14						

图 7－28 规划求解结果

5.变更规划求解条件

随着商业环境的变化，做出商业决策的条件也不可避免地会发生变化。规划解决方案提供了修改约束条件的能力，使用户能够相应地调整和维护决策约束。

(1)修改约束条件。假设可用的单位机器小时增加到 7000，单位人工小时增加到 5000。可以直接修改相应的单元数据，并重新执行规划方案以产生更新的结果。修改后的结果如图 7－29 所示。

	A	B	C	D	E	F
1						
2		项目	产品A	产品B	需要量	可提供量
3		所需单位机器/（小时/件）	80	130	7000	7000
4		所需单位人工/（小时/件）	90	70	5000	5000
5		单价/元	15	18	1210000	
6		单位可变成本/（元/件）	10	15	980000	
7		固定成本/元	500	900		
8		产品销售数量	7000	5000		
9		总成本	70500	75900		
10		销售收入	105000	90000		
11		利润	34500	14100		
12						
13		利润总额	48600			

图 7-29　修改约束条件后的规划求解结果

(2)修改规划求解的限制式。本例中,主管希望 A 产品至少生产 500 件,其余的资源如图 7-30 所示。

图 7-30　修改规划求解参数

选择需要修改的限制式,并单击"更改"按钮,弹出如图 7-31 所示的对话框。

输入修改后的约束值,单击"确定"按钮返回。重新求解,即可生成最终结果。

(3)设置整数约束。在给定的例子中,如果要求产品 A 和 B 的最终输出必须表示为整数,则需要添加"取整"的约束。为此,打开"添加约束"对话框,如图 7-32 所示,并加入单元格 C8:D8 应取整的约束。添加完后,继续重新求解。

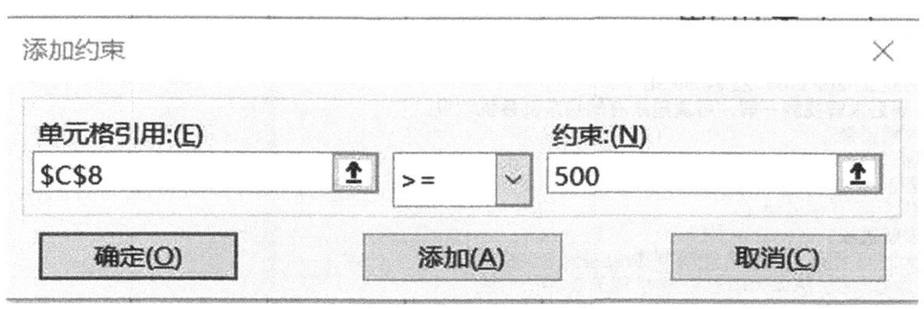

图 7-31　“改变约束”对话框

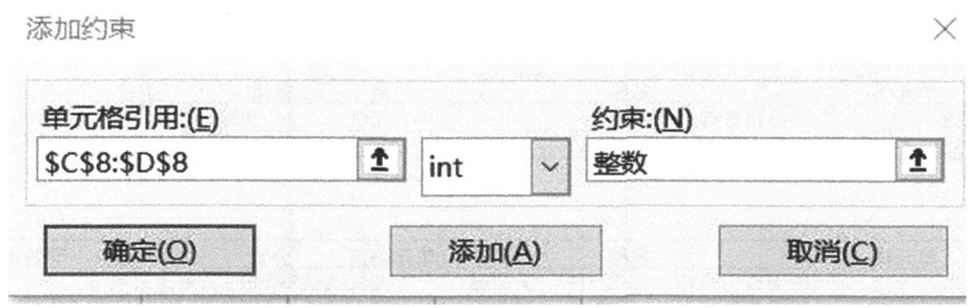

图 7-32　设置整数约束

6. 规划求解报表的生成

本例中 Excel 提供了运算结果报告，其根据 Excel 中的数据和计算结果提供有价值的见解和分析。

在“规划求解结果”对话框中，展示了可以生成报告的类型，如图 7-33 所示。

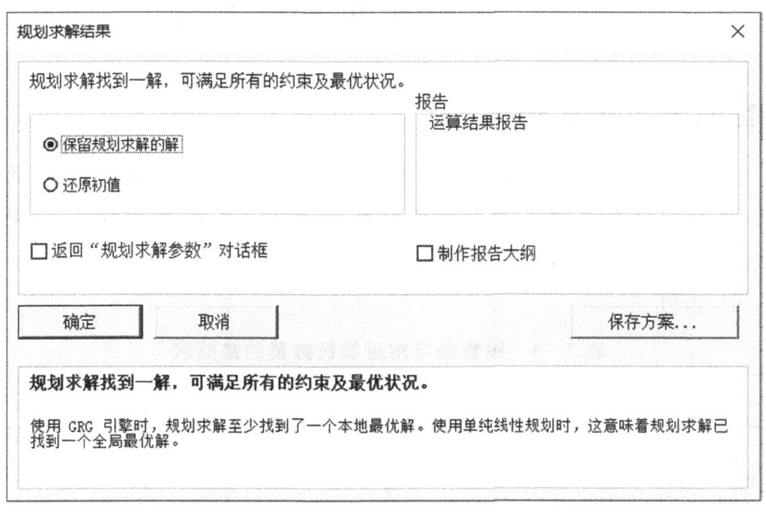

图 7-33　“规划求解结果”对话框

运算结果报告提供了目标单元、变量单元和约束值的全面概述，如图7-34所描述。该报告提供了有关所执行的操作及其相应结果的基本信息。

Microsoft Excel 16.0 运算结果报告
工作表: [学斌工作簿.xlsx]初始表
报告的建立: 2023-09-21 20:59:38
结果: 规划求解找到一解，可满足所有的约束及最优状况。
规划求解引擎
　引擎: 非线性 GRG
　求解时间: 0.015 秒。
　迭代次数: 0 子问题: 0
规划求解选项
　最大时间 无限制, 迭代 无限制, Precision 0.000001
　收敛 0.0001, 总体大小 100, 随机种子 0, 中心派生
　最大子问题数目 无限制, 最大整数解数目 无限制, 整数允许误差 1%, 假设为非负数

目标单元格 (最大值)

单元格	名称	初值	终值
$C$13	利润总额 产品A	48600	48600

可变单元格

单元格	名称	初值	终值	整数
$C$8	产品销售数量 产品A	7000	7000	整数
$D$8	产品销售数量 产品B	5000	5000	整数

约束

单元格	名称	单元格值	公式	状态	型数值
$E$3	所需单位机器/（小时/件） 需要量	7000	$E$3<=$F$3	到达限制值	0
$E$3	所需单位机器/（小时/件） 需要量	7000	$E$3=$C$8	到达限制值	0
$E$4	所需单位人工/（小时/件） 需要量	5000	$E$4=$D$8	到达限制值	0
$E$4	所需单位人工/（小时/件） 需要量	5000	$E$4<=$F$4	到达限制值	0
$C$8	产品销售数量 产品A	7000	$C$8>=500	未到限制值	6500
$D$8	产品销售数量 产品B	5000	$D$8>=0	未到限制值	5000
$C$8:$D$8=整数					

图 7－34　运算结果报告

7.2　利润规划模型应用

7.2.1　销售额预测应用案例

【例 7－7】　一家连锁超市现有 10 家商店，计划在一个居民区开一家新的商店。为了预测新店的销售额，该公司收集了现有商店的销售额和附近居民人数的数据，目的是确定这些因素之间的相关性，并将其作为预测新店销售收入的基础。

数据表如表 7－5 所示。

表 7－5　销售额与附近居民数量的数据表

零售店	销售额	居民数	零售店	销售额	居民数
1	60	2	6	137	16
2	100	6	7	150	20
3	88	5	8	169	15
4	120	8	9	149	22
5	117	12	10	205	26

说明：销售额以单位表示，每个单位对应 1000 元的销售额，居民数以 1000 人计算。

以下步骤概述了问题的解决方案。

创建一个基础数据表，并根据数据进行趋势分析。

在查看表 7－5 后，可以看出，位于居民人数较多地区的商店往往有较高的销售额。然而，确定这些变量之间的确切关系是很重要的。为此，可以通过绘制散点图来进行初步分析。

选择散点图可以对变量之间的关系进行初步评估。以居民数为纵轴，以销售额为横轴，生成如图 7－35 所示的散点图。

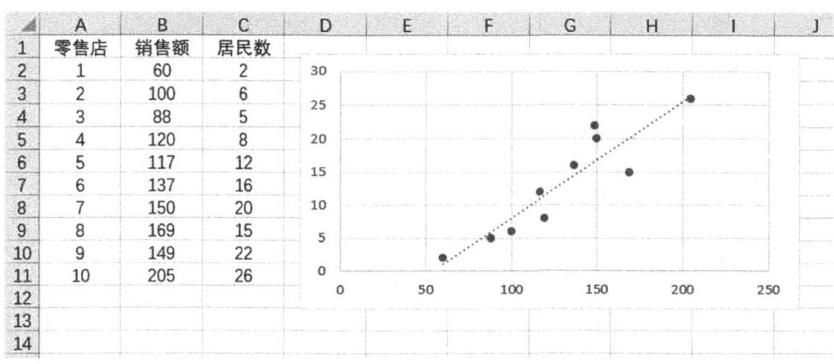

	A	B	C
1	零售店	销售额	居民数
2	1	60	2
3	2	100	6
4	3	88	5
5	4	120	8
6	5	117	12
7	6	137	16
8	7	150	20
9	8	169	15
10	9	149	22
11	10	205	26

图 7－35 销售额与附近居民数预测模型

通过在图表中加入趋势线，可以看出居民数和销售额之间存在着强烈的线性关系。这表明，人口较多的地区往往有较高的销售额。虽然观察到并非所有的数据点都与直线完全一致，但可以利用最小二乘法来得出回归方程。

$$\hat{y} = b_0 + b_1 x$$

$$b_0 = \overline{Y} - b_1 \overline{X}$$

$$b_1 = \frac{n\sum x_i y_i - (\sum x_i)(\sum y_i)}{n\sum x_i^2 - (\sum x_i)^2}$$

因此，上述估计可以通过利用 FORECAST 函数来完成。例如，假设要求在居民数为 30 时预测销售情况，可以生成一个预测，如图 7－36 所示。

B12 =FORECAST(C12,B2:B11,C2:C11)

	A	B	C
1	零售店	销售额	居民数
2	1	60	2
3	2	100	6
4	3	88	5
5	4	120	8
6	5	117	12
7	6	137	16
8	7	150	20
9	8	169	15
10	9	149	22
11	10	205	26
12	预测值	65.64766	

图 7－36 利用 FORECAST 函数进行预测

为了提高模型的灵活性，可以开发一个动态分析模型来帮助用户。这可以通过在“开发工具”工具箱中增加一个微调按钮来实现。最终完成的模型如图 7－37 所示。

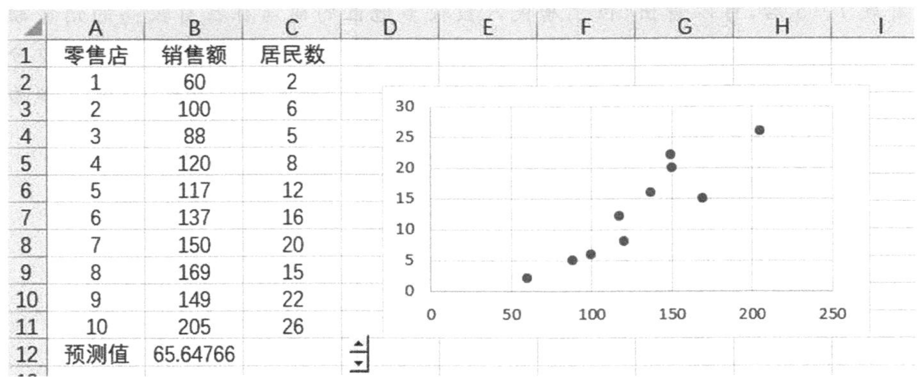

	A	B	C
1	零售店	销售额	居民数
2	1	60	2
3	2	100	6
4	3	88	5
5	4	120	8
6	5	117	12
7	6	137	16
8	7	150	20
9	8	169	15
10	9	149	22
11	10	205	26
12	预测值	65.64766	

图 7－37　添加了微调按钮的销售预测模型

7.2.2　利润规划应用案例

【例 7－8】　利民公司是一家化工产品制造公司，生产并销售甲和乙两种产品。根据一次生产研讨会议，确定每月可用资源包括 2200 千克原材料和 1500 工时。目前，制造部门的生产力表明，生产 1 千克甲产品需要消耗 3 工时、6.5 千克原材料，并产生 360 元的毛利（不包括其他成本和费用）。同样，生产 1 千克乙产品需要 4 工时、5.5 千克原材料，产生的毛利是 500 元（不包括其他成本和费用）。

目标是确定产品 A 和产品 B 的每个月最佳生产数量，使利民公司的利润最大化。

为解决这个问题，需要采取以下步骤。

1. 明确给定问题的求解模型

让 X_1 代表甲产品的月产量（千克），X_2 代表乙产品的月产量（千克），y 代表总的预期利润。利润解决方程可表述如下：

$$\max y = 360X_1 + 500X_2$$

约束方程组为

$$6.5X_1 + 5.5X_2 \leqslant 2200$$

$$3X_1 + 4X_2 \leqslant 1500$$

$$X_1 \geqslant 0, X_2 \geqslant 0$$

2. 根据上述模型构建基础数据表（见图 7－38）

（1）在图 7－38 所示的数据表中，定义相关计算公式如表 7－6 所示。

	A	B	C	D
1				
2		两种产品利润最大化的生产规划		
3				
4			甲产品	乙产品
5		单位材料消耗量	6.5	5.5
6		单位工时	3	4
7		单位毛利	360	500
8		应生产量		
9		毛利		
10				
11		每月原配料额	2200	
12		每月人工工时	1500	
13		实际原料用量		
14		实际生产时间		
15				
16		总收益		
17				

图 7-38 两种产品利润最大化的生产规划的基础数据表

表 7-6 定义相关计算公式

单元格	公式	说明
C9	=C7 * C8	求甲产品毛利
D9	=D7 * D8	求乙产品毛利
C13	=C5 * C8+D5 * D8	求甲、乙两种产品用量总和
C14	=C6 * C8+D6 * D8	求甲、乙两种产品用时总和
C16	=C9+D9	利润总额

(2)应用规划求解,确定规划求解相关参数,如图 7-39 所示。在本例中,设置目标单元格为 C16,表示总收益。将可变单元格设置为 $C$8:$D$8,表示产品甲和乙的生产数量。定义约束条件,指定表示约束的方程。

图 7-39 确定规划求解参数

(3)返回求解结果,如图 7-40 所示。

	A	B	C	D
1				
2		两种产品利润最大化的生产规划		
3				
4			甲产品	乙产品
5		单位材料消耗量	6.5	5.5
6		单位工时	3	4
7		单位毛利	360	500
8		应生产量	0	375
9		毛利	0	187500
10				
11		每月原配料额	2200	
12		每月人工工时	1500	
13		实际原料用量	2062.5	
14		实际生产时间	1500	
15				
16		总收益	187500	
17				

图 7-40　产品利润最大化的生产规划结果

(4)结论:经规划求解可知,计划解决方案表明,本月确保最大利润的最佳生产计划是生产 0 千克产品 A 和 375 千克产品 B。当表中的相关参数发生变化时,可以相应调整生产参数,并重新运行计划解决方案以获得最新结果。

7.3　Python 与利润规划分析

7.3.1　Python 利润规划分析的一般步骤

Python 是一种高级编程语言,它可以被用于许多不同的应用程序开发领域,包括数据科学和优化问题求解。在利润规划分析中,Python 可以用于构建和解决线性规划模型,以帮助企业制订最佳的生产计划,从而最大化利润。

Python 中有多个优秀的库可以用于线性规划问题求解,其中最受欢迎的是 SciPy 和 PuLP。这两个库都提供了快速解决线性规划问题的工具,并具有广泛的用户社区和文档支持。

因此,使用 Python 进行利润规划分析的一般步骤如下:

(1)安装 SciPy 或 PuLP 库以进行线性规划求解。

(2)根据企业的需求和资源限制,构建线性规划模型。这包括定义变量、目标函数和约束条件。

(3)使用 SciPy 或 PuLP 中的函数来求解模型,并获得最优解。

(4)根据最优解得出生产计划,并进行评估。

7.3.2 Python 利润规划分析示例

以下是一个使用 PuLP 库构建和解决线性规划问题的示例代码，该问题与利润规划分析有关：

```
from pulp import *
#创建问题
prob=LpProblem("Profit maximization",LpMaximize)
#定义变量
x1=LpVariable("x1",lowBound=0)  #甲产品的生产量
x2=LpVariable("x2",lowBound=0)  #乙产品的生产量
#定义目标函数
prob+=360*x1+500*x2,"Total Profit"
#定义约束条件
prob+=6.5*x1+5.5*x2<=2200,"Raw Material Constraint"
prob+=3*x1+4*x2<=1500,"Labor Constraint"
#求解问题
status=prob.solve()
#输出结果
print(f"Status:{LpStatus[status]}")
print(f"Optimal Production Quantity of x1:{value(x1)}")
print(f"Optimal Production Quantity of x2:{value(x2)}")
print(f"Total Profit:{value(prob.objective)}")
```

结果：

```
Status:Optimal
Optimal Production Quantity of x1:0.0
Optimal Production Quantity of x2:375.0
Total Profit:187500.0
```

过程如图 7-41 和图 7-42 所示。

这段代码定义了一个利润最大化的线性规划模型，其中有两个变量，分别代表甲产品和乙产品的生产量。目标函数是生产甲、乙产品的利润总额，约束条件包括原材料和人工工时的限制。使用 PuLP 中的 solve 函数可以求解模型，最终输出最优解及对应的生产计划和最大利润。

```
from pulp import *
# 创建问题
prob = LpProblem("Profit maximization", LpMaximize)
# 定义变量
x1 = LpVariable("x1", lowBound=0)  # 甲产品的生产量
x2 = LpVariable("x2", lowBound=0)  # 乙产品的生产量
# 定义目标函数
prob += 360 * x1 + 500 * x2, "Total Profit"
# 定义约束条件
prob += 6.5 * x1 + 5.5 * x2 <= 2200, "Raw Material Constraint"
prob += 3 * x1 + 4 * x2 <= 1500, "Labor Constraint"
# 求解问题
status = prob.solve()
# 输出结果
print(f"Status: {LpStatus[status]}")
print(f"Optimal Production Quantity of x1: {value(x1)}")
print(f"Optimal Production Quantity of x2: {value(x2)}")
print(f"Total Profit: {value(prob.objective)}")
```

图 7-41 Python 线性规划求解指令

```
Status: Optimal
Optimal Production Quantity of x1: 0.0
Optimal Production Quantity of x2: 375.0
Total Profit: 187500.0
```

图 7-42 Python 线性规划求解结果

7.3.3 Python 利润规划分析拓展库

Python 在利润规划分析中的应用越来越广泛，尤其是在数据科学领域。Python 的易学性和强大的科学计算库使得它成为利润规划分析的重要工具之一。以下是一些 Python 库和技术，可以在利润规划分析中进行应用。

(1)NumPy 和 SciPy：NumPy 和 SciPy 是 Python 中用于科学计算的重要库。它们提供了各种数值和统计方法，可以用于优化、线性规划、非线性规划、二次规划等数学模型的求解。在利润规划分析中，可以使用这些库解决生产过程中的资源配置问题、产量最大化问题等。

(2)Pandas：Pandas 是 Python 中用于数据处理和分析的库。它可以处理各种类型的数据，包括表格数据、时间序列数据等。在利润规划分析中，可以使用 Pandas 库对销售、成本、利润等数据进行分析和预测，进而优化生产计划和决策。

(3)Matplotlib 和 Seaborn：Matplotlib 和 Seaborn 是 Python 中用于数据可视化的库。它们可以绘制各种类型的图表，包括线图、柱状图、散点图等。在利润规划分析中，可以使用这些库将销售、成本、利润等数据可视化，帮助决策者更好地理解数据，做出更好的决策。

(4) scikit-learn：scikit-learn 是 Python 中用于机器学习的库。它提供了各种机器学习算法和工具，可以用于分类、回归、聚类等问题的求解。在利润规划分析中，可以使用 scikit-learn库对销售、成本、利润等数据进行预测和分析，进而优化生产计划和决策。

总之，Python 是一个强大的工具，在利润规划分析中有着广泛的应用。利用 Python 中的各种库和技术，可以对销售、成本、利润等数据进行处理、分析、可视化和预测，帮助决策者做出更好的决策和规划。

7.4 案例分析：非线性本量利分析模型

7.4.1 A 公司利润规划问题描述

A 公司计划生产某一产品，并根据市场调研结果为该产品制定了每件售价，假设为 100 元，目前该生产线的固定成本为 20000 元。销售量的增加会带动产量的增加，当销售量超过某一水平后，假设为 2500 件时，对产能的需求将超过当前的生产负荷，因此需要增加机器设备，固定成本将增加到 40000 元。当销售量增加到 4500 件时，固定成本将增加到 60000 元。单位变动成本随产量的变动而变动，其变动规律为：单位变动成本$=20X+0.018X^2$，X 为销售量。另外，为了扩大销售，企业制定了薄利多销政策：销售量达到 2000 件时，增量销售的价格下调 15%；销售量达到 4000 件时，增量销售的价格下调 20%。

7.4.2 非线性本量利分析模型的基本形式

尽管基于线性假设，我们可以认为单价和单位变动成本保持稳定，但由于当前的经济形势的多样化，这些指标可能会发生改变。根据微观经济理论，产品售价和销售额通常负相关，因此，售价和销售额的比值可能会呈抛物线形式。当一家公司的产品或服务数量增加时，它的单位价格和固定价格都可能出现改变。这种改变可能导致市场的波动加剧，并且可能导致原材料的采购或保管方面的困难。

假设存在非线性关系，我们的利益分析模型为：利润＝销售额×单价－销售额×单位波动成本－固定费用。这里，单价、波动成本和固定费用是不固定的。

7.4.3 非线性本量利分析模型设计

非线性本量利分析模型的核心参数包括变动成本、固定成本、销售量、单价、利润、边际贡献、销售折扣阈值、折扣率。决策变量包括保本点、保利点、利润。决策方法包括盈亏平衡分析、图示法、最大利润法。关键技术包括：如何绘制非线性收入线，如何绘制非线性成本线，如何绘制阶梯式固定成本线，如何建立非线性盈亏平衡分析模型，如何应用模拟数据和微调器，以及如何利用 IF、INDEX、MAX 和 MATCH 函数来进行数据分析。建模步骤如下：

第一步：创建一个完整的模型界面，涵盖数据分析、计算过程、实验模拟、结果展示以及图表支持等多个功能。

第二步:在数据区域输入相关数据资料。

第三步:设计分析区。通过建立一个公式,来计算出分析区域内的销售收入、变动成本、固定成本、边际效益以及利润。

第四步:通过模拟运算,计算不同销售状况下的收入、成本和利润水平。

第五步:设计结论区,在区域中设计计算最优销售量和最大利润额的公式。

第六步:通过比较最优的销售额与当前的销售额,绘制非线性的盈亏平衡分析图并进行分析。

习题

名词解释

财务预测　利润规划　线性规划

简答题

1. 为什么要进行利润规划分析?

2. 分析利用线性规划方法进行财务计划和投资组合分析的可行性及一般方法。

案例分析

1. 某公司近两年的1—11月销售数据如表7-7所示。

表7-7　公司近两年1—11月销售数据

月份	第1年	第2年
1	789	798
2	789	783
3	783	813
4	792	756
5	845	792
6	630	690
7	627	789
8	792	729
9	624	792
10	741	792
11	795	858

使用移动平均法、趋势分析法、指数平滑法预测每年12月的销售数据,并预测第3年各月的销售额。

2.某公司生产甲、乙两种产品。两种产品均需要A、B、C三种原料。两种产品的单位利润以及对三种原料的需求量如表7-8所示。

表7-8　两种产品消耗原料与单位利润

产品	单位利润/元	原料A/千克	原料B/千克	原料C/千克
甲	9	8	5	4
乙	12	6	5	9

A、B、C三种原料储备分别为360千克、250千克、350千克，确定最佳生产计划，使公司获得最大利润。

第8章 成本管理

学习目标

1. 了解成本管理过程的目标和内容。
2. 理解并掌握成本管理的流程。
3. 掌握成本管理系统的构成和应用流程。

8.1 成本管理概述

成本管理是数字化财务管理系统的核心内容之一。企业可以通过成本管理来实现对成本的控制，提高自身竞争力，最大化企业价值。在数字化要求下，成本管理往往与其他管理系统一起，相互联系，以共同实现企业成本的优化和控制。同时，企业的成本管理环节并非完全独立，反而对诸如生产、销售等其他环节具有一定的依赖性，因此，成本管理的数字化也是企业财务数字化的难点。

8.1.1 成本管理的主要目标

传统的成本会计往往注重成本的核算，而在数字化要求下，成本管理将实现成本控制与管理的结合。它在成本核算的基础上，结合相关资料，通过建立数字化模型，完成预测、计划、控制、分析等一系列环节，促进企业资源的最优化配置，提高企业核心竞争力。

在数字化要求下，成本管理将与预算管理、生产管理等内容融合在一起，共同服务于企业目标。成本管理的目标具体体现在以下两个方面。

1. 精准预测企业成本

传统的成本管理只注重对于成本的核算，而数字化的成本管理要求在基本核算的基础上进一步结合其他资料进行分析，合理且尽可能精准地预测新一期的企业生产成本，从而为企业管理者合理配置企业资源提供参考依据。

2. 有效降低企业成本

在对成本进行合理预测后，基于数字化平台，通过分析决策，选择最适合的成本计划，避免资源浪费，合理规避成本；有效寻求降低成本的途径，花小钱办大事，实现企业价值最大化。

8.1.2 成本管理的理论发展

1. 萌芽期——事后成本核算阶段

成本管理理论是从 19 世纪 20 年代后期发展起来的，但 15 世纪中叶就已经出现了成本核算。在人类早期的商品交换中，由于生产力水平较低，产品品种单一，整个市场供不应求，常常处于卖方市场，消费者是产品和价格的接受者。在这种情况下，企业想方设法提高生产效率、增加产量，成本核算只是企业生产经营活动的一个附带职能。那时生产者往往在产品销售后用盘存的方法，倒轧出销货成本以计算销售损益。由于必须等到商品销售后才能算出其成本，所以倒轧法往往不能满足产品定价和及时计算企业损益的需要。为了在产品完工后能及时了解产品成本的情况，人们积极探索，形成了以实际成本为主要内容的成本核算方法。

2. 形成期——事中成本控制阶段

20 世纪以后，随着生产力的迅速发展，社会资本逐渐向大企业集中，企业规模不断扩大，使经营管理日益复杂化。同时由于大量生产带来的平均利润率下降，企业必须改变凭经验或惯例进行管理的传统方法，合理地进行内部管理。1911 年，美国工程师弗雷德里克·温斯洛·泰勒(Frederick Winslow Taylor)出版了著名的《科学管理原理》一书，将科学引进了管理领域，提出了“以计件工资和标准化工作原理来控制工人生产效率”的思想。随后，在会计中“标准成本”“差异分析”“预算控制”等技术方法便应运而生。

标准成本制度的诞生和发展将成本管理从事后成本核算向前移到事中成本控制，使工程技术人员、管理人员及生产工人都增强了控制成本的意识，推动了企业成本的降低和节约。它不仅是一种成本制度，而且还能满足企业计算损益的需要，从而将成本控制与成本核算有机地结合起来。

3. 发展期——事前成本预测与事中成本控制相结合的阶段

第二次世界大战以后，企业规模的不断扩大和市场竞争的日益激烈，促使企业广泛推行职能管理和行为科学管理，以提高企业的竞争能力，从而迫使企业在成本管理控制上不断开拓新的领域。1947 年，美国通用电气公司工程师麦尔斯(Miles)首先提出“价值工程”的概念，要求企业在新产品设计或者产品改造时，就要从消费者的需要出发，考虑产品的成本，尽量采用新结构、新工艺、新材料以及通用件、标准件等，实现功能与成本的“匹配”，尽量以最少的单位成本获得最大的产品功能。价值工程的实践，使产品成本大幅度下降，同时也扩展了成本控制的空间范围，完善了成本管理方法，并迅速为世界各国采纳和运用。后来在实践中，其应用领域不断扩大，在筹建新企业、投资建设项目、实施技术改造以及调整产业方向中都需要进行“可行性研究”，即对市场需求、厂址选择、生产技术选择、筹资方式等方面进行全面调查研究，预测投资总额，考查成本水平，使事前成本控制得到进一步的发展。

4. 展望期——战略成本管理阶段

随着迈入信息时代，企业的数字化越来越受到重视，数字信息可反映出企业的真实情况，帮助管理者更好地经营企业。在此背景下，成本管理理论也有了新的发展和内涵。

1)成本管理范畴的扩展

在信息时代,高新企业层出不穷,企业数字化需求越来越高,传统以制造成本为主要管理对象的成本管理已不能准确表达其真实的成本概念。产品的整个生命周期,包括产品研发、产品设计、制造、管理、销售和售后服务等,都在成本的概念范畴内。

2)战略成本管理的引入

战略成本管理即不仅要降低成本,更要注重与企业的竞争战略相配合以保持企业的竞争优势。具体来说战略成本管理包括两个层面的内容:一是从成本角度分析、选择和优化企业战略;二是对成本实施控制战略。战略成本管理从战略的高度根据企业内外部环境的变化对更广泛的成本实施管理,管理人员运用专门方法提供企业本身及其竞争对手的分析资料,提供材料采购、产品生产及销售、顾客服务等一系列作业活动有关的、准确的、与决策相关的成本信息,并进行分析与考核,帮助管理者形成和评价企业战略,以有利于企业建立和保持长久的竞争优势。企业财务管理的数字化实现为战略成本管理提供了新的理论和方法,同时也提出了新要求。战略成本管理要求企业注重监控外部环境的变化,及时制订有效的战略计划,它是面向未来发展的全局性谋划和决策。

3)成本管理导向的转变

传统成本管理的目标是生产,是一种"生产导向型"成本管理。现代数字化成本管理要求成本管理应为企业战略目标服务,实现企业价值最大化。成本管理的出发点是以最小的成本最大限度地满足市场需求。

8.1.3 成本管理的主要环节

成本管理具体可分为成本预测、成本计划、成本控制、成本核算、成本分析五个环节,这五个环节循环相扣,每一环的结果都与其他环节息息相关。

1. 成本预测

成本预测是指根据企业成本统计的历史资料,结合市场调查预测,运用科学方法,研究企业外部环境和内部影响因素的变化对成本变化的影响作用关系,精准地估算一定时间内的成本水平和变化趋势。成本预测包括对新的成本项目进行预测,以及对未来一段时间环境因素变化对成本的影响进行预测。

成本预测同时也是成本计划的基础,是编制成本计划的依据。没有成本预测,成本计划也就必然是主观臆断,建立在这种计划基础上的预算也没有意义。

2. 成本计划

成本计划是在成本预测的基础上,结合其他相关资料,选择最优生产经营方案,规定在一定时期内为完成生产任务所需的生产费用,确定各种产品的成本水平,并提出保证成本计划顺利实现所应采取的措施。具体而言,成本计划编制单位不应仅局限于财务部门,相反,必须实现与生产部门、供应部门、技术部门、设计部门和销售部门之间的协同,并与预算编制过程相结合。成本计划一经决策机构批准,就具有了权威性,必须坚决贯彻、执行,不得随意改动。

3. 成本控制

成本控制是指根据预先设定的成本计划,对生产经营活动中的成本进行严格控制,计算实际成本与计划成本之间的差异,并分析原因。通过实时成本控制,可以有效控制成本,防止浪费,同时,对成本计划进行反馈和校正。现行的标准成本会计制度,对费用开支的“零基预算”“滚动预算”,对材料采购的批量控制,在责任会计中实行责任中心并加以考核等,都是成本控制的有效措施。

4. **成本核算**

成本核算是通过对成本的确认、计量、记录、分配、计算等一系列活动,确定成本控制效果的过程。其目的是为成本管理的各个环节提供准确的信息。只有通过成本核算,才能全面准确地把握企业生产经营管理的效果。企业劳动生产率的高低、固定资产的利用程度、原材料和能源的消耗情况、生产单位(车间)的管理水平,等等,都直接或间接地会表现在成本上。

5. **成本分析**

成本分析主要是以成本核算数据为基础,通过对成本指标和目标成本的实际完成情况、成本计划和成本责任的落实情况,上年的实际成本、责任成本,国内外同类产品成本的平均水平、最好水平等进行比较和关联分析,确定导致成本目标、计划执行差距的原因,把握成本变动规律,总结经验教训,寻求降低成本的途径。

8.1.4 成本管理的一般流程

1. **典型成本管理流程**

在数字化环境下,典型的成本管理流程如图 8-1 所示。

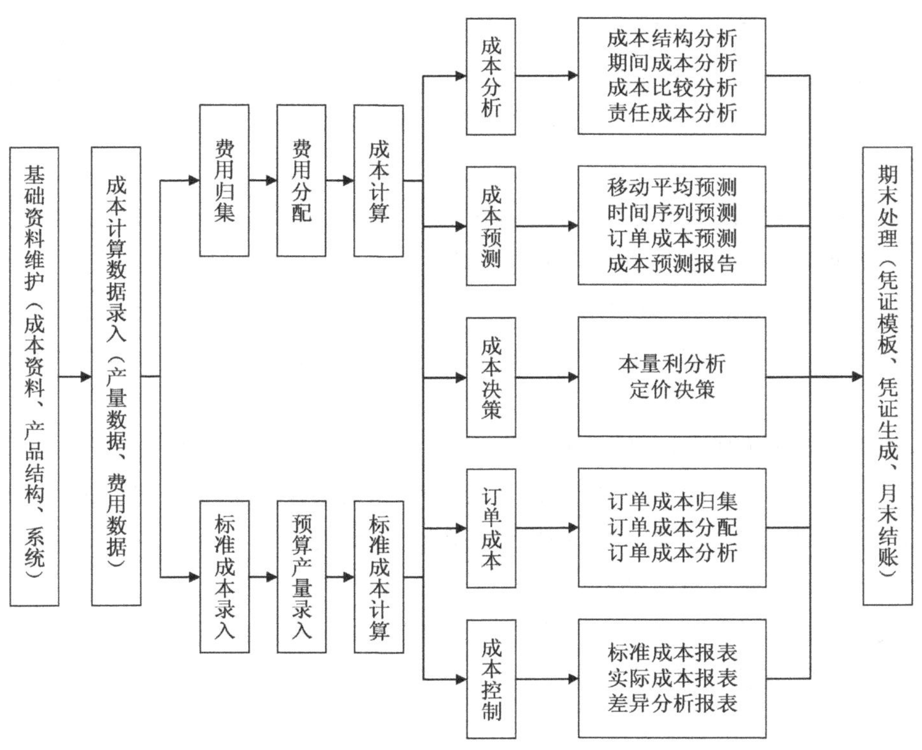

图 8-1 典型成本管理流程

在传统的手工成本管理流程中，不同项目成本的收集整理是主要任务。随着财务管理的数字化发展，成本管理的主要任务变成了成本规划与分配，而传统成本收集整理的任务往往通过其他的子系统已经完成，比如工资费用、材料费用、折旧费用分别由工资核算子系统、存货核算子系统和固定资产管理子系统收集整理，并自动提供给成本管理系统。

2. ABC **成本法管理流程**

ABC 成本法又称作业成本法。其最早可以追溯到 20 世纪杰出的会计大师埃里克·科勒(Eric Kohler)教授。科勒教授在 1952 年编著的《会计师词典》中，首次提出了作业、作业账户、作业会计等概念。1971 年，乔治·斯托布斯(George Staubus)教授在《作业成本计算和投入产出会计》中对“作业”“成本”“作业会计”“作业投入产出系统”等概念做了全面、系统的讨论。20 世纪末，随着计算机技术的广泛应用、生产自动化水平不断提高、智能化程度持续增长，美国实业界普遍感到产品成本处处与现实脱节，成本扭曲普遍存在，且扭曲程度令人吃惊。另外，传统管理会计的分析，重要的立足点是建立在传统成本核算基础上的，因而其得出的信息对实践的反映和指导意义不大，相关性大大减弱。美国芝加哥大学的青年学者罗宾·库伯(Robin Cooper)和哈佛大学教授罗伯特·卡普兰(Robert S. Kaplan)注意到这种情况，在对美国公司调查研究之后，发展了斯托布斯的思想，提出了以作业为基础的成本计算(activity based costing)，简称 ABC 成本法。

ABC 成本法的指导思想是“成本对象消耗作业，作业消耗资源”。ABC 成本法把直接成本和间接成本(包括期间费用)作为产品(服务)消耗作业的成本同等对待，产品成本是制造和运输产品所需全部作业的成本总和，拓宽了成本的计算范围，使计算出来的产品(服务)成本更准确真实。

作业是成本计算的核心和基本对象。ABC 成本法以作业为中心，根据资源耗费的情况将资源的成本分配到作业中，引导管理人员将注意力集中在成本发生的原因及成本动因上，而不只是关注成本计算结果本身。通过对作业成本的计算和有效控制，可以较好地克服传统制造成本法中间接费用责任不清的缺点，并且使以往一些不可控的间接费用在作业成本法系统中变得可控。

ABC 成本法在精确成本信息，改善经营过程，为资源决策、产品定价及组合决策提供完善的信息等方面，都受到了广泛的赞誉。自 20 世纪 90 年代以来，世界上许多先进的公司已经实施 ABC 成本法以改善原有的会计系统，增强企业的竞争力。

ABC 成本法的一般应用流程如图 8－2 所示。

ABC 成本管理的基本思路为基于资源耗用的因果关系进行成本分配：根据作业活动耗用资源的情况，将资源耗费分配给作业；再依照成本对象消耗作业的情况，把作业成本分配给成本对象。

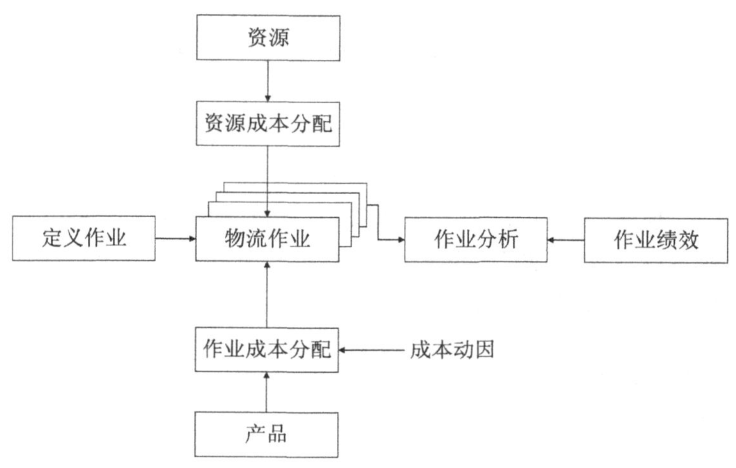

图 8-2 ABC 成本法的一般应用流程

1)确定企业资源

资源是企业生产耗费的原始形态,是成本产生的源泉。企业作业活动系统所涉及的人力、物力、财力都属于资源。一个企业的资源包括直接人工、直接材料、间接制造费用等,贯穿企业经营的各个环节。在作业成本管理中,并不考虑该产品耗用了多少成本,而是考虑某作业占用了多少资源,并根据资源耗用和价值收回的比例关系确定作业的盈亏。

2)定义作业活动

作业是指在一个组织内为了某一目的而进行的耗费资源动作,它是最小的成本单元。作业不能简单地等同于产品,其本质是价值中心。作业的划分是从产品设计开始的,贯穿产品生产经营的全过程,从产品设计、原料采购、生产加工,直至产品的发运销售。在这一过程中,每个环节、每道工序都可以视为一项作业。

3)分析成本动因

成本动因是指导致成本发生的因素,通常以作业活动耗费的资源来进行度量,如质量检查次数、用电度数等。在 ABC 成本法下,成本动因是成本分配的依据。成本动因又可以分为资源动因和作业动因。

4)构建作业中心

作业中心又称成本库,是指构成一个业务过程的相互联系的作业集合,用来汇集业务过程及其产出的成本。换言之,按照统一的作业动因,将各种资源耗费项目归结在一起,便形成作业中心。作业中心有助于企业更明晰地分析一组相关的作业,以便进行作业管理以及企业组织机构和责任中心的设计与考核。

因此,ABC 成本法与传统成本核算的最大差别在于对间接费用的确认、归集和分配环节。通过对作业及作业成本的确认,最终计算出相对真实的产品成本。企业可以识别“非增值作业”,优化企业价值链,提高决策、计划、控制的科学性,提高企业的市场竞争力,进而实现增加企业价值的目的。

8.2 成本管理系统分析

成本管理系统是帮助企业对日常的经营、生产、盈利等活动进行成本核算、成本分析、成本决策和成本控制等一系列行为的企业系统。成本管理系统是企业中非常重要的一部分,它可以促进企业增产节支,加强经济核算,改进企业管理,提高企业整体管理水平。由于各行各业差异较大,不同企业对成本管理的需求也并不一致,因此成本管理系统要在基础功能之上具有较强的灵活性,能够根据不同用户的需求进行二次开发,或通过灵活的定义和设置功能,实现成本管理流程的个性化。具体而言,成本管理系统通常具备初始化设置、数据录入、费用分配、成本计算和成本分析等功能。

成本管理系统应用流程如图 8-3 所示。

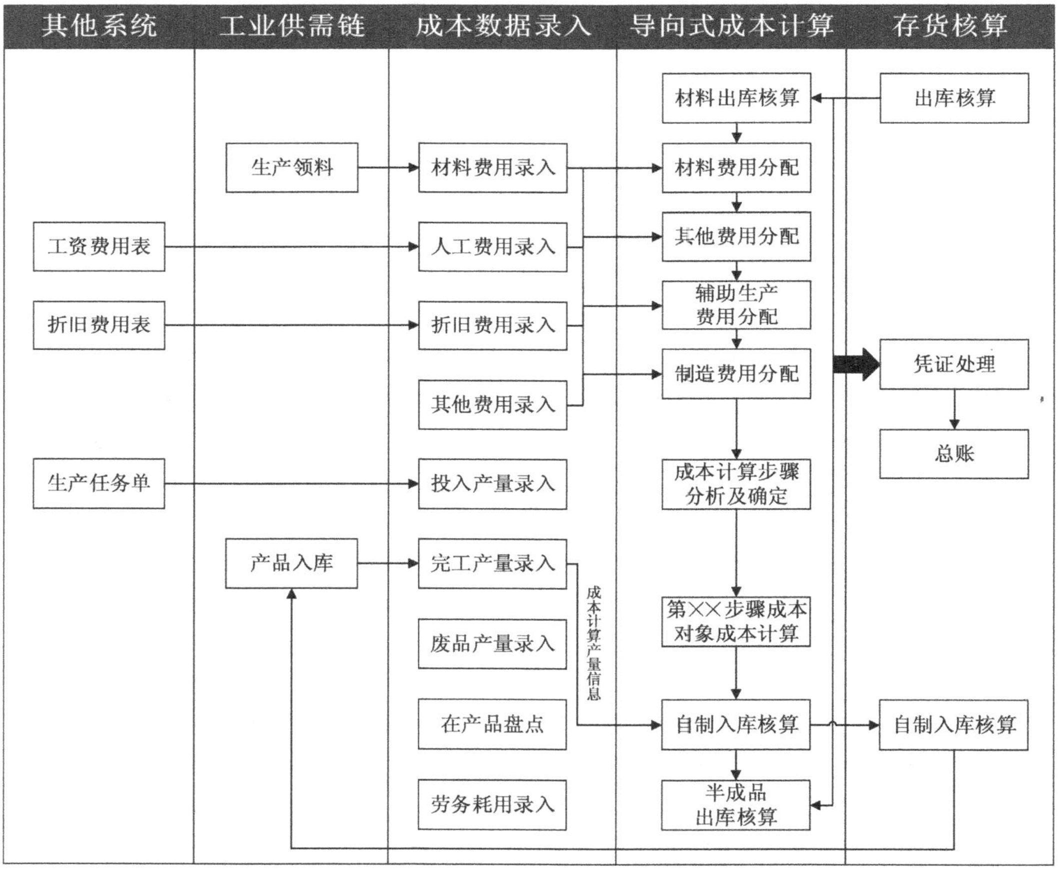

其他系统
工业供需链
成本数据录入
导向式成本计算
存货核算
材料出库核算
出库核算
生产领料
材料费用录入
材料费用分配
工资费用表
人工费用录入
其他费用分配
折旧费用表
折旧费用录入
辅助生产费用分配
制造费用分配
凭证处理
其他费用录入
总账
生产任务单
投入产量录入
成本计算步骤分析及确定
产品入库
完工产量录入
成本计算产量信息
第××步骤成本对象成本计算
废品产量录入
在产品盘点
自制入库核算
自制入库核算
劳务耗用录入
半成品出库核算

图 8-3 成本管理系统应用流程

8.2.1 初始化设置

初始化设置是成本管理系统运行的前提。该模块包括设置基础信息和系统参数,录入初始数据,提供成本处理所需的各种要素及结束初始化功能,并在以后的业务处理过程中维护基础信息的属性。具体而言，本阶段主要完成两方面的工作，一方面通过相关参数和基础信息的设置定义成本管理系统的运行流程，另一方面将整理好的手工数据或旧系统数据输入新系统。

值得注意的是，成本管理系统运行环境的不同，对初始化的要求也不同。当用户选择不同的子系统运行时，成本管理系统初始化的内容是不同的。

8.2.2　数据录入

数据录入是成本日常核算的第一步。该模块主要进行以下两组数据的输入：①费用录入，即录入各要素费用的发生额；②产量录入，即从投入产出的角度录入各环节的产量信息。产量是费用的载体，费用信息和产量信息是费用对象化的基本业务数据。在数字化环境下，初始数据的录入任务大多由其他相关的信息系统承担，成本管理系统只需要从不同系统中获取相关数据即可，只有少量数据采用手工录入方式。因此，成本管理系统的应用依托于其他子系统的使用。鉴于企业运行的系统可能会有很多种，采用的技术平台也较为复杂，因此，成本管理系统必须具备较强的数据获取能力或提供较强的数据接口能力，能够获得不同数据源的基础数据。

8.2.3　费用分配

这一模块中，首先需要制定分配标准。其具体为以下三部分：定义费用分配及在产品成本中心的分配标准，录入定义的各种分配标准的数值，在定义的分配标准范围内指定各种费用并在产品成本分配时采用的分配标准。分配标准的定义、录入和设置为费用对象化提供了依据和标准。之后系统自动进行费用分配。该模块主要包括要素费用的分配、共耗费用的分配、辅助生产费用的分配、制造费用的分配、生产费用在在产品和完工产品之间的分配等。根据不同的成本计算方法，其成本费用分配的过程也不相同。

8.2.4　成本计算

成本计算由计算机自动完成，该模块包括共耗费用的分配、成本计算步骤的判断、产品成本的分配等重要过程。在成本计算前，首先要进行成本计算合法性检测，用以检查各项参数及相关信息的一致性和正确性，保证成本计算数据的准确，并生成产品成本计算单、成本计算汇总表、产品完工成本汇总表、成本还原表等相关数据。

8.2.5　成本分析

成本分析主要从三种角度分析成本升降的原因，为企业的成本决策提供重要的信息：①成本项目金额结构分析，有利于掌握总成本的构成以及各成本的占比，确定重点控制的成本项目；②成本类型分析，即对实际成本与计划成本和预算成本进行比较，挖掘降低成本的潜力；③同期成本分析，即通过定义成本类型及会计期间分析每一成本类型在时间上的发展趋势，分析产品成本升降的原因。

成本分析的最终目标还是更好地实现成本预测与控制。但在目前的成本管理系统中，成本控制仍然是薄弱环节，主要局限在对标准成本和实际成本进行比较分析，发现材料、人工、间接费用等成本差异，进而提供控制参考。

8.3 案例分析：A公司的成本管理选择

8.3.1 背景介绍

A公司为了扩大制造业领域业务，打造了集服装设计、生产、销售于一体的中小型服装制造子公司B。该公司自成立以来一直使用传统成本法核算成本，并采用成本加成法对服装定价。一开始，公司的产品售价与市场批发价保持一致。随着近几年公司业务范围不断扩大，服装品种和生产订单较过去翻了几番，然而公司的服装定价越发偏离市价。为解决产品定价问题，公司委派财务部的小李查明原因。

小李从最近生产的T恤衫、POLO衫、拉链衫的成本数据开始查起。公司的服装生产过程为半自动化，只有布料裁剪、剪线头、成衣检验等几个环节需要人工操作，构成了直接人工成本。小李认为这些成本的核算好像并没有问题，但间接成本高达7.8万元。这些间接成本主要由厂房租金、机器设备折旧、维修费、水电费等构成。小李隐约觉得金额越大的地方越可能出现问题，于是他立刻拿出纸笔，根据公司一贯采用的传统成本法计算了起来。

8.3.2 传统成本法分析

传统成本法下，服装成本由直接材料、直接人工、制造费用构成。公司最近生产了6000件T恤衫、4000件POLO衫、2000件拉链衫，对应的材料成本依次为1.8万元、2万元、1.4万元，经调整后的直接人工单位成本分别为2.5元、3元、4.5元。小李按照每个订单所耗用的机器工时，分配每种服装所负担的制造费用，并汇总了服装成本(见表8-1和表8-2)。

表8-1 制造费用分配表

产品名称	机器工时/小时	分配率/(元/小时)	分配金额/元
T恤衫	1080	25	27000
POLO衫	1120	25	28000
拉链衫	920	25	23000
合计	3120	—	78000

表8-2 服装成本汇总表

项目	T恤衫	POLO衫	拉链衫	合计
产量/件	6000	4000	2000	12000
直接材料/元	18000	20000	14000	52000
直接人工/元	15000	12000	9000	36000
制造费用/元	27000	28000	23000	78000
成本合计/元	60000	60000	46000	166000

根据已有的成本数据，小李进一步计算了服装定价（见表 8－3）。公司规定每件服装的利润为 20%，通过成本加成定价法来确定服装的目标售价。市面上同类的 T 恤衫、POLO 衫、拉链衫售价分别为 10～12 元/件、15～17 元/件、33～35 元/件。公司会根据市场行情对售价进行微调，以最接近目标售价的市场价作为实际售价。

表 8－3 服装定价表

项目	T 恤衫	POLO 衫	拉链衫
总成本/元	60000	60000	46000
数量/件	6000	4000	2000
单位成本/（元/件）	10	15	23
目标售价/（元/件）	12	18	27.6
市场批发价/（元/件）	10～12	15～17	33～35

小李发现，公司的服装售价明显偏离市价。小李了解到自家生产的服装单位布料成本和工人工资与同行持平，问题并不出在直接成本上。小李接着分析：过去，公司服装成本主要由直接材料和直接人工构成，间接成本占不高，采用传统成本法计算出的服装成本误差较小。如今为了满足新的生产需求，公司生产状态由“多人操作一台机器”转变为“一人操作多台机器”，厂房租赁费、设备折旧费、维修费、水电费等间接成本水涨船高。制造费用只占一小部分的格局已经发生了巨大改变。小李认为定价不准的原因就是间接成本分配不准确。

8.3.3 作业成本法分析

为了帮助公司寻找更合适的成本核算方法，准确地分配间接成本，对服装合理定价，小李试用作业成本法对服装成本进行重新计算。作业是连接资源与产品的桥梁。因此在试行作业成本法前，小李对服装生产流程进行了梳理，根据作业的生产工序和重要程度，建立了 7 个作业中心，对各项作业成本动因进行了认定，并对各作业中心所耗费的资源进行归集汇总。

归集好以上 7 个作业中心的成本后，小李根据作业成本法的间接成本分配路径，计算出每个服装生产订单应负担的制造费用，并汇总各服装成本（见表 8－4 至表 8－6）。

表 8－4 作业成本归集汇总表

作业中心	包含的作业	作业成本	成本动因	成本动因数		
				T 恤衫	POLO 衫	拉链衫
生产准备中心	验布、排料	5000	人工工时	60	60	80
裁剪中心	裁剪	14000	剪裁次数	800	700	1300
机器缝纫中心	缝制	16000	机器工时	500	450	1050
锁眼钉扣中心	锁眼钉扣	10000	人工工时	0	100	400
整烫中心	剪线头、整烫	12000	整烫时间	280	220	300
成衣检验中心	成衣检验	9000	检验时间	80	120	100
包装发货中心	后整、包装、出货	12000	订单件数	6000	4000	2000

注：作业成本的单位为元，剪裁次数的单位为次，订单件数的单位为件，其他成本动因数的单位为小时。

表 8-5 作业成本分配表

作业中心	作业成本	作业总量	作业成本分配率	T 恤衫		POLO 衫		拉链衫	
				作业量	分配金额	作业量	分配金额	作业量	分配金额
生产准备中心	5000	200	25	60	1500	60	1500	80	2000
裁剪中心	14000	2800	5	800	4000	700	3500	1300	6500
机器缝纫中心	16000	2000	8	500	4000	450	3600	1050	8400
锁眼钉扣中心	10000	500	20	0	0	100	2000	400	8000
整烫中心	12000	800	15	280	4200	220	3300	300	4500
成衣检验中心	9000	300	30	80	2400	120	3600	100	3000
包装发货中心	12000	12000	1	6000	6000	4000	4000	2000	2000
合计	78000				22100		21500		34400

注:作业成本、分配金额的单位为元,剪裁中心的作业量单位为次,包装发货中心的作业量单位为件,其他作业中心的作业量单位为小时。

表 8-6 作业成本法下服装成本计算 单位:元

项目	T 恤衫	POLO 衫	拉链衫	合计
直接材料	18000	20000	14000	52000
直接人工	15000	12000	9000	36000
制造费用	22100	21500	34400	78000
其中:生产准备中心	1500	1500	2000	5000
裁剪中心	4000	3500	6500	14000
机器缝纫中心	4000	3600	8400	16000
锁眼钉扣中心	0	2000	8000	10000
整烫中心	4200	3300	4500	12000
成衣检验中心	2400	3600	3000	9000
包装发货中心	6000	4000	2000	12000
合计	55100	53500	57400	166000

小李以作业成本法下的成本为基础,重新对服装进行定价计算。结果证明,作业成本法比传统成本法更加适合公司。选择合适的成本核算方法是合理定价的前提,是成本管理的首要条件。

表 8-7 新服装定价表

项目	T 恤衫	POLO 衫	拉链衫
总成本/元	55100	53500	57400
数量/件	6000	4000	2000
单位成本/(元/件)	9.18	13.375	28.7
目标售价/(元/件)	11.02	16.05	34.44
市场批发价/(元/件)	10～12	15～17	33～35

8.3.4 作业成本法的优点、适用条件和局限性分析

1. 优点

(1)可以获得更准确的产品和产品线成本。作业成本法的主要优点是减少了传统成本信息对于决策的误导。

(2)有助于改进成本控制。作业成本法提供了了解产品作业过程的途径,使管理人员明确成本是如何发生的,从成本动因上改进成本控制,包括改进产品设计和生产流程等,可以消除非增值作业,提高增值作业的效率,有助于持续降低成本和不断消除浪费。

(3)为战略管理提供信息支持。战略管理需要相应的信息支持。

2. 适用条件

(1)从成本结构看,公司的制造费用在产品成本中占有较大比重。

(2)从产品品种看,公司的产品多样性程度高。

(3)从外部环境看,公司面临的竞争激烈。

(4)公司的规模比较大。

3. 局限性

(1)开发和维护费用较高。作业成本法的成本动因多于完全成本法,成本动因的数量越大,开发和维护费用越高。

(2)作业成本法不符合对外财务报告的需要。采用作业成本法的企业,为了使对外财务报表符合会计准则的要求,需要重新调整成本数据。

(3)确定成本动因比较困难。并不是所有的间接成本都和特定的成本动因相关联。

(4)不利于管理控制。作业成本系统的成本库与企业的组织结构不一致,不利于提供管理控制的信息。

习题

名词解释

成本预测　成本控制　成本核算流　ABC 成本法

简答题

1. 简述成本管理的主要环节。
2. 作业成本计算法与传统成本计算法有什么区别?
3. 简述在成本管理中作业成本法的应用前景。

案例分析

某公司的主要业务是生产服装服饰。该公司的服装生产车间生产 3 种款式的夹克衫和 2 种款式的休闲西服。夹克衫和西服分别由两个独立的生产线进行加工,每个生产线有自己的技术部门。5 款服装均按批组织生产,每批 100 件。该公司本月每种款式的产量和直接成本如表 8－8 所示。

表 8-8 某公司服装产量和直接成本表

产品品种	型号	本月批次/批	每批产量/件	产量/件	每批直接人工成本/元	直接人工总成本/元	每批直接材料成本/元	直接材料总成本/元
夹克	夹克 1	8	100	800	3300	26400	6200	49600
	夹克 2	10	100	1000	3400	34000	6300	63000
	夹克 3	6	100	600	3500	21000	6400	38400
西服	西服 1	4	100	400	4400	17600	7000	28000
	西服 2	2	100	200	4200	8400	8000	16000
合计		30	—	3000	—	107400	—	195000

本月制造费用发生额如表 8-9 所示。

表 8-9 制造费用发生额

项目	金额
生产设备、检验和供应成本(批次级成本)/元	84000
夹克产品线成本(产品级作业成本)/元	54000
西服产品线成本(产品级作业成本)/元	66000
其他成本(生产维持级作业成本)/元	10800
制造费用合计/元	214800
制造费用分配率(直接人工)	200%

分别使用完全成本法和作业成本法计算成本,并对两组结果进行分析。

第9章 资产管理

学习目标

1. 了解和掌握应收账款管理系统。
2. 了解和掌握存货管理系统。
3. 了解和掌握固定资产管理系统。

9.1 应收账款管理系统

应收账款管理是指在赊销业务中，从授信方（销售方）将货物或服务提供给受信方（购买方），债权成立开始，到款项实际收回或作为坏账处理结束，授信企业采用系统的方法和科学的手段，对应收账款回收全过程所进行的管理。其目的是保证足额、及时收回应收账款，降低和避免信用风险。应收账款管理是信用管理的重要组成部分，属于企业后期信用管理范畴。

应收账款管理通常有两种管理方案可供选择：一种是利用应收子系统对应收账款进行核算和管理；另一种是将所有往来款项作为一个整体，在总账系统中进行核算和管理，而不进一步细分应收和应付账款。

9.1.1 应收账款管理的基本目标

应收账款管理目标主要表现如下。

1. 通过有效的管理，及时取得销售款

企业按时收回资金以确保现金流通，才符合企业经营发展要求，并得以发展与创造利润。

2. 通过有效的管理，降低应收账款周转天数

应收账款的款项能够及时收回，可以降低其周转天数，加快资金周转，降低应收账款的风险。

3. 通过有效的管理，促进良好的社会信用管理秩序

整个社会形成有效的管理环境，社会三角债将会减少，社会管理秩序得以保证。

4. 完善管理体制，按时收回应收账款，确保企业利益

通过及时收回货款，企业把账面利润真正变为现实的利润，最终实现企业价值和利益。

9.1.2 应收账款管理的主要内容

应收账款管理的主要内容包括以下几个方面。

1. 控制应收账款的限额和收回的时间

企业以赊销作为提高竞争能力、扩大市场份额的手段。企业主要通过实现销售并取得货币资金，来补偿生产经营中的各种耗费，以确保企业营运资金的循环周转，从而需要控制应收账款的额度与期限。

2. 充分估计应收账款的持有成本和风险

采用信用政策意味着放弃一定的资金时间价值，信用规模越大，期限越长，失去的资金时间价值就越多，变现的不确定性风险就越大，可能出现的坏账也就越多，代价就越高。

3. 及时组织安排到期和逾期的应收账款的催收，避免企业资金被其他单位占用

企业通过及时记录客户资料和信息，对客户的欠款情况、资信程度等进行动态跟踪管理，能够及时评估每位客户的偿债能力和信用状况，从而确定信用政策，并进一步完成账龄分析。企业在回收应收账款遇到困难或应收账款可能变成坏账损失时，应诉诸法律，主动争取法律的保护。

9.1.3 应收账款管理系统分析

1. 应收账款管理系统的主要功能模块

应收账款管理系统的日常业务处理主要包括发票处理、其他应收单处理、其他应付单处理、收款付款处理、退款处理、票据处理、坏账处理等。应收账款管理系统以销售发票、其他应收单、收款单等原始单据为基础，对企业的往来账款进行综合管理，及时、准确地提供客户的往来账款余额资料，提供各种分析报表。如图 9－1 所示，应收账款管理系统主要包括以下几个功能模块。

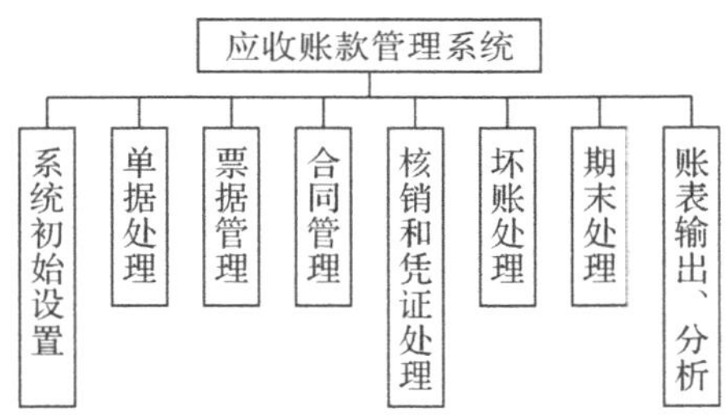

图 9－1 应收账款管理系统的功能模块

1）系统初始设置

应收账款管理系统的初始设置主要涵盖参数设置、基础资料录入、期初数据录入和系统启用等几个环节。

2）单据处理

单据处理是指应收账款管理系统对销售发票、票据、应收单等进行各种维护。

3）票据管理

票据管理主要涉及对应收票据进行新增、背书、贴现、收款和转出等过程的跟踪管理。应收票据用来核算公司因销售商品、提供劳务等收到的商业汇票，商业汇票包括银行承兑汇票和商业承兑汇票。

4)合同管理

合同管理是指对合同的新增、输出、统计分析等进行处理。

5)核销和凭证处理

核销处理是指确定收款单与原始发票、应收单之间对应关系的操作。凭证处理主要包括定义凭证、生成凭证和查询凭证。

6)坏账处理

坏账处理是对计提坏账准备、坏账损失的发生、坏账收回进行处理。

7)期末处理

期末处理主要包括期末调汇、期末对账、期末结账操作。

8)账表输出、分析

输出的账表主要包括业务报表和统计分析报表两类。

2. 应收账款管理系统的一般应用流程

应收账款管理系统的应用流程如图 9-2 所示。

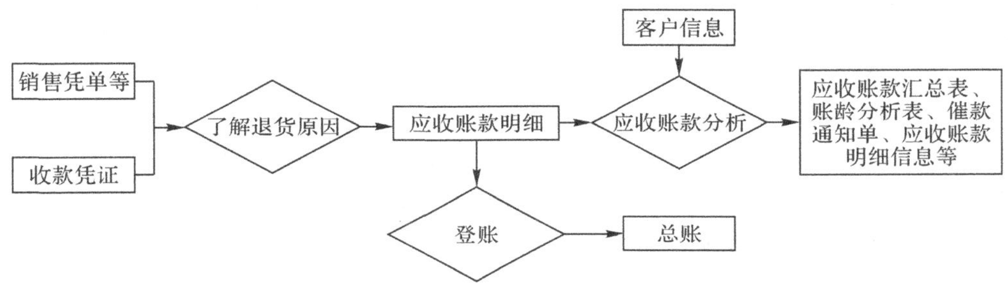

图 9-2 应收账款管理系统的应用流程

应收账款管理系统业务流程图说明如下。

首先,将应收款项发生凭证和收款凭证输入凭证临时文件,进行制证登账。同时在客户文件中建立新增客户档案。

其次,对凭证临时文件中的应收款项发生凭证和收款凭证进行审核,经审核签字后将其存储到凭证文件中。

再次,由客户文件生成客户信息表、用户信息表、催款通知单,由收款凭证文件和发票文件生成应收账款明细账、账龄分析表和坏账损失估算表等。

最后,需要对应收发生(结算)、转账处理和坏账处理等业务进行制单处理,编制相关凭证并传递到总账管理系统,以便在相关账簿中进行登记。

在完成当期的录入、审核、凭证生成、核销和坏账处理等所有业务之后,进行月末处理和年末处理,以结束本月和本会计年度的业务。随后,开始进行下一期间的处理。

3. 应收账款管理系统的处理

在进行应收账款处理之前需要对应收账款管理系统进行初始化。

1)单据处理

应收款管理系统以销售发票、其他应收单为依据来统计应收账款,以收款单、预收单、退款单来核销应收账款。单据处理就是对以上单据的新增、修改、删除、审核、输出等操作。

2)票据管理

应收票据是由付款人或收款人签发、由付款人承兑、到期无条件付款的一种书面凭证。应收票据按承兑人不同分为商业承兑汇票和银行承兑汇票,按其是否附息分为附息商业汇票和不附息商业汇票。商业汇票既可以依法背书转让,也可以向银行申请贴现。一般情况下,企业都有应收票据。因此,应收账款管理系统都提供票据管理功能,可以对商业承兑汇票和银行承兑汇票进行管理。

(1)应付票据新增、保存、审核后,系统将生成一张收款单。单据金额为应收票据的票面金额,同时也决定了以后冲销应收账款的金额。当收到经过背书的应收票据时,若背书金额与应收票据的票面金额不一致,可以将收款单的金额修改为实际背书金额。随后,根据经过审核的收款单进行凭证处理,生成相应的收款业务凭证。

(2)在票据到期后,可以选择收取现金或银行存款。这时需要进行相应的收款处理。

(3)背书。在票据尚未到期但急需资金时,可以选择对票据进行背书处理,以便获得资金。背书是指持票人为将票据权利转让给他人或者将一定的票据权利授予他人行使,而在票据背面或者粘单上记载有关事项并签章的行为。应收票据背书的相关信息包括背书日期、背书金额、被背书单位、利息、费用以及对应的会计科目。其中,背书金额应该与应收票据的票面金额相同,而对应科目则是在生成凭证时所对应的会计科目。

(4)票据转出。当应收票据到期无法收到款项时,可以通过进行转出处理来减少应收票据的金额。在进行转出时,需要输入转出日期、转出金额以及转出单位的信息。同时,系统会自动创建一张应收单,该应收单与应收票据转出凭证的凭证字号相对应,以记录转出的情况。

(5)票据贴现。票据贴现是企业筹措资金的一种方式,是应收和应付票据的贴现。企业在应收票据到期之前,将票据背书后上交银行贴现,银行将票据的到期价值扣除按照贴现利率计算的从贴现日至到期日的利息(贴现折价)后的余款付与企业。应收票据贴现需要输入贴现日期、贴现银行、贴现率等,系统会自动根据贴现率和票面金额计算利息与净额。

3)合同管理

合同管理是应收账款管理系统的核心功能之一,主要用于管理销售合同以及其完成情况。它提供了合同的输出、新增、统计分析等处理功能。在处理过程中,每个销售合同可以分为基本资料、合同明细、合同数量完成汇总情况、合同收款情况和担保资料等几个部分进行管理。

4)核销和凭证处理

(1)核销处理。核销处理是指确定收款单与原始发票、应收单之间对应关系的操作,即指出来每一次收款是对应哪几笔销售业务。

(2)凭证处理。为保证应收款管理系统与总账系统的数据保持一致,在应收款管理系统新增单据之后,必须通过凭证处理把单据生成凭证传入总账系统。应收款管理系统集中进行凭证处理的方式可以分为采用凭证模板的处理方式与不采用凭证模板的处理方式两种。

5)坏账处理

坏账处理包括坏账损失、坏账收回、坏账计提及生成坏账的相关凭证等。

6)期末处理

对于有外币业务的企业,在会计期末如果汇率发生变化,通常需要进行期末调汇的业务处理。如果确认当月的各项处理已经结束,如所有单据进行了审核、核销处理,相关单据已生成了凭证,同时与总账等系统的数据资料已核对完毕,可以进行月末结账处理,结账后系统进入下一个会计期间。当销售系统被启用时，应收账款管理系统只能在销售系统本月的业务全部完成后才能进行结账。

4. **应收账款管理系统的输出**

应收账款管理系统的输出包括业务报表和统计分析报表两类。业务报表是系统针对用户已经实现的业务处理将所取得的业务成果进行筛选、分析、处理形成的综合反映企业应收账款情况的信息；统计分析报表是对各项主要业务的处理结果和运作情况进行分析，并以表格的形式输出的信息。

1) **主要业务报表**

主要业务报表如表 9-1 所示。

表 9-1 主要业务报表分类

类型	作用
应收账款汇总表	主要用来反映往来单位在特定时间段内的本期应收款、本期实收款、本年累计应收(实收)款、期初余额和期末余额等情况，以便与总账进行对账操作
应收账款明细表	主要反映往来单位在特定时间段内往来账款的详细情况，以此作为应收账款汇总表的补充报表
往来对账单	主要用来与客户进行对账。往来对账单主要包含销售发票、其他应收单据的金额、本期实收金额、折扣金额和未核销单据金额等数据。这些信息用于确保与客户账目的一致性
月结单	主要反映企业在实际工作中与往来单位进行账务核对、单据核对和账龄核对的情况。月结单包括业务流水、未结算单据和账龄分析三个主要内容，以便进行全面的账务管理和分析
应收计息表	主要用于反映到截止日期已到期的应收款项所应计的利息情况。该表提供了详细的利息计算信息
调汇记录表	主要反映指定期间的调汇历史记录。该表提供了调汇操作的详细信息，用于跟踪和审查汇率调整的历史记录

2) **主要统计分析报表**

主要统计分析报表如表 9-2 所示。

表 9-2 主要统计分析报表分类

类型	作用
账龄分析表	主要用来对未核销的往来账款进行分析
周转分析表	主要用来反映往来单位在某段时间的应收账款周转率及周转天数
欠款分析表	主要用来反映往来单位在某段时间的应收账款欠款情况
坏账分析表	主要用来分客户、行业、地区等统计坏账发生的金额
回款分析表	主要用来统计往来单位(或地区、行业)回款的金额及其占总的回款金额的比例
收款预测表	主要根据应收账款及已收款金额来统计将来的收款金额

9.2 存货管理系统

存货管理是将厂商的存货政策和价值链的存货政策进行作业化的综合过程。反应方法或称拉式存货方法，是利用顾客需求，通过配送渠道来拉动产品的配送。还有一种管理理念是计划方法，它是按照需求量和产品可得性，主动排定产品在渠道内的运输和分配。第三种方法或称混合方法，即用逻辑推理将前两种方法进行结合，形成对产品和市场环境做出反应的存货管理理念。一项综合的存货管理战略将详细说明各种政策，并用于确定何处安排存货、何时启动补给装运和分配多少存货等过程。

目前存货管理系统主要侧重于存货实物的管理和存货价值的核算，在确定企业最佳存货等管理内容方面的支持相对较少。

9.2.1 存货管理的基本目标

存货管理目标主要表现如下。

1. 保证生产正常进行

生产过程中需要的原材料和在产品是生产的物质保证。为保障生产的正常进行，企业必须储备一定量的原材料，否则可能会造成生产中断、停工待料的现象。尽管当前部分企业的存货管理已经实现计算机自动化管理，但要实现存货为零的目标实属不易。

2. 完成存货的核算

存货核算包括存货出入库核算、存货出入库凭证处理、库存余额对账和调整等，满足各个销售通路对产品需求的供应。

3. 降低存货成本，维持均衡生产

有些企业产品属于季节性产品或者需求波动较大的产品，此时若根据需求状况组织生产，则可能有时生产能力得不到充分利用，有时又超负荷生产，这会造成产品成本的上升。为了降低生产成本，实现均衡生产，就要储备一定的产成品存货，并应相应地保持一定的材料存货。

4. 降低存货取得成本

一般情况下，当企业进行采购时，进货总成本与采购物资的单价和采购次数有密切关系。许多供应商为鼓励客户多购买其产品，往往在客户采购量达到一定数量时，给予价格折扣，所以企业通过大批量集中进货，既可以享受价格折扣，降低购置成本，也因减少订货次数，降低了订货成本，使总的进货成本降低。

5. 保持安全存量以免意外事件的发生

企业在采购、运输、生产和销售过程中，都可能发生意料之外的事故，保持必要的存货保险储备，可以避免和减少意外事件的损失。

9.2.2 存货管理的主要内容

存货管理的主要内容包括以下几个方面。

1. 开展订货决策

通过合理确定原材料、零部件、产成品的存货水平，企业可以实现订货费用、价格折扣损失、资金占用费用、变价损失、缺货费用等存货费用的最小化。

2. 进行出库处理

根据销售管理业务过程中提供的发货通知单、领料单和其他出库凭证，结合实际出库数量，系统可以填制相应的出库单，包括销售出库单、领料单、委托加工出库单和其他出库单，以完成出库处理的流程。

3. 开展仓储管理

通过存货管理，企业确保所有存货得到良好、安全的保管，充分利用仓储面积、容积，以降低仓储保管费用，减少货物损耗。

4. 进行存货核算

企业财务人员根据出库单和入库单，对相关发票进行核对，进行入库成本和出库成本的核算，并制作相应的记账凭证；随后，将这些信息记录到存货明细账中，以进行存货核算。

5. 分析信息

管理人员和相关业务人员可以随时获取他们所关注的库存信息以及与存货成本和业务分析相关的信息。

9.2.3 存货管理系统分析

1. 存货管理系统的主要功能模块

存货管理系统要完成存货的核算并管理出入库业务，因此，其一般应具备系统初始设置、业务处理、查询、统计报表、转账处理等功能，如图 9-3 所示。

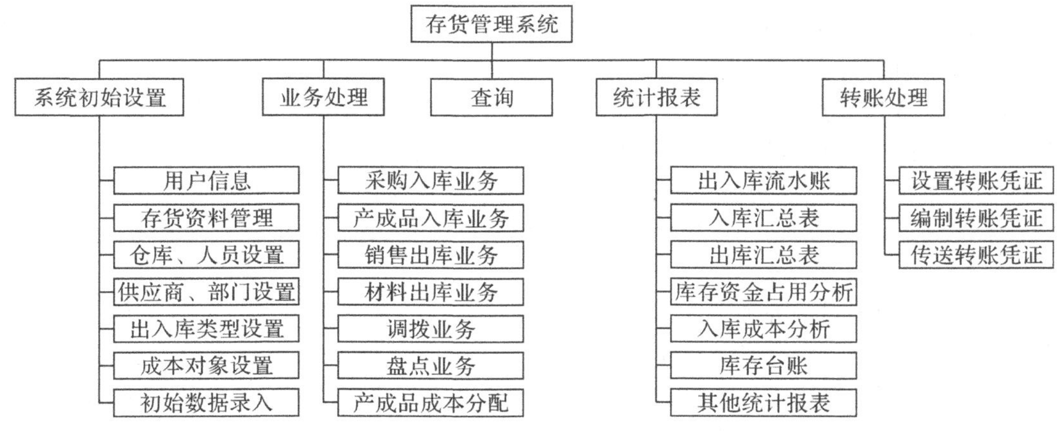

图 9-3 存货管理系统的主要功能模块

2. 存货管理系统的一般应用流程

存货管理系统的应用主要分为两个方面：系统初始化和日常存货核算处理。系统初始化是在初次使用该系统或涉及存货初始设置数据改变时进行的操作。

存货管理系统的应用流程可以用图 9-4 表示。

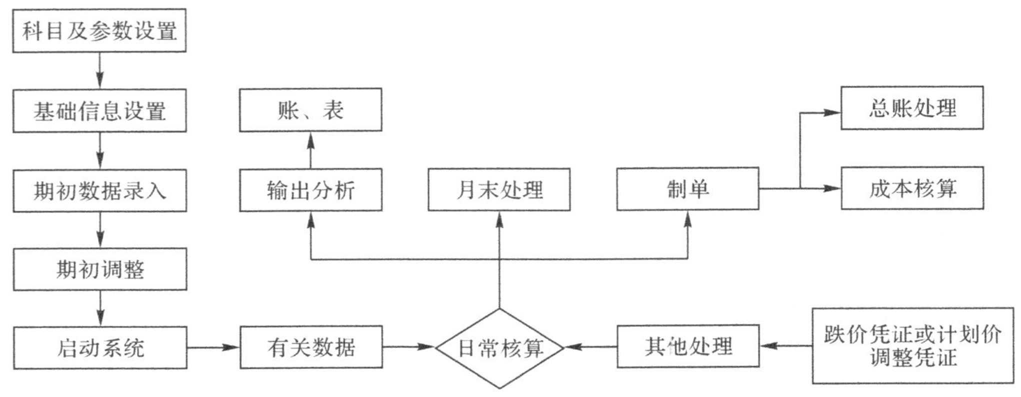

图 9-4　存货管理系统的应用流程

3. 存货管理系统的处理

在进行存货处理之前需要对存货管理系统进行初始设置。存货管理系统的初始设置主要包括参数设置、建立基础资料档案、期初数据录入、期初调整和启用系统等几个部分。

存货管理系统的日常处理如下。

1)存货入库核算

鉴于不同类型的入库业务具有不同的核算特点，存货入库核算提供了多个不同的核算流程，以适应各种不同情况下的入库操作。

(1)采购入库。采购入库单在库存管理系统中录入，采购入库单上的入库金额可以在存货管理系统中修改，采购入库单上"数量"的修改只能在该单据填制的系统进行。外购入库核算涵盖了费用录入、费用分配和入库成本核算等功能。一旦当期的外购入库单和发票经过审核，就可以进行相应的外购入库核算操作。

(2)产成品入库。产成品入库单在填制时一般只填写数量，单价与金额既可以通过修改产成品入库单直接填入，也可以由存货管理系统的产成品成本分配功能自动计算填入。

(3)委托加工入库。委托加工入库核算主要用于计算委托加工的实际成本，包括材料费和加工费两个方面。委托加工入库核算主要涵盖核销材料费、分配加工费以及计算入库成本等几个关键部分。

核销材料费用于对委外加工入库单确认消耗掉的委外加工发出材料的数量信息，确认过程通过"核销"操作完成。在进行核销处理时，请注意只录入本次核销的数量。系统将根据先出库先核销的原则计算出本次出库的数量/金额、未核销的数量和未核销的金额，同时在委托加工入库单上打上已核销的标志。

分配加工费是指根据特定的分配方式(如数量或材料费用等)，将委托加工费用和应纳税额进行分配，并将分配结果填写到入库单中。

计算入库成本，即把材料费与加工费之和作为金额，从而推算出单位成本的过程。

(4)其他入库。大部分其他入库单都是由相关业务直接生成的，如果与库存管理系统集成使用，可以通过修改其他入库单的操作对盘盈入库业务生成的其他入库单的单价进行输入或修改。

2)存货出库核算

在存货出库核算处理中，系统通常会生成计算报告和出错报告，以反映出库核算的过程。

出库核算的处理是由系统自动完成的。在存货管理系统可以修改出库单据上的单价或金额。存货出库有销售出库、材料领用出库、其他出库等。

3)凭证处理

(1)定义凭证。定义凭证模板是预先对涉及存货的每种经济业务所涉及的会计科目、摘要、凭证字号以及金额来源进行设定和保存为模板。通过定义凭证模板,系统可以根据预先设定的模板自动生成相应的核算记账凭证,并用于相关账簿的登记,以应对存货相关的经济业务。凭证模板的正确与否直接决定了生成凭证是否准确。

由于实际成本法和计划成本法在存货核算上的内容不同,因此在不同的核算方法下需要进行相应的处理。

实际成本法是以中间产品生产时发生的生产成本作为其内部转移价格的方法。企业在采用实际成本法时,需要定义凭证的经济业务,包括外购入库、存货估价入账、其他入库、委托加工入库、分期收款销售出库、委托代销销售出库、盘亏/毁损现销销售收入、赊销销售收入、委托代销销售收入以及期初余额调整等。

计划成本法是指企业存货的日常收入、发出和结余均按预先制订的计划成本计价,同时另设"材料成本差异"科目,作为计划成本和实际成本联系的纽带,用来登记实际成本和计划成本的差额。月末,再通过对存货成本差异的分摊,将发出存货的计划成本和结存存货的计划成本调整为实际成本进行反映。同时计划成本法下存货的总分类和明细分类核算均按计划成本计价。

定义凭证的步骤如下:

一是设置凭证数据来源。会计期间取值依据必须设置,选择业务单据子系统,用以判断凭证业务期间是否正确。单据业务日期字段可以不设置,显示当前单据所有日期字段,选择其中一个作为单据业务的发生日期。

二是设置凭证操作场景。

三是生成凭证选项。选择生成凭证选项,有借借贷贷(默认)、借贷借贷两种选项。借借贷贷是先显示所有的借方科目,再显示所有的贷方科目;借贷借贷是逐张单据地显示业务的借贷科目。

四是定义凭证模板。

五是在存货核算系统中,可以选择保存当前操作、继续新增或退出。在保存操作时,系统会首先检查所有项目是否完整,如果存在不完整的项目,系统会提供相应的提示,并禁止保存。完成完整性检查后,系统还会进行借贷方金额平衡检查,如果不平衡,系统会给出提示,不允许保存。

(2)生成凭证。生成凭证是指在某一经济业务发生后,系统根据用户预先定义的凭证模板或即时定义的空白凭证,自动创建该业务的核算记账凭证的过程。存货管理系统可以将各种出入库单据中涉及存货增减和价值变动的单据生成凭证传递到总账系统。对比较规范的业务,在存货管理系统的初始设置中可以事先设置好凭证上的存货科目和对方科目,系统将自动采用这些科目生成相应的出入库凭证并传送到总账系统。

4)存货核算的月末处理

(1)期末处理。当存货管理系统日常业务全部完成后,进行期末处理,系统自动计算全月平均单价及本会计月出库成本,自动计算差异率(差价率)及本会计月的分摊差异(差价),并对已完成日常业务的仓库或部门做处理标志。

(2)与总账对账。为保证业务与财务数据的一致性,需要进行对账。存货管理系统记录的存货明细账数据要与总账系统存货科目和差异科目的结存金额和数量进行核对。

(3)期末结账。存货管理系统期末处理完成后,就可以进行月末结账。如果是集成应用模式,必须采购管理系统、销售管理系统、库存管理系统全部结账后,存货管理系统才能结账,将其转入下一期。

4.存货管理系统的输出

存货核算信息主要通过账表的形式输出。这些账表主要有存货账簿、业务报表、统计分析三类,如表9-3所示。

表9-3 存货管理系统输出的主要分类

类型	具体内容
存货账簿	材料明细表
	产品明细表
	材料成本差异明细表
	分期收款发出商品明细账
	委托代销发出商品明细账
	存货暂估明细账
业务报表	采购成本汇总表
	采购成本明细表
	存货暂估汇总表
	生产领料汇总表
统计分析	存货周转率分析
	ABC分析
	库存资金占用分析
	入库成本分析
	暂估材料余额表

9.3 固定资产管理系统

固定资产属于产品生产过程中用来改变或者影响劳动对象的劳动资料,是固定资本的实物形态。固定资产在生产过程中可以长期发挥作用,长期保持原有的实物形态,但其价值则随着企业生产经营活动而逐渐地转移到产品成本中去,并构成产品价值的一个组成部分。根据重要原则,一个企业把劳动资料按照使用年限和原始价值划分固定资产和低值易耗品。对于原始价值较大、使用年限较长的劳动资料,按照固定资产来进行核算;而对于原始价值较小、使用年限较短的劳动资料,按照低值易耗品来进行核算。固定资产管理是企业管理中的一个重要组成部分。

9.3.1 固定资产管理的基本目标

固定资产管理目标主要表现如下。

1. 合理分配固定资产

通过固定资产管理系统的报表管理，管理者可以清楚了解当前公司资产数量、每个资产的使用人、存放地点、使用状态(在用、报废、借用、闲置)、采购金额、折旧后价值、购置日期等，实时掌握资产动态，这样一来，对应资产的人员分配、资产调拨、资产报废等可以更为科学合理，提升资产使用价值。

2. 降低资产闲置数量

通过资产闲置报表，企业可以实时知道现有闲置资产有多少，存放在哪些地方，什么时候购买的，购买金额为多少，同时通过资产折旧功能，可以实时核算每个资产的剩余价值有多少，这样一来，可以将部分闲置资产进行出售，降低闲置数量。

3. 实现资产全生命周期管理

固定资产管理系统具有资产入库、领用退回、借用归还、损坏维修、调拨、报废、清理等操作功能，明确操作规程，确保流程清晰、管理规范，且操作记录留痕，方便追溯，实现资产全生命周期管理。

4. 资产报废及时，降低财务损失

通过资产报废报表，资产管理员可以实时知道当前所有资产剩余报废天数，且一旦过了使用年限，固定资产管理系统便会自动发出提醒，资产管理员可以及时进行报废，降低财务损失。

5. 落实资产管理责任

每个资产都会有对应的使用人或保管人，企业要落实“谁领用，谁保管；谁损坏，谁负责”原则，确保资产使用、保管安全。

9.3.2 固定资产管理的主要内容

固定资产管理的主要内容包括以下几个方面。

1. 管理固定资产卡片

严格管理固定资产卡片，对固定资产卡片进行管理，包括卡片的增加、删除、查询、打印、按月汇总、分类汇总等。

2. 记录固定资产的增减

正确、全面、及时地记录固定资产的增加、减少、使用等情况，保护生产资料安全完整。

3. 固定资产的核算

正确计算固定资产的折旧和修理费用，并进行固定资产折旧和修理的核算，保证固定资产简单再生产的实现。

9.3.3 固定资产管理系统分析

1. 固定资产管理系统的主要功能模块

固定资产管理系统旨在实现固定资产的核算和管理。为此，该系统通常具备系统初始设置、固定资产卡片管理、折旧处理、报表输出和凭证处理等功能，如图 9－5 所示。

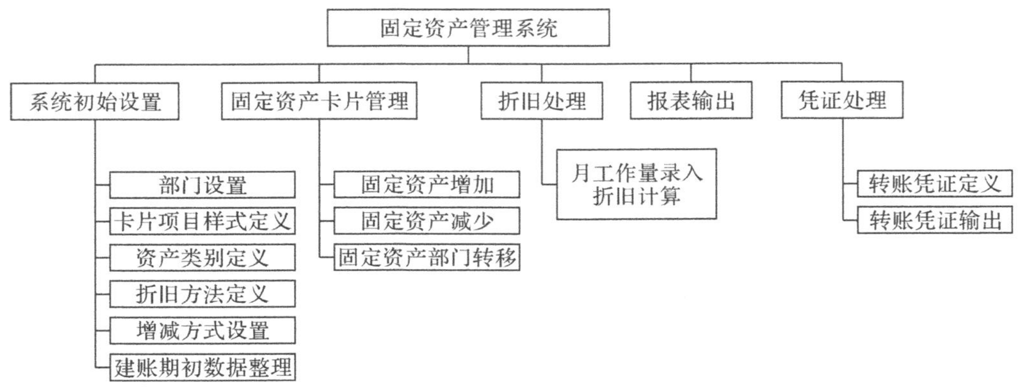

图 9－5　固定资产管理系统的主要功能模块

1）系统初始设置

系统初始设置是固定资产管理系统中进行资产管理和核算的基础步骤。设置内容包括部门设置、卡片项目和样式定义、资产类别定义、折旧方法定义、增减方式设置以及建账期初数据整理等。此外，初始设置还包括录入系统启用日期之前所有固定资产的卡片信息。

2）固定资产卡片管理

系统应提供固定资产卡片的增加、删除修改、查询、统计和汇总等功能，并可以随时输出固定资产的各种综合信息。

3）折旧处理

对于采用工作量法计提折旧的固定资产（如运输工具等），需要输入当月该资产的工作量信息，然后在月末，计算该月所有固定资产的折旧费用，并将其记录在相关的账簿中。

4）报表输出

系统根据管理需要生成各种报表，如固定资产折旧计算表、固定资产统计表等，进行报表整理以及其他信息的整理。

5）凭证处理

凭证处理是将固定资产管理系统处理的结果数据以转账凭证的形式保存并传递到总账系统，以便在总账和明细账中进行相应的登记。

2. 固定资产管理系统的一般应用流程

固定资产管理系统的应用流程如图 9－6 所示。

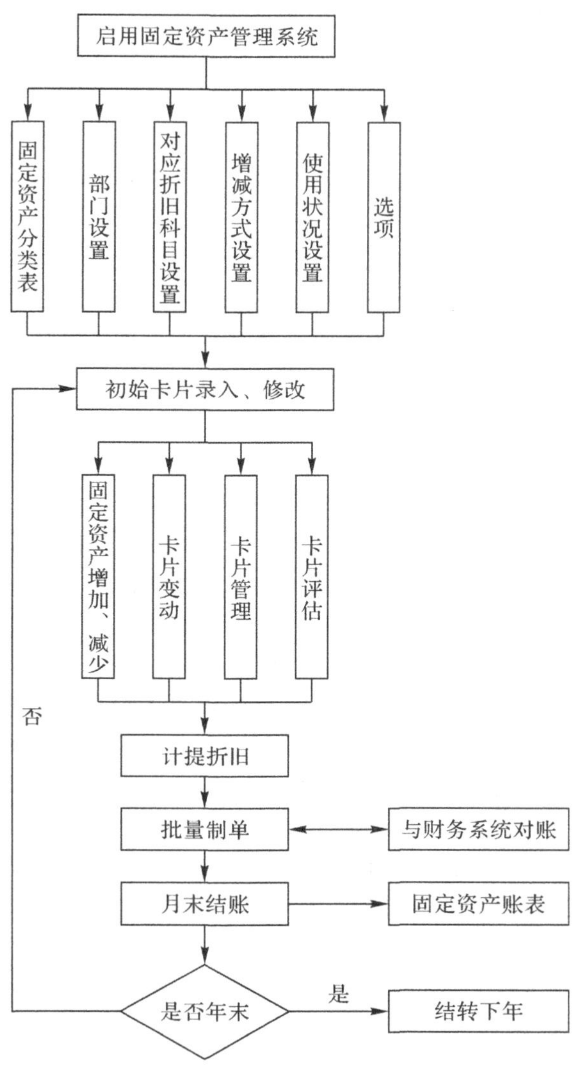

图 9－6 固定资产管理系统的应用流程

固定资产管理系统的应用流程说明如下：

首先，在初次使用固定资产管理系统时，首先需要建立核算单位。在已有的核算单位基础上，进一步建立部门档案，定义固定资产卡片项目和样式、资产类别，并设定折旧方法和资产增减方式等。完成初始设置后，系统启用后即可开始进行每月的日常处理工作。

其次，在固定资产的使用过程中，如果发生资产原值变动、资产在不同部门间转移、资产使用状况变动、资产使用年限调整、折旧方法调整、净残值（率）调整、累计折旧调整以及资产类别调整等情况，系统将根据相应的处理要求对资产进行相应的变动处理。

3. 固定资产管理系统的处理

在进行固定资产处理之前需要对固定资产管理系统进行初始化处理。

固定资产管理系统的日常处理主要涉及固定资产的核算和管理。这包括固定资产变动核算、折旧核算、固定资产评估、凭证处理以及月末处理。其中,固定资产卡片管理和资产增减处理是系统的输入处理环节。至于月末处理,则与其他系统的月末处理相似。

1)固定资产变动核算

固定资产变动包括固定资产增加、减少和其他变动。固定资产增加可以分为直接购入、接受捐赠、盘盈、在建工程转入和融资租入等多种方式。固定资产减少主要指固定资产的报损、报废、借用、核销、有偿利用或变价出售等。

需要注意,首先只有在资产的开始使用日期期间与录入的期间相等时,资产才能通过"资产增加/减少"方式录入。其次,新卡片录入的第一个月不提折旧,折旧额为空或者为零,原值录入的必须是卡片录入月月初的价值,否则将会出现计算错误。最后,已经计提的月份必须严格参照该资产在其他单位已经计提或者估计已经计提的月份数,不包括使用期间停用等不计提折旧的月份,否则将不能正确计算折旧。

2)固定资产折旧核算

当开始计提折旧的时候,系统将自动计提所有资产当期折旧额,并将当期的折旧额自动累加到累计折旧项目中。计提工作完成之后,需要进行折旧分配,形成折旧费用,系统除了自动生成折旧清单之外,同时还生成折旧分配表从而完成本期折旧费用的登账工作。

3)固定资产凭证处理

固定资产管理系统的凭证处理功能包括定义凭证、生成凭证和凭证查询。固定资产管理系统和总账系统之间存在着数据的自动传输,这种传输是固定资产管理系统通过记账凭证向总账系统传递有关数据,如资产增加、减少、累计折旧调整以及折旧分配等记账凭证。制作记账凭证可以采取"立即制单"或"批量制单"的方法实现。

4)固定资产评估

固定资产评估是指对规定资产的评估。根据业务需求或相关要求,企业在经营活动中需要对部分或全部资产进行评估和重新评估。其中,固定资产评估是资产评估的重要组成部分,也是固定资产管理系统必备的功能之一。固定资产评估是一项比较复杂的工作,具有项目差异大、影响因素多、工程技术性强等特点。对于大型评估项目或是企业整体资产评估,通常需要预先设计评估技术路线,拟订评估作业计划。

进行资产评估时应遵循以下步骤:

(1)明确评估业务基本事项。评估机构和资产评估师与委托方、产权持有者就评估目的、评估对象和评估范围、价值类型、评估基准日、评估报告使用限制、评估报告提交时间及方式、评估服务费总额、支付时间、方式等业务基本事项及委托方和产权持有者工作配合及协助等事项进行了解和沟通。

(2)选择要评估的资产。由于每次评估的资产项目可能不同,因此在评估之前应当筛选出需要评估的资产。

(3)收集评估资料。根据评估业务具体情况,搜集资产评估所需资料,了解评估对象现状并关注评估对象法律权属。根据评估业务具体情况,查询获取宏观经济、行业资讯、行业竞争状况等价值评估所需资料和数据,并对取得的资料和数据进行分析、整理。

(4)编制和提交评估报告。在执行评定估算程序后,根据法律、法规和资产评估准则的要求编制评估报告。根据相关法律、法规、资产评估准则和评估机构内部质量控制制度,对评估报告及评估程序执行情况进行必要的内部审核。完成上述评估程序后,出具评估报告。

4. 固定资产管理系统的输出

固定资产管理系统将日常处理结果以报表的形式提供给财务人员和资产管理人员。固定资产管理系统提供的报表主要分为账簿、折旧表、统计表和分析表四类，如表 9 - 4 所示。此外，企业根据需求，还可以利用系统提供的自定义报表工具来定义其他需要的报表。

表 9 - 4 输出报表的主要分类

类型	具体内容
账簿	系统自动生成账单、固定资产明细账、固定资产登记、固定资产总账。这些账簿以不同方式、序时地反映了资产变化情况，在查询过程中可联查某时期(部门、类别)明细及相应原始凭证，从而获得所需财务信息
折旧表	系统提供了四种折旧表：(部门)折旧计提汇总表、固定资产折旧计算明细表、固定资产及累计折旧表(一)和(二)。通过该类表可以了解并掌握本企业所有资产本期、本年乃至某部门计提折旧及其明细情况
统计表	统计表是出于管理资产的需要，按管理目的统计的数据。系统主要提供的统计表有固定资产原值一览表、固定资产统计表、评估汇总表、评估变动表、盘盈盘亏报告表等
分析表	分析表主要通过对固定资产的综合分析，为管理者提供管理和决策依据。系统提供的分析表有价值结构分析表、固定资产使用状况分析表、部门构成分析表、类别构成分析表。管理者可以通过这些表了解本企业资产计提折旧的程度和剩余价值的大小

9.4 案例分析：A 公司的应收账款管理优化路程

9.4.1 背景介绍

伴随着 A 公司的成功挂牌上市，公司合作经销商已增长到两千多家，但是应收账款的周转率却逐渐慢了下来。相较于四年前，公司的营业收入增长了 68.81%，应收账款周转率却下降了 45%，同时应收账款的增长率远远超过营业收入，高达 91.22%。根据公司的财务人员分析，伴随着公司规模的扩大，公司的赊销规模也在不断扩大，大部分经销商都尽量地占用额度，临近应收账款收款日才选择回款，现金折扣没有起到预期的作用。公司高层于是决定进一步优化应收账款的管理模式。

A 公司已多次针对应收账款管理进行优化，应收账款的管理模式、管理目的、管理工具都发生了巨大的改变。结合应收账款过程管理、风险管理、信用管理的特点，A 公司逐渐形成适用于企业自身的信用化价值管理模式。

9.4.2 应收账款粗放式管理阶段

20××年,A公司产能开始扩张,随着订单量和经销商数量的增长,A公司开始考虑应收账款管理的问题,进入了应收账款粗放式管理阶段。粗放化时期A公司的应收账款管理思路相对简单:销售部门进行主导,同时负责赊销、催收、信息录入等,财务部门进行核算,并监督销售部门催收,其他部门进行配合。一旦应收账款催收逾期,公司便会对相应的负责人进行罚款,若是造成坏账,则罚款数额将翻倍,负责人还要赔偿一定比例的坏账损失。

粗放式管理阶段存在以下问题:

(1)应收账款管理局限于单一的事后管理,公司的账款回收和销售环节严重脱节,事前控制几乎没有起作用。

(2)各部门的职责划分不合理,有关应收账款的管理工作大部分由销售部门承担,其他部门并没有起到相应的作用。

(3)销售人员把销售当作唯一的任务,忽略了对账和催账环节,造成了业务人员临近罚款的时点才催账,产生大量临近逾期的应收账款。

9.4.3 应收账款规范化管理阶段

A公司准备上市之前,外聘了会计师事务所前来进行审计工作。在审计的过程中,审计师发现公司应收账款水平过高,增速也在不断提升,但应收账款周转率却在不断降低。公司高层意识到,原先的应收账款管理模式已经不再适用于公司的经营管理需求。

为了完善应收账款管理,公司将应收账款制度的改革重心放在优化事前控制与事后管理上。首先,建立合适的赊销审批制度,从源头上避免遭受损失,赋予不同级别的营销人员不同金额的审批权限。其次,将各部门的职责进行重新划分,加强了各部门之间的合作紧密度,形成了由财务中心牵头、各部门密切配合的应收账款规范化管理模式。最后,推出全新的应收账款激励与惩罚措施,设定应收账款回款率指标,根据业务人员的实际完成情况计算激励系数,并最终关系到员工的绩效奖金。

为了进一步深化应收账款全过程管理,A公司引入了OA系统进行数字化管理。应收账款管理的一系列流程将全部在OA办公系统上实现,在节省了大量人力、物力的同时,实现了各部门、各机构之间的高效协同。除此之外,A公司还引入了ERP系统辅佐OA系统将客户名称、购货内容、客户品质等内容建成客户档案,令工作人员可以通过客户档案查阅客户的历史数据和信用情况,对客户资料进行整合评价。

规范化管理阶段存在的问题:在规范化应收账款管理阶段,A公司对所有客户均采用同一套赊销政策和优惠条件。相对宽松的赊销政策和优惠条件吸引了大量的客户,但其中有大量质量不佳的应收账款,存在着大量坏账的可能性。对于信用水平不同的经销商采取统一标准的做法是不合理的。应收账款管理制度存在着两个局限性:一是没有对顾客进行细分,二是没有进行风险控制。

9.4.4 应收账款信用化管理阶段

针对规范化管理阶段中存在的问题,公司着手制定合理的信用政策。首先,对ERP系统里的客户进行资信评估,根据客户以往债务能否如约还本付息趋势、财务数据对客户进行评分,确定信用级别。其次,在客户信用评级完成后,制定循环授信制度,取消现金折扣,锁紧赊销,加快现金流动。该制度对不同信用等级的客户给予不同的授信额度,同时,在总赊销额度内,客户归还账款后实时恢复授信额度,鼓励客户按时还款。

信用化管理阶段存在的问题:

(1)A公司应收账款信用管理未考虑市场的变化。市场激烈的竞争导致各大厂商纷纷打起了价格战,严格的信用政策虽能保证资金的安全,但也抑制了产品的销量,进而影响了企业的利润。

(2)应收账款涉及部门多,信息沟通不流畅。各部门间沟通存在一定障碍,再加上各部门之间在管理资源、风险偏好上存在差异,导致无法保证应收账款高效地进行。

9.4.5 应收账款价值化管理阶段

在竞争如此激烈的市场环境中,原先的赊销方案使A公司的经销商大量流失。公司决定采用价值化管理,在保证资金安全回收的情况下,以实现企业价值最大化作为战略目标。基于这个全新的战略目标,赊销方案与信用评估不再是一味地降低风险,更是让分配给客户的信用额度发挥最大的价值。A公司为应收账款价值化管理模式能取得良好的实施效果采取了以下措施:

(1)采取"临时+固定"的赊销方案,即临时额度和固定额度相结合的赊销方案。营销中心根据上年授信情况逐级向下进行固定授信管理,赋予业务人员赊销的权利,授信总额度不超过个人额度上限与客户固定额度的上限。

(2)进一步引入"CRM+ERP"系统,通过CRM快速采集客户信息,随业务进一步的推进,实时呈现应收账款管理内容。

(3)在原有ERP系统的基础上建立起BI(商业智能)系统,对应收账款进行智能分析决策。管理层也可以通过BI系统快速掌握各子公司的应收账款情况,从数据分析层面加强应收账款的管控(见图9-7)。

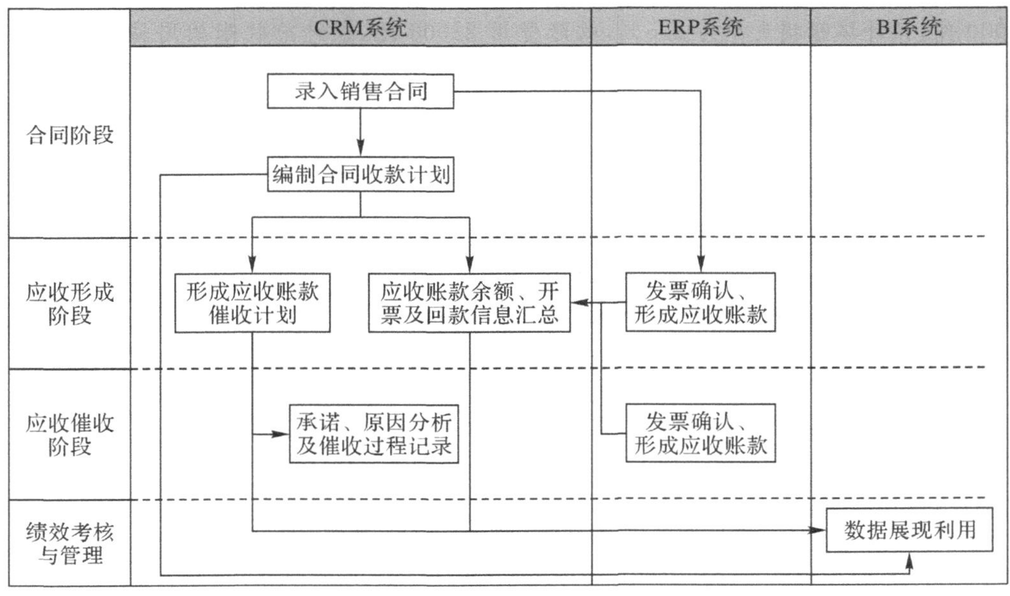

图9-7 A公司信息一体化处理平台

A公司通过软件整合将应收账款相关部门高效地连接在一起，部门间的协作更加顺利，促进了集团内部信息资源的整合，使得应收账款的管理流程在各个部门之间能够有效进行。终于，A公司应收账款占主营业务收入的比重明显下降了，且应收账款周转率也逐渐提高。除此之外，A公司每年的坏账实际核销金额整体呈现下降趋势，大约维持在5%左右，且目前仍在下降，发生坏账的比例不足以对财务产生实质性影响，价值化管理模式有效地提高了应收账款的管理效率。

习题

名词解释

票据贴现　定义凭证　计划成本法　固定资产评估

简答题

1. 简述应收账款管理的日常业务处理。
2. 简述存货管理的基本目标。
3. 固定资产管理系统提供哪几类报表?
4. 分析固定资产核算的业务流程，并画出业务流程图。

案例分析

某企业以往销售方式采用现销，每年销售120000件产品，单价15元，变动成本率60%，固定成本为100000元。企业尚有40%的剩余生产能力，现准备通过给某特殊新客户一定的信用政策，以期到达扩大销售之目的。经过测试可知：如果信用期限为1个月，该客户愿意购置30000件，预计坏账损失率为2.5%，收账费用22000元，预计应收账款周转天数为40天；如果信用期限为2个月，该客户愿意购置38400件，预计坏账损失率为4%，收账费用为30000元，预计应收账款周转天数为70天。假定该特殊客户的购置不会影响企业原有现销规模，资金成本率为20%。要求：

(1)做出采用何种方案的决策。

(2)如果企业采用的信用期限为1个月，但为了加速应收账款的回收，决定使用现金折扣的方法，条件为“2/10，1/20，n/30”，估计该客户货款的65%会在第10天支付，该客户货款的20%会在第20天支付，其余货款的坏账损失率估计为1.5%，其余货款如不考虑坏账的话，估计平均收账期为40天，收账费用下降到15000元。试做出采用何种方案的决策。

第10章 全面预算管理

学习目标

1. 掌握全面预算管理的目标、内容及原则。
2. 理解全面预算管理软件系统。
3. 了解全面预算管理的组织体系和基本流程。
4. 掌握全面预算管理系统的使用。

10.1 全面预算管理系统

预算是一种管理工具，也是一套系统的管理方法。预算通过合理分配企业人、财、物等战略资源协助企业实现既定的战略目标，并与相应的绩效管理配合以监控战略目标的实施进度，控制费用支出，预测资金需求和利润。预算既是决策的具体化，又是控制经营活动的依据。

预算是关于企业在一定的时期内(一般为一年或一个既定的期间内)经营、财务等方面的总体预测。预算包括业务方面的预算(如收入预算、采购预算、费用预算等)和财务方面的预算(如资本预算、资金预算、利润预算、现金流量表预算、资产负债表预算等)；预算的编制与执行涉及各个部门的各项业务和经营活动(预算的编制、执行与调整涉及企业所有部门及主要人员)。

10.1.1 全面预算管理的基本目标

全面预算管理是指将企业的所有活动和资源规划、管理、控制以及绩效评价纳入一个全面的预算系统中，以实现企业整体经营目标的一种管理方法。其基本目标包括以下几点。

1. **综合规划**

全面预算管理是一种企业综合管理方法，其旨在通过综合规划，使企业各项业务活动之间的关系更加密切，实现整体优化和协调。全面预算管理通过对各项活动的预算编制和控制，实现对企业资源的科学配置和有效利用，使企业在各业务领域之间更好地协调，提高企业整体绩效。全面预算管理的编制和控制过程涉及企业的所有活动和资源，包括人员、资金、物资、技术和市场等方面，从而实现企业整体经营目标的协调和达成。通过全面预算管理，企业可以更好地协调各个业务领域，提高资源的利用效率和企业整体绩效，降低企业的成本和风险，提高企业的核心竞争力。

2. 精细化管理

全面预算管理通过制订具体的预算计划，细化了公司整体战略发展目标和年度经营计划，使企业能够更好地把握运营细节，掌握关键因素，提高企业经营效率和效益，使企业更加灵活、高效地运营。首先，全面预算管理能够将企业整体战略发展目标转化为具体的年度计划，并将年度计划细化至各部门、各月份及各种经营活动。这样做有助于企业更好地把握运营细节，从而使企业能够更加有针对性地进行资源调配，提高资源的利用效率。其次，通过对预算和实际执行情况的比较和分析，全面预算管理可以及时发现经营活动中的问题和短板，从而使企业能够更加精细化地管理和控制成本、风险和效益等关键因素。这样可以让企业更加高效地运营，从而提高企业整体绩效。最后，全面预算管理还可以帮助企业更加灵活地应对市场变化和业务需求的变化。通过制订多种情况下的预算计划，企业可以在市场环境变化时及时调整经营策略，从而保证企业的长期稳健发展。

3. 绩效评价

全面预算管理的一个重要目标是对企业整体绩效进行评价，以衡量企业的经营效果。通过对预算和实际执行情况的比较和分析，企业可以对经营绩效进行量化和分析。在全面预算管理中，企业通过设置关键绩效指标和目标，对企业的各项活动进行量化，使得企业的经营绩效可以被客观地测量和分析，从而更好地把握企业的发展方向和重心。在全面预算管理中，对企业绩效的评价可以基于多种指标，如销售收入、利润、现金流量、市场份额等。这些指标可以反映企业在各个方面的表现和效益，通过对其进行量化和比较，可以更加客观地评价企业的绩效水平。同时，通过对预算和实际执行情况的比较和分析，可以发现绩效差距和潜在问题，并针对性地制订改进措施，为企业制定更加合理、科学的经营策略提供依据，从而提高企业的经营效率和效益，最终提高企业的绩效水平和核心竞争力，实现长期稳健发展。

4. 风险控制

全面预算管理还可以帮助企业降低经营风险。全面预算管理通过对各项活动的预算编制和控制，使企业更加清晰地了解自身的经营状况和潜在风险，从而能够更加及时地采取措施来应对这些风险。例如，通过预算编制，企业可以发现在某个业务领域的资金使用过多，可能导致企业在其他领域的投入不足，进而影响企业的整体经营。通过对这些风险的发现和解决，企业可以更好地控制经营风险，保障企业的长期稳健发展。此外，在全面预算管理中，企业还可以设置预警指标，及时发现潜在风险并制定对策。通过对预算和实际执行情况的比较和分析，企业可以发现企业经营状况的异常和潜在风险，并及时采取措施来应对这些风险，提高资源的利用效率和企业整体绩效。这样，企业可以在风险发生之前预警并控制风险，从而更好地保障企业的长期稳健发展。

10.1.2 全面预算的主要内容

全面预算的内容与编制方法，因企业的性质（营利性组织与非营利性组织）和规模（大型企业与中小型企业）的不同而有所不同。全面预算应该包括经营预算、财务预算和资本预算三大部分。全面预算的基本框架如图 10－1 所示。

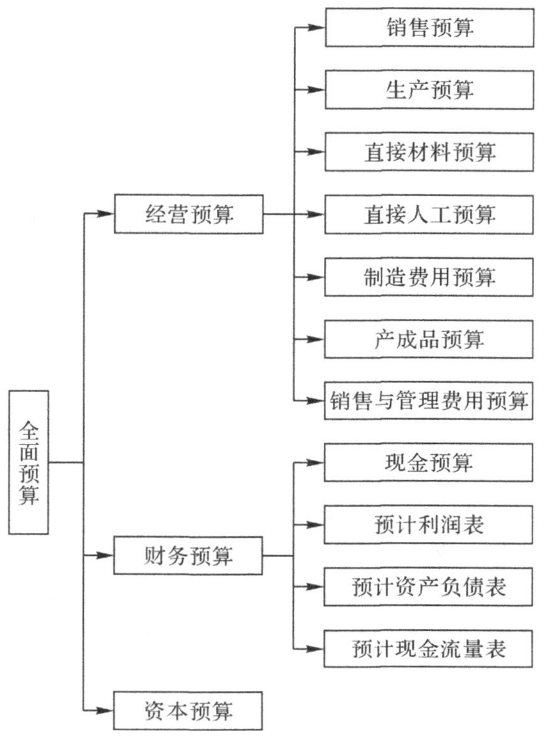

图 10-1 全面预算的基本框架

1. 经营预算

在全面预算管理下，经营预算是其中重要的一个部分。经营预算是指企业在一定期限内（通常是一年）制定的各项业务活动的预算。

1）销售预算

销售预算是经营预算的基础，对企业的预算编制和决策制定具有重要的指导作用。销售预算需要充分考虑市场环境和竞争情况，同时还需要对企业内部的产品研发、生产、销售等部门进行充分协调，以确保销售预算的准确性和实用性。在进行销售预算时，企业需要考虑多种因素，包括宏观经济环境、市场竞争状况、产品定位、市场营销策略等，同时还需要考虑企业自身的产品研发、生产、销售能力等内部因素。通过综合分析这些因素，企业可以得出一个合理的销售预测，以为预算编制和经营决策提供重要参考。同时，在进行销售预算时，企业需要采用科学的方法和工具，如市场调研、历史数据分析、趋势分析、回归分析等，以提高预测的准确性和可靠性。此外，企业还应该定期对销售预算进行修正和更新，以确保预算的实用性和适应性。

2）生产预算

生产预算是企业在特定时期内，根据销售预测和生产能力制订计划，以确定所需资源和成本，进而安排生产活动的过程。通过制定生产预算，企业可以考虑到销售预测、原材料需求、人力资源、生产成本等因素，从而为企业提供了一个全面的生产规划和控制框架。生产预算与其他预算的协调有助于实现整体目标的一致性。例如，生产预算与销售预算密切相关，通过协调两者之间的关系，可以避免生产过剩或不足的情况，确保生产能够满足市场需求。此外，生产预算还与直接材料预算和直接人工预算等其他预算进行协调，通过对生产活动的规划和控制，与其他预算相互关联，实现整体目标的一致性，并为企业提供有效的生产管理手段，以确保资源的合理配置和成本的控制。

3)直接材料预算

直接材料预算是企业根据销售预测和生产计划，对所需的直接材料进行估算和规划的过程。其主要目的是确定在特定时期内所需的直接材料数量和成本，以便确保生产能够按计划进行，并帮助控制和优化成本。它将销售预测、生产计划和原材料成本等因素综合考虑，为实现生产目标提供了指导和依据。直接材料预算在全面预算管理中对企业具有重要的作用。

首先，它帮助企业规划生产活动。通过分析销售预测和生产需求，直接材料预算可以确定所需的直接材料数量和种类，从而为生产计划提供准确的依据。这有助于企业合理安排生产资源、人力和设备，并确保按时满足市场需求。其次，直接材料预算能够有效地控制成本。直接材料通常占据产品成本的较大比例，因此通过制定和执行直接材料预算，企业可以更好地控制和优化成本。最后，直接材料预算确保按计划实现产品的供应和交付。通过有效地管理直接材料采购和库存，企业可以减少因直接材料短缺而导致的生产中断风险。合理编制和执行预算可以提前预见问题并及时采取措施，确保所需的直接材料能够按时供应，以满足客户的需求并维持良好的交付周期。

4)直接人工预算

直接人工预算是在全面预算管理框架下，专门用于规划和控制直接人工成本的预算。它涵盖了与直接劳动密切相关的费用和资源，包括工资、薪酬福利、培训成本等。通过制定直接人工预算，企业可以评估并安排所需的直接人工数量和技能水平，确保生产活动按计划进行，并控制直接人工成本的支出。直接人工预算与其他预算相互关联，共同构成全面预算管理体系。例如，销售预算提供了销售量和市场需求的信息，直接人工预算根据这些信息确定所需的直接人力资源；生产预算确定了生产计划和产量目标，直接人工预算帮助企业规划和分配人力资源以支持生产需求。全面预算管理需要各个预算之间的协调和一致。直接人工预算应与其他预算相互配合，确保整个预算体系的有效运作。它需要根据企业的战略目标、市场需求和资源情况进行编制，并定期与实际情况进行比较和调整。

5)制造费用预算

制造费用预算在整个预算过程中发挥着重要的作用。制造费用预算是在全面预算管理框架下，专门用于规划和控制制造过程中的各种费用的预算。制造费用预算反映除直接材料、直接人工以外的其他一切生产费用的预算。通过制定制造费用预算，企业可以评估并安排所需的资源和投入，确保生产活动按计划进行，并控制制造费用的支出。制造费用预算与其他预算相互关联，共同构成全面预算管理体系。例如，销售预算提供了销售量和市场需求的信息，制造费用预算根据这些信息确定所需的产能和制造资源；直接人工预算、直接材料预算和制造费用预算一起决定了产品的生产成本；财务预算则将制造费用纳入整体财务规划和控制之中。制造费用预算的编制需要考虑企业的战略目标、市场需求和资源投入，并与其他预算相互配合，以实现企业的经营目标。

6)产成品预算

产成品预算专门用于规划和控制产成品的相关成本和产量。全面预算管理需要企业设定明确的目标和指标,产成品预算帮助企业确定产成品销售目标和需求规划,以及相应的产成品产量和品种。它为其他预算提供了生产方面的数据和指导,并确保整个预算体系与企业目标一致。产成品预算中包含了产成品的相关成本,如直接材料、直接人工、制造间接费用等。通过设定预算和实际成本之间的比较,企业可以及时发现成本超支或节约的情况,评估所需的人力、设备、原材料等资源,并采取相应的措施进行调整,协调各个预算之间的一致性,确保生产能力与市场需求相匹配,以实现企业的目标。

7)销售与管理费用预算

销售与管理费用预算是指企业在全面预算管理中制定的针对销售和管理活动的费用计划。它是预测和安排销售部门和管理部门所需的费用,包括销售人员薪酬、广告宣传费用、市场推广费用、办公设备和供应品费用等,在全面预算管理中扮演者重要角色。全面预算涵盖了企业各个方面的预算,销售与管理费用预算专门关注销售和管理活动的费用规划,为整个综合预算体系提供支持,帮助企业设定明确的目标和指标,并基于这些目标来确定相关的费用预算。通过编制销售与管理费用预算,企业可以合理分配和利用资源,包括人力、资金和物资,以支持销售和管理活动。它有助于优化资源利用,确保费用与企业目标相一致。

2. 财务预算

财务预算是指企业在制定全面预算的过程中,对企业财务方面进行预测和规划,以实现企业财务管理的目标。财务预算通常包括资产负债表、利润表、现金流量表等财务报表的编制和分析,以及相关财务指标的预测和分析。在编制财务预算时,企业需要考虑到多个因素,如预计的销售收入、成本和费用的变化、投资计划、融资需求等。这些因素需要与企业的长期战略和短期计划相一致,并且需要符合企业内部的财务政策和管理要求。具体来说,财务预算包括以下内容。

1)现金预算

现金预算是指根据企业的经营计划和资金预算,预测企业未来一定时期的现金收入和现金支出情况,以便为企业的现金管理和筹资决策提供依据。现金预算的主要目的是确保企业能够按时足额地偿还债务,同时还能满足企业的日常经营和投资活动所需的现金流量。

现金预算通常分为两个方面,即现金收入预算和现金支出预算。现金收入预算预测企业在未来一定时期内所有来源的现金收入,包括销售收入、利息收入、投资收益等。现金支出预算预测企业在未来一定时期内的所有现金支出,包括采购成本、劳务成本、租金、利息支出、税费支出、投资支出等。通过现金预算,企业可以预测未来的现金流量状况,发现资金缺口和过剩的情况,制订合理的资金筹集和运用方案,以保证企业的资金供给和现金流动性。此外,现金预算还可以帮助企业评估不同的经营决策对现金流量的影响,如开展新的业务、投资新项目、扩大生产规模等。通过现金预算,企业可以更好地管理现金流量,降低经营风险,保证企业的长期稳健发展。

2)预计利润表

预计利润表是财务预算中的一项重要内容,它是基于销售预测和成本预测编制的一张表格,用于预计企业在未来一定时期内的收入、成本和利润等财务指标。

预计利润表通常包括以下主要内容：①销售收入，指企业在预算期内预计实现的销售收入。该项收入通常根据销售预测来进行预测，预测时需要考虑市场需求、价格变动、竞争情况等因素。②销售成本，指企业在预算期内预计实现的销售成本，包括直接材料成本、直接人工成本、制造费用等。该项成本的预测需要考虑企业生产规模、生产成本、材料价格变动、人工成本等因素。③毛利润，指企业在预算期内预计实现的销售收入减去销售成本后的余额，反映企业的经营效益。该项数据对企业管理层进行经营决策具有重要的参考价值。④费用支出，指企业在预算期内预计发生的各项费用支出，包括销售费用、管理费用、研发费用等。该项支出需要考虑企业的经营规模、市场竞争状况、研发投入等因素。⑤利润总额，指企业在预算期内预计实现的毛利润减去各项费用支出后的余额。该项数据反映企业的盈利能力，对企业管理层进行经营决策具有重要的参考价值。⑥税前利润，指企业在预算期内预计实现的利润总额减去所需缴纳的各项税费后的余额。⑦净利润，指企业在预算期内预计实现的税前利润减去所需支付的各项非税费用后的余额。该项数据反映企业的经营效益，对企业管理层进行经营决策具有重要的参考价值。

3)预计资产负债表

财务预算中的预计资产负债表是一份记录企业在未来一定时期内资产和负债状况的报表。它记录了企业在一定时间段内的财务状况，包括企业的资产和负债以及所有者权益。这个预算的目的是预测企业未来的财务状况，为企业提供决策依据。

预计资产负债表通常包括以下内容：①资产部分，列出企业在预算期内所有的资产项目，包括流动资产和固定资产，如现金、存货、应收账款、固定资产等，同时还包括递延资产等。②负债部分，列出企业在预算期内所有的负债项目，包括流动负债和长期负债，如应付账款、短期负债、长期负债等。③所有者权益，包括企业所有者对企业的投资和收益，如股东投资和留存利润等。在预计资产负债表中，资产总额应该等于负债总额加上所有者权益。这样可以确保资产和负债之间的平衡，并且反映了企业的整体财务状况。通过对预计资产负债表的分析，企业可以了解到自身的财务状况，包括企业的资产和负债情况、偿债能力、资本结构等。这些信息对企业的经营决策和战略制定非常重要。

4)预计现金流量表

预计现金流量表用于预测企业未来一段时间内的现金流入和现金流出情况。它能够帮助企业管理者及时了解企业现金的流动情况，以便做出相应的财务决策。

预计现金流量表通常包括三个部分：经营活动现金流量、投资活动现金流量和筹资活动现金流量。其中，经营活动现金流量主要反映企业日常经营所产生的现金流入和流出情况，投资活动现金流量主要反映企业对固定资产等投资项目所产生的现金流入和流出情况，筹资活动现金流量主要反映企业融资和还债所产生的现金流入和流出情况。预计现金流量表的编制需要考虑多个因素，例如销售收入、采购成本、经营费用、税费、固定资产投资、融资、还款等，以及这些因素对现金流量的影响。通过分析和预测这些因素，企业可以预测未来一段时间内的现金流量状况，并及时采取相应的财务措施，以确保企业资金的安全和稳定运转。

3.资本预算

资本预算，也称投资预算，指的是企业在一定时期内计划进行的资本性支出项目，如购买新设备、新建厂房等。资本预算的目的是对企业长期投资进行决策，保证企业长期发展的资金需求得到满足。资本预算的编制过程需要考虑多个因素，包括项目的投资金额、预计的现金流量、折旧、残值、利率、税率等。首先，需要评估项目的潜在收益，确定项目的投资金额和预期回报。其次，需要考虑项目的现金流量，包括投资前期的资金支出和投资后期的现金流入和流出，以及项目的持续期间。最后，需要考虑资产的折旧和残值，以及税率和利率等因素的影响。资本预算的编制需要严格的财务分析和评估，通常需要进行敏感性分析和风险评估，以评估不同的假设条件下的项目收益和风险。资本预算的编制需要遵循公司的预算编制流程，并得到高层管理者的批准。在实施过程中，企业需要对项目的执行情况进行监控，确保项目的实施达到预期目标，并及时调整预算计划，保障企业的长期稳健发展。

在全面预算管理中，资本预算起着重要的作用。资本预算的编制包括以下步骤。

(1)识别投资项目。企业首先需要识别出所有可能的投资项目，包括新建项目、扩建项目和改造项目等。

(2)评估投资项目。在确定投资项目后，企业需要对这些项目进行评估。评估投资项目通常需要考虑的因素包括项目的资本回报率、现金流量、风险等。

(3)编制投资预算。企业需要制定投资预算，包括投资额度、资金来源、投资时间等。投资预算的编制需要综合考虑企业的现有资产、财务状况以及未来的经营计划。

(4)进行投资决策。在完成投资项目评估和预算编制后，企业需要进行投资决策。投资决策需要考虑多方面因素，包括项目的潜在风险、预计的回报率等。

(5)监控投资项目。一旦投资项目被批准，企业需要对投资项目进行监控，确保项目按照预算和计划进行。在项目实施过程中，企业需要不断进行现金流量分析和风险控制等工作。

严格地说，销售预算、生产预算、直接材料预算和直接人工预算主要分别由销售部门、生产部门、采购部门和人力资源管理部门负责，并不完全属于财务部门职责范围，但是，这些预算最终都涉及财务资源的配置问题。只有理解过程(根源)，才能理解结果。全面预算的编制过程不仅要“知其然”，更要“知其所以然”。由此可见，全面预算体现了跨界合作，彰显了业财融合的特征。全面预算的各个部分之间紧密联系，浑然一体。基于市场经济环境，企业的生产经营活动必须以市场为导向。因此，销售预算是全面预算的起点和基础。全面预算各个组成部分之间的联系如图 10－2 所示。

由图 10－2 可见，企业面临的市场环境与发展战略决定了企业的销售预算和长期销售预测。长期销售预测可能影响销售预算，也可能影响资本预算，而资本预算必然影响现金预算、预计资产负债表和预计现金流量表。而销售预算影响现金预算、预计利润表、预计资产负债表和预计现金流量表。与此同时，销售预算要考虑期末预算和销售与管理费用预算，进而决定生产预算。生产预算决定直接材料预算、直接人工预算和制造费用预算，而直接材料预算、直接人工预算和制造费用预算不仅影响产成品预算，还影响现金预算、预计利润表、预计资产负债表和预计现金流量表。企业的经营活动都需要花钱，而经营活动之后，又可能赚钱，可谓“万涓成水，终究汇流成河”，这里的“河”就是现金预算。因此，现金预算是全面预算的核心。总之，企业战略指引全面预算，全面预算引领经营活动。全面预算是一个以战略和市场为导向，以销售预算为基础，以现金预算为核心的完整预算体系。

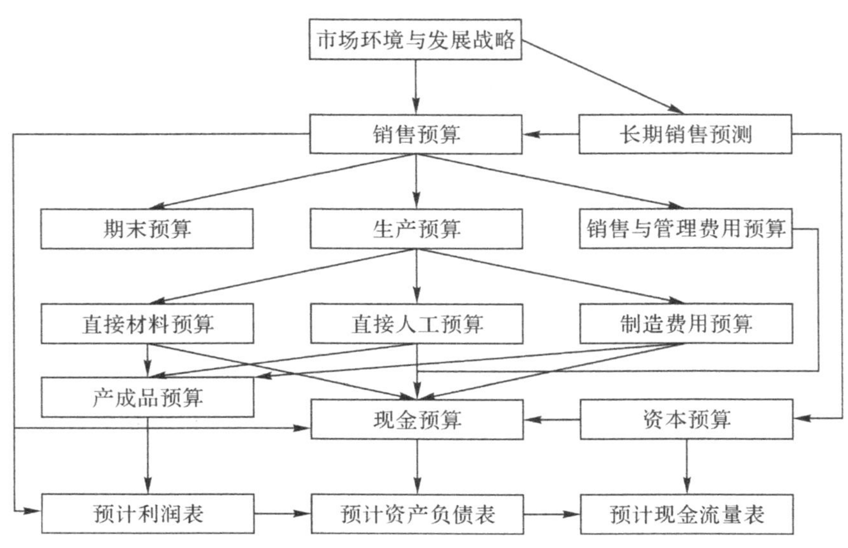

图 10-2 全面预算各个组成部分之间的联系

10.1.3 全面预算编制的原则

全面预算编制是企业预算管理的核心内容。全面预算编制过程需要遵循一定的原则，以保证预算的准确性、可行性和科学性。

1. 综合性原则

全面预算编制需要综合考虑企业各个业务领域的预算需求，充分协调各项业务预算之间的关系，确保企业整体预算的完整性和协调性。

2. 实事求是原则

全面预算编制需要以实际情况为基础，确保预算的准确性和可靠性；同时，还要充分考虑各种不确定性因素，以避免预算过于理想化或过于保守。

3. 灵活性原则

全面预算编制需要具备一定的灵活性，能够适应市场变化和企业经营策略的调整。预算编制过程应该充分考虑不同情况下的预算方案，以应对可能出现的风险和机遇。

4. 可比性原则

全面预算编制需要确保不同业务领域的预算数据具有可比性，便于企业对各项预算数据进行比较和分析。在编制预算时，需要使用统一的计量单位和计算方法，以便于进行横向和纵向比较。

5. 绩效导向原则

全面预算编制需要以企业整体绩效为导向，将各项预算与企业目标和经营策略紧密结合起来。在编制预算时，需要将各项预算与企业绩效指标相对应，以确保企业各项业务活动能够对整体绩效产生积极影响。

6. 参与性原则

全面预算编制需要广泛征求各级管理层和员工的意见和建议，充分调动企业内部各方面的积极性和创造性。通过参与式的预算编制，可以提高预算执行的效率和质量，促进企业整体经营水平的提高。

10.2 全面预算管理软件系统

10.2.1 全面预算管理软件系统简介

全面预算管理软件系统按其功能通常包括预算编制、预算控制、预算分析及决策支持四个主要模块，如表 10－1 所示。

表 10－1 全面预算管理软件系统的功能

功能模块	系统功能	带来的影响
预算编制	•费用预算、工程预算、投资管理、产品标准、成本计算、产品销售及利润预算等功能 •业务计划与模拟模块 •业务/财务数据模型 •权限管理功能 •自动的数据分发汇总功能 •财务智能工具 •版本管理功能	•实现对投资项目预算的制订、下达，对费用、工程及投资预算等进行实时业务控制，满足预算录入与预算实时控制的需求 •存储预算结果，可作为系统业务计划与模拟模块的信息来源 •能够通过建立各种复杂的业务和财务数据模型实现对经营活动的计划，并且能够适应不断变化的管理需求和业务逻辑 •通过预定的权限管理功能保证企业的数据安全 •提供预算管理的流程、自动的数据分发和汇总支持，提高预算流程管理的效率 •提供财务智能工具，简化预算编制中大量的财务规则和财务计算，提高编制效率 •具有版本管理功能，保存预算编制、调整过程中产生的不同版本的数据
预算控制	•预算实时控制功能	•通过系统的预算实时控制，企业预算管理部门可以很方便地对各预算单位的预算进行有效的预警和控制 •系统内预算控制和系统外日常审批流程相结合，可望达到事前控制的目标 •在审批流程中，业务活动发起人和审批人能够从系统中实时得到该项预算信息（预算数、预算已经发生数、预算余额等），并据其判断业务活动能否发生

续表

功能模块	系统功能	带来的影响
预算分析	• 支持多维数据分析 • 数据接口工具 • 预测、模拟的功能	• 系统在多维度的数据模型上进行预算分析，对已有预算和实际发生数据可做灵活、快速的多角度分析查询，无须通过定义复杂的报表或公式 • 数据接口工具能整合分散的财务和业务数据（包括不同业务系统中的数据） • 在差异产生后，系统预测、模拟功能可以快速做出预算调整
决策支持	• 商业信息（business intelligence）和企业业务部门门户（business portal）相结合	• 为管理决策层提供直观的、易用的数据分析与展示界面 • 动态显示预算的关键性指标数据及指标的实际执行情况 • 针对特定指标挖掘明细的业务、财务数据

10.2.2 全面预算管理软件系统的设计原则

全面预算管理软件系统的设计需要充分考虑用户的需求和企业的实际情况，同时还需要注重数据的准确性和安全性，提高预算管理的效率和精度，为企业决策提供更加可靠的支持。为此全面预算管理软件系统的设计原则包括以下几个方面。

1. 用户友好性

用户友好性是指系统需要具有简单易懂、易于操作的特点，使用户能够快速上手并高效地完成各项任务。用户友好性主要考虑以下方面：

(1)界面简单直观。软件系统的用户界面需要设计得简洁明了，让用户一目了然地看到需要的信息和操作。各种预算信息的排列应当合理，让用户可以快速找到需要的内容。同时，系统需要有良好的反馈机制，让用户清楚地知道每一步操作的结果和状态。

(2)易于操作。系统的操作应当简单易懂，让用户可以快速上手，不需要大量时间去学习和掌握。操作过程中应当有良好的提示和指引，让用户可以快速找到需要的操作选项。

(3)可定制化。系统应当具备一定的可定制性，让用户可以根据自己的习惯和需求进行个性化设置。例如，用户可以自定义预算分析的方式，选择不同的图表和指标等。

(4)文档支持。系统需要提供详细的使用说明和帮助文档，让用户可以快速了解系统的功能和使用方法。同时，系统还需要提供在线帮助和技术支持，让用户在使用过程中可以及时获得帮助和解决问题。

2. 数据准确性和安全性

在全面预算管理软件系统中，数据的准确性和完整性是至关重要的，因为基于这些数据做出的决策会直接影响企业的经营状况和未来发展。因此，系统需要采取多种措施来确保数据的准确性和完整性。

首先，系统需要对数据进行有效的管理和维护，包括数据收集、存储、处理、分析和报告等环节。数据收集要求来源准确可靠，存储需要采用合适的数据库管理系统，处理需要符合正确的计算规则，分析需要结合业务实际进行综合评估，报告需要及时、准确地反映预算状况和趋势。其次，系统需要具备完善的数据安全机制，确保数据的保密性和完整性。这包括对数据的访问权限控制、数据备份和恢复机制、数据加密和传输安全等方面的保障。系统还需要定期进行安全审计和漏洞扫描，以及及时更新安全补丁和防病毒软件，以保障数据的安全性和可靠性。最后，系统还需要对数据进行验证和审核，确保数据的准确性和完整性。系统应该设立数据审核机制，包括数据的逻辑验证、计算公式的验证、数据的一致性验证等，确保数据的正确性。同时，系统还应该设置审计日志，记录数据的修改和操作历史，以便于追踪数据的来源和变化。

3. **灵活性和自动化**

灵活性是指系统能够灵活应对各种预算变化，能够随时进行修改和调整，同时还能够自动适应不同的数据来源和计算规则。预算是一个动态的过程，企业的经营环境和市场情况会发生变化，全面预算管理软件系统需要能够快速响应这些变化，同时还需要能够自动适应不同的数据来源和计算规则。例如，如果一个企业决定推出新产品，系统需要能够快速进行预算调整，包括销售预测、成本预测、利润预测等方面。此外，系统还需要支持不同的货币和汇率计算，以适应不同的国际业务需求。自动化是指系统能够自动执行各种预算计算和分析任务，减少人工干预，提高效率和准确性。预算管理涉及大量数据的处理和分析，而手动计算和分析容易出现错误，并且效率低下。全面预算管理软件系统可以自动完成预算计算和分析任务，例如自动进行销售预测、成本预测、利润预测、现金流预测等，同时还可以进行多维度的数据分析和可视化展示，帮助企业更好地了解经营状况和制定决策。

4. **集成性**

系统的集成性是全面预算管理软件系统中非常重要的一项设计原则，需要能够与企业其他信息系统进行无缝集成，以便确保数据的一致性和准确性。在企业中，预算数据往往需要与其他业务系统如财务、采购、销售等进行交互和共享，因此，系统需要具备开放性和灵活性，能够与多种系统进行集成，实现信息的流通和共享。

在实际的应用中，全面预算管理软件系统通常会与企业的ERP、CRM、SCM等系统进行集成。例如，系统可以与ERP系统集成，自动获取财务数据和成本数据，以便更加准确地进行预算分析和预测；或者与CRM系统集成，获取销售数据和客户信息，帮助企业更好地预测市场需求和销售趋势，优化销售预算和营销策略。同时，系统的集成性也需要考虑数据的安全和保密性。在集成过程中，需要进行严格的数据授权和权限管理，确保只有经过授权的用户才能访问和使用相关数据。此外，还需要建立相应的数据接口和数据传输协议，以确保数据的安全和完整性，避免数据泄露和篡改等安全问题的出现。总之，系统的集成性能够帮助企业实现信息共享和流通，提高预算管理的效率和精度，为企业的决策提供更加可靠的支持。

5. **扩展性**

系统的扩展性是指系统能够适应不断变化的预算管理需求，并且能够通过二次开发和定制化来满足企业的特定需求。一个具有良好扩展性的全面预算管理软件系统应该具备以下特点：

(1)模块化设计。系统应该采用模块化设计,将不同的功能模块分离出来,使得系统的各个模块能够独立开发和部署,并且能够相互协调工作。这样,当企业的预算管理需求发生变化时,可以通过增加或删除某些模块来扩展或缩减系统的功能。

(2)可插拔架构。系统应该采用可插拔架构,使得系统能够扩展和替换不同的组件。这样,当企业需要使用新的预算管理工具时,只需要在系统中添加相应的插件,而不需要对系统的核心部分进行修改。

(3)易于定制。系统应该具有良好的可定制性,能够根据企业的具体需求进行二次开发和定制化。这样,企业可以根据自己的特定需求对系统进行调整和扩展,以更好地满足其预算管理的需要。

(4)具备标准接口。系统应该具备标准接口,能够与其他系统进行无缝集成。这样,企业可以将预算管理系统与其他系统相结合,以实现更高效的信息流通和管理。

总之,系统的扩展性是全面预算管理软件系统设计中非常重要的一方面。一个具有良好扩展性的全面预算管理软件系统能够满足企业不断变化的预算管理需求,提高系统的灵活性和适应性,为企业决策提供更加可靠的支持。

10.3 全面预算管理系统分析

10.3.1 全面预算管理系统的组织体系

企业编制了全面预算只是企业实施全面预算管理的起点和基础。如何防止全面预算流于形式,使全面预算管理成为一种名副其实的全面的管理模式,是企业实施全面预算管理可能面临的一个现实问题。为此,企业必须建立和健全全面预算管理的组织体系,明确全面预算管理体制和各个预算执行单位的职责权限。全面预算管理系统的组织体系通常如图 10-3 所示。根据图 10-3,全面预算管理的组织体系通常包括全面预算管理决策机构、全面预算管理工作机构和全面预算管理执行单位三个层次。

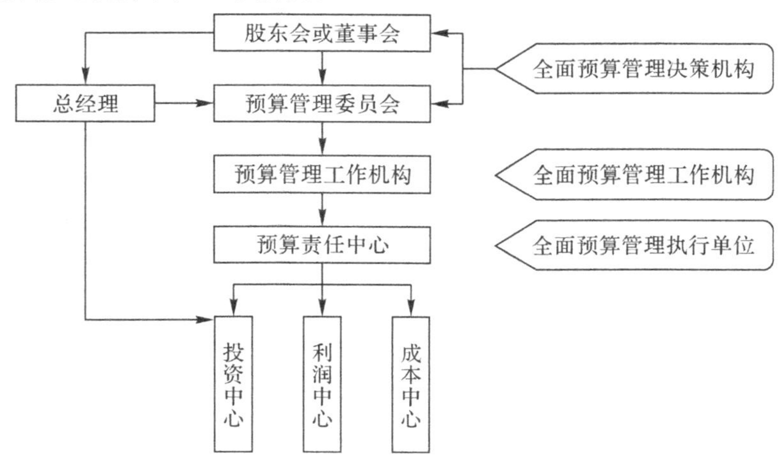

图 10-3 全面预算管理系统的组织体系

1. **预算管理委员会**

预算管理委员会是企业全面预算管理的决策机构，同时，也为企业实施全面预算管理提供组织保障。全面预算综合反映了企业的不同层级、不同单位在预算期间应该实现的目标和完成的任务，而企业的不同层级、不同单位的工作必须协调一致。从这个角度看，全面预算是连接企业内部不同层级和单位之间沟通与协调的桥梁。全面预算各项指标的确定就是企业内部不同层级和单位之间相互沟通与协调的结果。如前所述，全面预算的编制涉及企业的各个部门，单靠某个部门难以完成。因此，企业应该设立超越具体职能部门的预算管理委员会，以便从组织上保障全面预算的顺利实施。预算管理委员会具体负责全面预算的协调、编制和执行，通常由企业的总经理，分管战略、研发、技术、销售、生产、财务和人力资源等部门的副总经理和董事会成员组成。

2. **预算管理工作机构**

预算管理委员会通常并不是一个常设机构，企业应该在预算管理委员会下设预算管理工作机构，履行预算管理委员会的日常管理职责。预算管理工作机构通常设在财务部，其主任通常由总会计师(或财务总监、分管财务与会计工作的副总经理)兼任，其日常工作人员除了财务部人员之外，还应该包括战略与规划、人力资源、投资、生产、销售、研发和技术等业务部门人员。

3. **预算责任中心**

预算责任中心是根据企业全面预算确定的目标，应该承担一定经济责任并享有相应权力和利益的内部预算责任单位，包括内部各个职能部门、所属分(子)公司等。根据权责范围，预算责任中心通常可以分为投资中心、利润中心和成本中心。预算责任中心在预算管理委员会和预算管理工作机构的指导下，具体组织开展各自的预算编制工作并严格执行批准下达的预算。各个预算责任中心负责人应当对本责任中心的预算执行结果负责。

10.3.2 全面预算管理的基本流程

全面预算管理的基本流程如图10-4所示。全面预算管理的基本流程通常包括预算编制、预算执行和预算考核三个阶段。

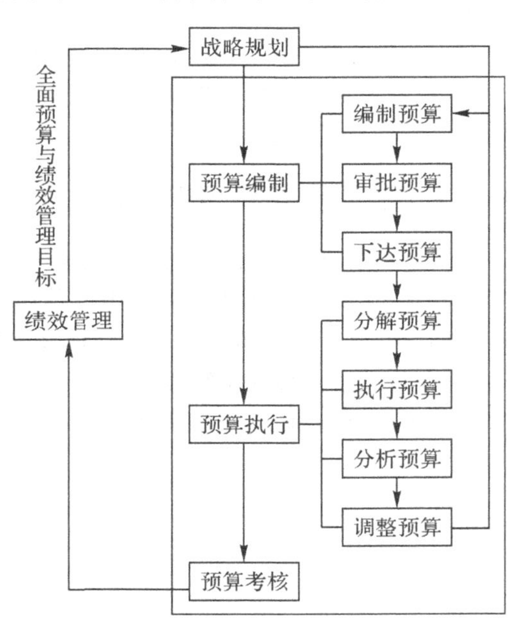

图10-4 全面预算管理的基本流程

1. **预算编制**

预算编制是全面预算管理的起点，编制全面预算是全面预算管理的重要阶段。不过，企业编制的全面预算必须经过预算管理委员会的审批，才能以文件形式正式下达并实施。因此，预算编制阶段包括编制预算、审批预算和下达预算三个具体环节。

2. **预算执行**

如果企业编制的全面预算不能得到有效执行，那么全面预算编制得再好也没有用。因此，预算执行是全面预算管理的关键。预算执行阶段包括分解预算、执行预算、分析预算和调整预算四个具体环节。企业的全面预算一经审批下达，各个预算执行单位应当认真组织实施，将全面预算指标层层分解，落实到具体责任中心和责任人，形成各个预算执行单位的责任预算。根据全面预算执行的进度和阶段成果，定期召开全面预算执行分析会议，发现、分析和解决全面预算执行过程出现的问题，探究其原因和责任，提出解决措施。当然，在预算执行期间，企业所面临的内外部环境可能发生重大变化，从而使得原先编制的全面预算脱离现实环境。这时，就需要根据全面预算调整程序调整全面预算。调整全面预算通常由预算执行单位逐级向预算管理委员会提出申请，详细说明预算调整理由、调整建议方案、调整前后预算指标的差异、调整后的预算指标是否或如何影响企业全面预算目标的实现等问题。

预算管理工作机构应当审核分析预算执行单位提交的预算调整报告，集中编制年度预算调整方案，提交给预算管理委员会。年度预算调整方案经预算管理委员会审议、批准之后，再次下达给各个预算执行单位。

3. **预算考核**

如果企业没有编制全面预算，预算考核将失去应有的基础；而没有预算考核，全面预算形同虚设。如此一来，如果企业以全面预算为基础的预算考核不严格、不合理、不到位，那么企业的全面预算目标难以实现，全面预算管理往往流于形式。因此，企业还需要根据全面预算与绩效管理目标，建立严格的预算执行考核制度，定期考核各个预算执行单位和个人，将预算执行情况纳入考核和奖惩范围，切实做到有奖有惩、奖惩分明。

最后值得注意的是，上述全面预算管理各个环节中，编制预算与审批预算、审批预算与执行预算、执行预算与考核预算属于职责或岗位不相容的环节。这是企业设置全面预算管理基本流程必须注意的重要问题。

10.3.3 全面预算管理系统的主要功能模块

全面预算管理系统提供了预算编制与预算调整、预算执行和预算评价等涉及预算管理全过程的功能，支持企业销售预算—生产预算—采购预算—费用预算—投资预算—筹资预算—预计利润表—预计资产负债表—预计现金流量表的全面预算编制过程，并通过预算方案的管理，使企业可以选出最佳预算方案，指导企业运营。

从系统的目标出发，全面预算管理系统主要包括如图 10－5 所示的功能模块。

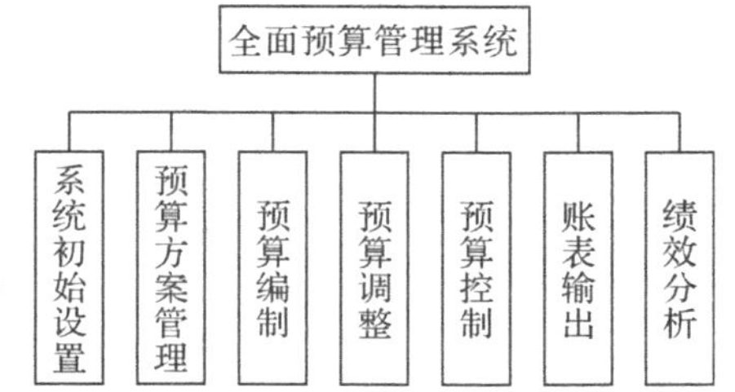

图 10－5　全面预算管理系统的主要功能模块

1. 系统初始设置

系统初始设置就是对系统正常运行所必要的基础资料、系统参数选项进行设置和管理。正确、全面初始化是成功应用全面预算管理系统的基础，也是企业预算管理工作的前提。全面预算管理系统的初始化主要包括基础资料（公共基础资料、预算管理系统基础资料、预算管理相关的其他业务系统基础资料）设置、系统参数设置、用户管理和日志信息管理。企业应该根据自身需要和系统要求进行适当的初始设置。

2. 预算方案管理

预算方案定义了企业预算总括性的计划，如是否进行全面预算、是否进行滚动预算等。根据系统参数中对“主预算”类型的设置，预算方案的编制还要区分不同的类型。在进行具体的预算编制前，必须先制订预算方案，明确编制预算时应遵循的先决条件，包括提供的与该套预算有关的所有信息，然后才能进行责任预算的编制。编制责任预算时要严格执行预算方案的规定。

3. 预算编制

预算编制是形成企业各种具体预算数据的过程。它是全面预算管理系统的核心功能，一切的基础定义都是为了预算编制的进行，而预算控制等功能也是围绕预算编制实现的。

4. 预算调整

预算编制完成之后，预算成为企业未来一段时期生产经营的共同目标及准则，所以整个预算体系应该是严肃的、严谨的、共同遵守的。当然，随着市场情况的变动、企业自身状况的调整，任何一个企业在实际的预算执行过程中，都有可能出现调整和修正经营目标的情况，这些调整可能是定期的调整，如中期调整，也可能是根据实际需要随时进行的。无论何种情况，在预算开始执行之后，任何对预算数据的调整和修订，都应该是受控制的，要保留调整痕迹并可追溯。预算调整功能可以实现按流程进行预算调整，并提供了相应的控制手段。

5. 预算控制

企业制定预算的目的是指导生产经营活动，使之有序、受控，具体反映在全面预算管理系统中表现为：打通预算与总账业务的关系，使预算数据可以通过某种流程实现对总账业务在事前、事中、事后的全面控制，实现预算管理的目标。

6. 账表输出

预算编制完成之后生成的预算数据都可以以报表的形式查询和输出，这些报表详尽地反映了各种预算的具体情况。

7. 绩效分析

绩效分析是完成各责任中心经营活动的预算数据与实际数据的对比分析，反映责任中心预算执行情况与预算的差异情况。绩效分析的结果通过绩效报告进行反映。

10.3.4 全面预算管理系统的应用流程

全面预算管理系统的应用流程如图 10－6 所示。

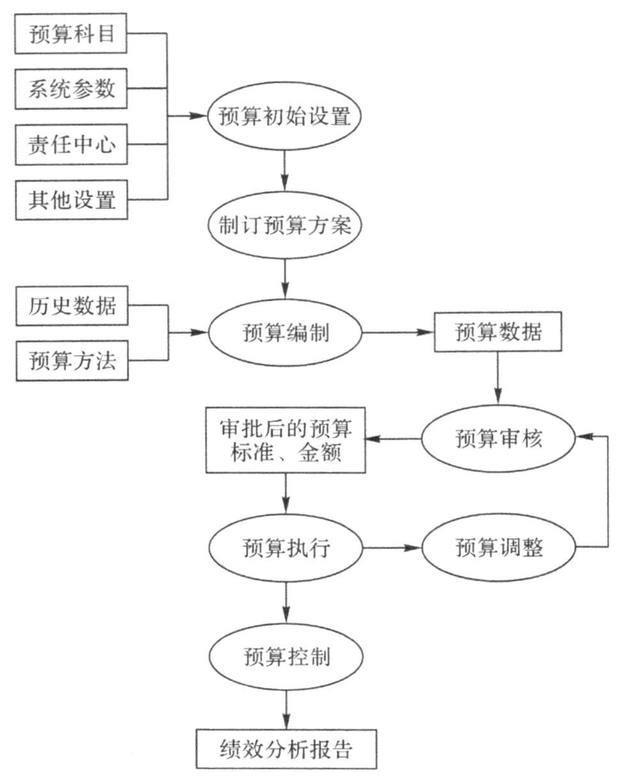

图 10－6　全面预算管理系统的应用流程

10.4　案例分析：A 企业的碳预算体系

10.4.1　背景介绍

A 企业自成立以来，秉持着“发展绿色企业，打造生态区域，实现低碳环保”的理念，始终坚持以产业政策为导向，顺应产业和区域发展的趋势，按照循环经济的科学发展模式，致力使产业结构变“轻”，发展模式变“绿”，经济质量变“优”。近年来，为了响应国家号召，紧跟国家出台的一系列鼓励碳减排的政策，A 企业开始积极推进碳减排工作。王总经理召集财务部的黄总监和燃料部、运行部、设备部等部门负责人来到会议室讨论“创新求变碳管理”的可行性，最终决定从实现绿色低碳发展的经营目标角度出发创建碳预算体系，并从财务部、运行部、经营部等部门抽调 10 个人，由黄总监牵头组建碳预算设计研究小组，撰写碳预算体系设计草案。

10.4.2　碳预算体系

为了掌握公司各个生产环节中碳排放活动、碳减排和碳交易活动情况，研究小组将前往燃料部、运行部、设备部和经营部等部门进行实地考察，并翻阅历史资料和相关财务信息。在掌握碳排放、碳减排和碳交易活动概况后，小组成员达成共识，决定首先设计碳预算体系，然后追溯两个体系之间的数据对应关系，最后将碳预算体系全面系统地嵌入原有全面预算体系中。

研究小组结合对本企业及其他企业的调研，依据国家相关政策，考虑发电企业特色并结合实际情况，确定了如图 10－7 所示的碳预算的基本流程。

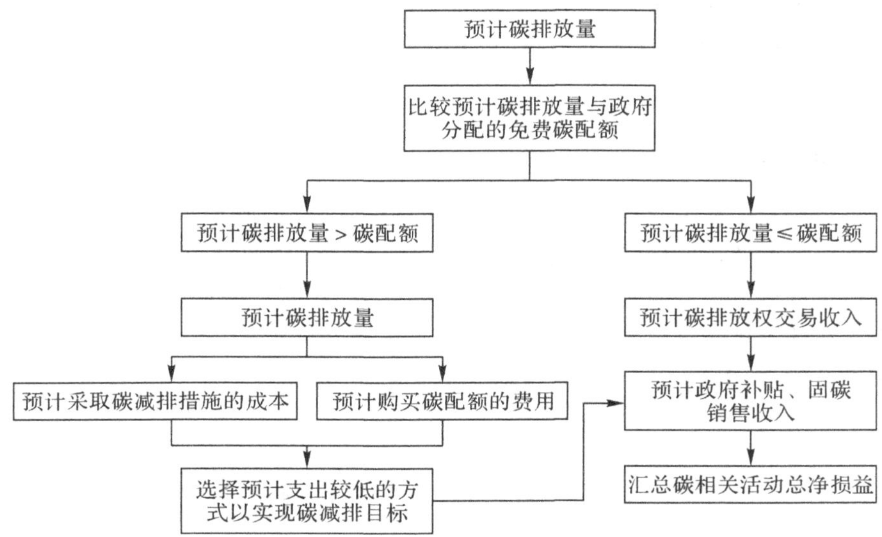

图 10－7　A 发电企业碳预算流程图

首先，预算出碳排放总量。其次，将预计碳排放量与当地政府分配的碳排放配额数进行比较并编制相应预算。最后，预计政府补贴、固碳销售带来的收入，将其与之前预计的碳减排成本、碳交易损益进行汇总，形成碳减排总损益。

在确立碳预算基本流程后，研究小组开始着手设计碳预算表。讨论过后，研究小组设计了一套适用于发电企业的碳预算表格模板。研究小组设计的碳预算表分别对应了碳排放活动、碳减排活动和碳排放权交易活动，具体内容如图 10－8 所示。

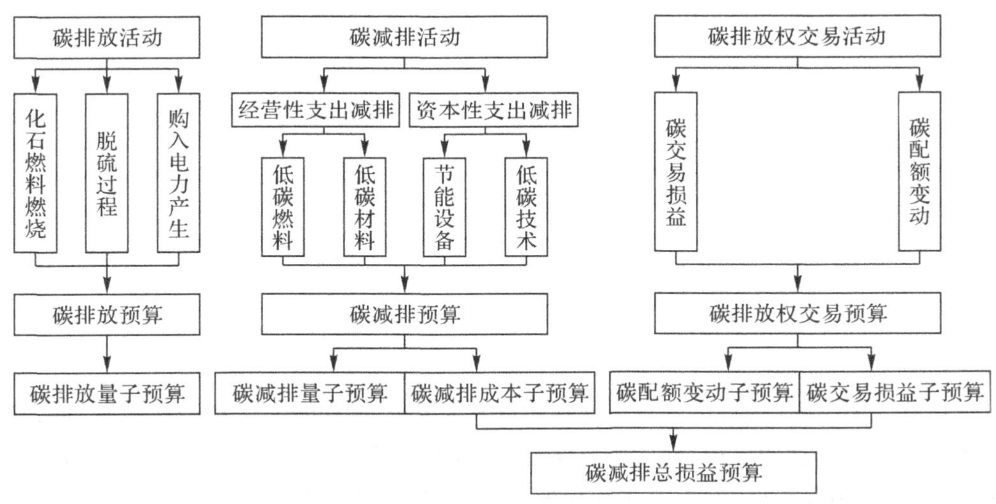

图 10－8　A 发电企业碳相关活动与碳预算表的对应关系

首先，根据碳预算流程及《中国发电企业温室气体排放核算方法与报告指南(试行)》中规定的碳排放量计算公式，预计并汇总生产流程中产生的碳排放量。其次，依据碳预算流程，编制碳减排量子预算和碳减排成本子预算。再次，根据碳预算流程编制碳配额变动子预算和碳交易损益子预算。最后，汇总碳交易损益、政府补贴收入、碳减排成本等碳相关活动产生的损益，得出总损益。

10.4.3 全面预算体系

研究小组在追溯碳相关活动中碳元素的流动路径时发现，碳元素的流动过程与公司细分业务的流程具有一致性，可以从碳元素流动的角度设计嵌入碳预算的全面预算，将碳相关活动放入碳预算模块进行考量进而实现碳预算和全面预算的嵌套。根据研讨结果，碳预算研究小组从产品需求和碳减排需求出发，将全面预算体系按照经营预算、资本预算、现金预算和碳预算四个模块进行整合，得到如图 10－9 所示的全面预算体系。

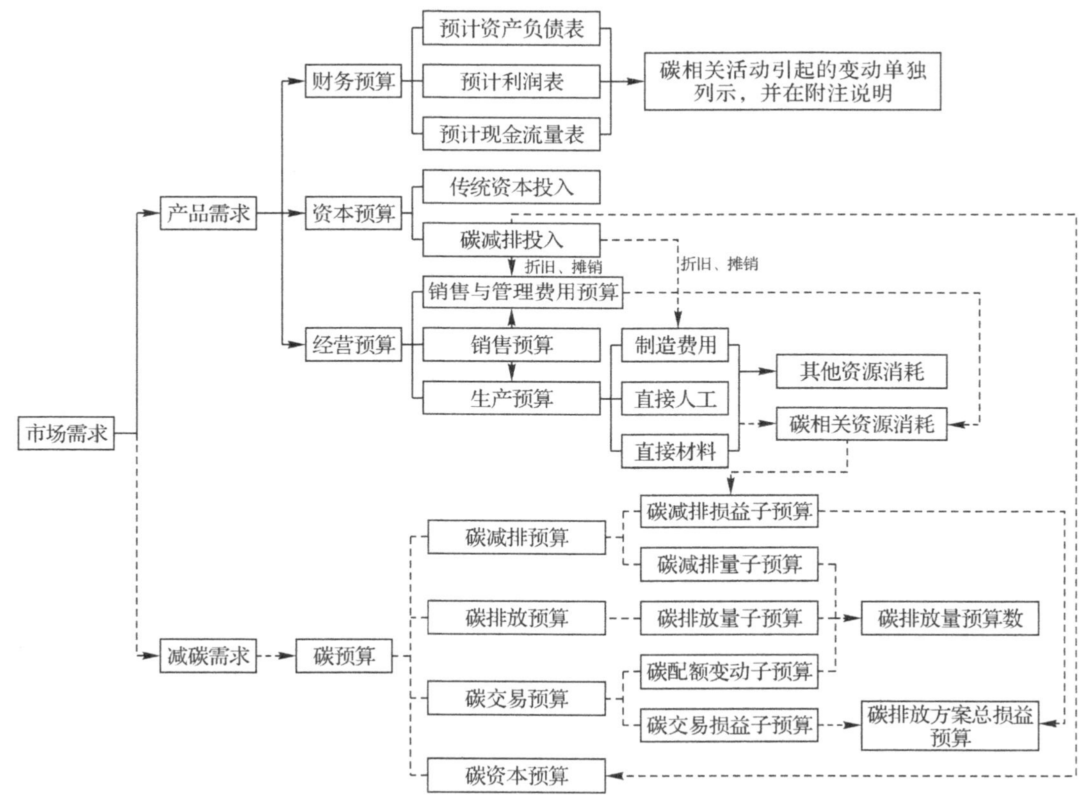

图 10－9　嵌入碳预算的全面预算体系

经营预算层面，建立碳相关的资源消耗与碳减排成本预算的连接；资本预算层面，建立碳减排投入与碳资本预算的连接；财务预算层面，将碳相关活动引起的变动单独列示，并在预算表附注里说明；碳预算层面，除了上述碳相关活动的损益预算和碳资本预算，新增碳排放量预算。至此，新全面预算模块的体系框架基本完成。

习题

名词解释

预算管理 预算编制 预算控制

简答题

1. 简述全面预算管理的基本功能。
2. 简述全面预算管理制度的基本框架。
3. 分析预算管理和公司管理的关系。
4. 分析全面预算管理在企业治理中的作用。

案例分析

某企业根据销售预测，对某种产品2023年各季度的销售量做出如下预计：2023年各季度销售量依次分别为5000件、6000件、7000件、8000件。每季度产成品期末存量为下季度销售量的20%；2023年年初和2023年年末的产成品库存量分别为700件和600件；单位产品的材料消耗定额为10千克/件，单位产品工时定额为5小时/件，小时工资率为10元/小时。要求：

(1)根据以上资料编制2023年该企业该种产品的生产预算、材料消耗预算和直接人工预算。

(2)若该企业每季度期末材料存量为下一季度预计消耗量的10%，年初材料存量为10000千克，年末材料存量为8000千克，材料计划单价为2元/千克，采购材料款当季支付现金50%，其余下季度支付。期初应付账款为50000元，企业适用的增值税税率为17%。请编制材料采购预算。

第11章 财务管理数字化的应用

学习目标

1. 了解财务管理数字化应用的关键元素。
2. 了解不同财务管理数字化应用层次所包含的主要内容及实现策略。
3. 建立系统化、集成化的财务管理数字化理念。

财务数字化在企业的数字化转型中扮演着重要的角色，作为核心模块之一，其建设是实现有效财务控制的关键环节。然而，企业集团财务数字化的实施过程具有一定的复杂性和挑战性。从管理层面来看，企业集团需要适应不同行业领域和业务板块的要求，以及应对不同的管控模式和外部市场环境的变化，因此对财务系统的灵活性和扩展性有着更高的要求。从执行层面来看，数字化可以帮助企业集团优化管理体系和流程，提高管理效率，并有效整合财务信息和业务信息。然而，企业集团在数字化实施过程中可能面临部门之间的隔阂、不一致的数字化认知、地区差异以及人员素质差异等问题，这些因素可能导致财务数字化无法顺利按计划实施。

随着数字化环境的成熟，财务管理数字化将从简单的模型应用逐渐向系统应用、集成应用和开放应用转变。按照数字化应用的范围和深度，财务管理数字化应用可以划分为三个层次：企业级财务管理数字化应用、企业集团（战略）级财务管理数字化应用和供应链级财务管理数字化应用。尽管不同层次的应用在管理重点和方法上有所不同，但它们之间并非相互排斥，而是相互融合、紧密联系的。

值得注意的是，财务管理数字化的成功实施需要解决上述挑战，并确保各级别的数字化应用能够有效地支持企业集团的发展和战略目标。

11.1 财务管理数字化应用的关键元素

11.1.1 数据管理与分析

财务管理数字化应用需要大量的数据来支持决策和分析，数据管理与分析是其中一个重要的关键元素。数据分析技术可以帮助财务部门更好地理解公司的业务运营和财务状况，掌握公司运营的重要指标和趋势，从而制定更好的财务策略和规划。在数据分析方面，数据仓库、数据挖掘、机器学习等技术都是非常重要的。

1. 数据的采集、整理和处理

1）数据采集

数据采集是数字化应用的基础，主要包括财务系统、ERP 系统、CRM 系统等各种企业信息系统中收集的数据，以及外部数据源如财经新闻、社交媒体等。数据采集需要对数据来源进行筛选，确保数据的准确性和可靠性。

2）数据整理

数据整理包括对采集到的数据进行清理、去重、转换和规范化等操作，以确保数据的一致性和可用性。这一步的目的是清洗掉数据中的冗余信息、不一致的格式、错误的数据等，使得数据能够被更好地应用于财务分析和决策支持。

3）数据处理

数据处理是将数据进行聚合、统计、分析、计算等操作，以生成有价值的信息和指标。数据处理主要包括数据转换、数据透视表、数据建模、数据挖掘等操作。这一步的目的是将整理好的数据进行深度分析，生成更多的价值。

2. 常用数据分析工具

1）Excel

Excel 是最常用的数据分析工具之一，拥有强大的数据处理和计算功能，支持数据透视表、数据图表、公式计算、宏等功能。Excel 可以帮助财务人员完成各种数据处理和分析任务，例如财务报表制作、财务分析和预测、预算和成本管理等。

2）Power BI

Power BI 是微软公司开发的商业智能工具，可以帮助企业将数据可视化并生成报表和仪表板，使数据更具可读性和可操作性。Power BI 还支持数据模型、数据集、数据流等功能，使得数据的整理和分析更加方便和高效。

3）Tableau

Tableau 是一款流行的商业智能和数据可视化工具，可以从多种数据源中提取数据并进行分析和可视化。Tableau 的强大之处在于可以轻松地将数据转换成漂亮的图表和坐标图等，使得财务数据更具可读性和可操作性。

4）Python

Python 是一种广泛使用的编程语言，可以应用于数据分析、数据挖掘、机器学习等领域。Python 具有丰富的数据分析库，可以帮助财务人员进行更加复杂和深度的数据分析。

11.1.2 人工智能与自动化技术

1. 机器学习在财务管理中的应用

人工智能和自动化技术在财务管理数字化应用中扮演着重要角色。其中，机器学习是人工智能的一个分支，它可以通过算法模型学习历史数据，发现其中的模式和趋势，然后预测未来的趋势和结果。在财务管理中，机器学习可以应用于风险评估、投资分析、预测销售额等方面，帮助企业更好地制定决策。

2. 自动化流程和智能决策

自动化流程是另一个关键元素，它可以大大提高效率和准确性。自动化流程可以应用于财务报表的制作、财务数据的采集和整理、账户对账等方面。通过自动化流程，企业可以减少人力和时间成本，同时减少错误率和风险。

智能决策是指通过人工智能技术分析数据和情况，为企业提供更好的决策支持。智能决策可以应用于风险评估、预算规划、成本管理等方面，帮助企业更好地制定决策，并且可以不断地学习和优化模型，提高决策的准确性和效率。

11.1.3 云计算和大数据

云计算和大数据技术在财务管理中的应用越来越广泛。

1. 云计算在财务管理中的应用

云计算是一种基于互联网的计算模式，可以让用户通过网络访问可扩展的计算资源，包括硬件、软件和存储资源。在财务管理中，云计算可以带来许多优势，具体如下。

1)成本节约

云计算可以帮助企业减少硬件、软件和维护等成本。企业可以根据自己的需求和使用量选择云计算服务，这使得企业可以更好地管理成本，并将资金用于其他方面的投资。

2)灵活性和可伸缩性

云计算可以为企业提供灵活的计算资源，从而使企业更加适应不同的业务需求。企业可以根据需要快速扩展或缩减计算资源，而无须关注硬件或软件的具体细节。

3)数据安全

云计算提供了高级的安全控制，可以帮助企业保护其敏感数据。云服务提供商通常采用先进的安全控制，如数据加密、身份验证和访问控制，以确保客户数据的保密性和完整性。

4)可靠性和可用性

云计算服务提供商通常会在多个数据中心提供服务，确保用户数据的备份和容灾。这种模式可以帮助企业提高服务的可靠性，并减少服务中断的风险。

在财务管理中，云计算的应用主要包括以下方面。

1)财务数据存储和处理

云计算可以帮助企业存储和处理大量的财务数据，从而支持企业的财务决策和管理。企业可以通过云计算服务提供商提供的存储和处理功能，快速、安全地存储和处理财务数据。

2)财务软件和工具

云计算可以提供各种财务软件和工具，如会计软件、财务分析工具和预算工具等。企业可以通过云计算服务提供商提供的软件和工具，实现快速部署和使用，降低成本和提高效率。

3)财务协同和共享

云计算可以支持企业内部和外部的财务协同和共享。企业可以通过云计算平台提供的协作和共享功能，方便不同部门或不同地区之间的财务数据和信息共享，从而提高工作效率。

2. 大数据技术的应用

大数据技术可以帮助企业更好地理解其客户、市场和竞争对手，从而做出更好的财务决策。大数据技术在财务管理中的应用如下。

1)财务数据分析

通过大数据技术，可以将不同来源、不同类型的财务数据整合在一起，形成更为完整和准确的财务数据信息。同时，可以利用大数据技术对这些数据进行深度分析，挖掘出隐藏在数据中的有价值的信息，提供更为准确和全面的决策支持。比如，可以通过大数据技术分析历史财务数据，预测未来的销售额、成本和利润等。

2)风险管理

大数据技术可以帮助企业进行风险管理。通过对大量的财务数据进行分析，可以发现潜在的风险，预测未来可能出现的风险，并及时采取相应的措施进行风险控制。比如，可以利用大数据技术对财务数据进行风险评估，预测可能出现的违约和信用风险，以及市场和行业的变化趋势等。

3)财务决策

大数据技术可以为企业提供更为准确和全面的财务决策支持。通过对大量的财务数据进行分析，可以发现不同因素之间的关系和规律，提供更为深入和全面的财务分析结果，帮助企业做出更加科学和明智的财务决策。比如，可以利用大数据技术对销售数据、成本数据和市场数据等进行分析，以支持财务决策，包括预算制定、资源分配和风险控制等。

4)财务管理效率提升

大数据技术可以实现财务管理效率的提升。通过对财务数据的处理和分析，可以实现财务流程的自动化和智能化，提高数据的精度和准确性，降低人工成本和错误率。比如，可以利用大数据技术对财务数据进行分类和整合，实现财务数据的自动汇总和统计，提高财务管理的效率。

总之，云计算和大数据技术在财务管理中的应用可以帮助企业更好地管理财务数据及提高决策的质量和效率。

11.2 财务管理数字化的具体应用

11.2.1 企业级财务管理数字化应用

1. 企业级财务管理数字化的主要内容

企业级财务管理数字化应用是指在企业范围内建立财务管理数字化系统，面向企业高层提供对决策有用的信息。一般来讲，企业级财务管理数字化的主要内容包括以下几点。

1)现金控制与管理

现金是指企业拥有的现款和流通票据，包括现金、银行存款、银行本票和汇票及在电子商务环境下出现的电子货币等。现金具有可任意支配、流通性强的特点，可立即用来购买商品、货物、劳务或偿还债务，能够及时满足开支的需要。但同时，现金也是收益性最低的资产，企业存有过量的现金会造成企业收益的下降。因此，现金管理的核心问题是确定最佳的现金量，也就是要在资产的流动性和盈利能力之间做出抉择。

数字化环境下，现金管理得到进一步的强化，这是因为，利用企业资源计划可以有效地对企业生产、供应链、日常管理进行规划和安排，从而可以较为精确地确定出未来一定期间内现金的流量，并将现金预算与销售、采购、费用支出等企业业务活动联系起来。此外，电子货币、网上银行等新业务的出现，使得利用数字化手段加强现金管理成为必然的选择。

企业现金管理的主要内容包括现金预算的编制、现金收支控制、现金持有量决策、网上结算管理等。其中，通过合理编制现金预算，控制企业稳定的现金流成为现金管理的核心内容。

2)预算控制及管理

预算是计划工作的成果，它既是决策的具体化，又是控制生产经营活动的依据。在财务管理活动中，实际上它已成为联系财务决策与财务控制的纽带。预算管理应具备预算体系搭建以及预算的编制、调整、控制、分析和考核等全过程的管理功能，并能与其他业务系统紧密结合，为企业的事前计划、事中控制、事后分析提供有效工具和手段。企业利用预算子系统编制预算体系、各种计划表和预算数并存放在数据库中。当经济业务发生时，该事件实时驱动相应的子系统获取信息，同时驱动预算子系统的控制器，预算控制器将计划数与实际数进行比较，根据控制方法进行有效的控制。预算考评应建立指标体系，与当期业绩直接挂钩，使预算在企业集团的管理中发挥应有的效用。在数字化环境下，科学地编制预算成为财务管理的重要内容之一。合理的预算实际上是决策结果的反映。一个科学的决策要转化为高效的执行过程，必须通过计划加以落实，而计划本身又通过预算得以体现。同时，预算又是财务控制的参照体系，通过预算控制可以及时纠正执行偏差，保证决策目标的实现。

通过预算管理数字系统的预算控制、权限设置、数据联查、执行分析、指标预警、核算管理、资金管理等一系列功能，可实现对企业各部门的预算管理和对企业整个业务流程的控制。

3)成本控制与管理

成本控制是运用系统工程的原理对企业在生产经营过程中发生的各种耗费进行计算、调节和监督的过程，也是一个发现薄弱环节、挖掘内部潜力、寻找一切可能降低成本途径的过程。科学地组织实施成本控制，可以促进企业改善经营管理，转变经营机制，全面提高企业素质，使企业在市场竞争的环境下生存、发展和壮大。

在数字化环境下，成本控制有了更多的实现途径，也有了新的内涵。在网络技术的支持下，企业可以通过与上下游企业之间形成的供应链，及时沟通信息，并通过网上交易、网上结算提高物流效率和存货周转率，降低存货水平和企业的采购成本；通过 JIT(准时)生产管理、车间管理，控制企业生产环节，降低企业生产成本；通过网上营销、客户管理减少销售费用，降低企业销售成本；摆脱传统的注重成本核算、注重单一制造成本管理的束缚，建立基于数字化平台的成本控制与管理过程。

4)企业财务绩效评价

财务绩效评价是指应用财务的指标体系对绩效进行科学适宜的评价。其内涵涉及财务指标的选取与指标体系的建立以及运用何种评价方法等。财务绩效评价将绩效评估限定在财务的范畴，具有一定的局限性，但同时又与非财务指标区别开来，有利于清晰绩效评估的层次。

在数字化时代，单纯依靠财务度量的方法不足以对企业绩效进行合理评价并完整评估企

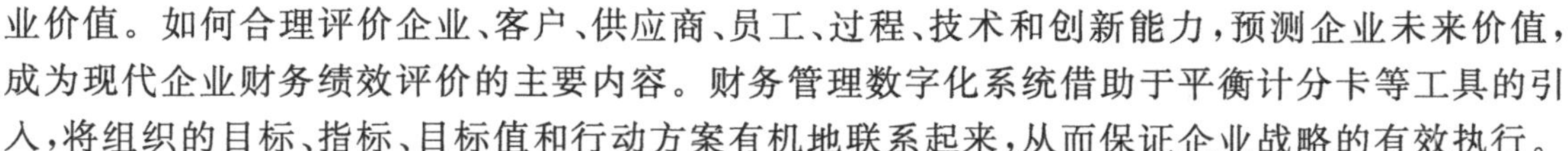

业价值。如何合理评价企业、客户、供应商、员工、过程、技术和创新能力,预测企业未来价值,成为现代企业财务绩效评价的主要内容。财务管理数字化系统借助于平衡计分卡等工具的引入,将组织的目标、指标、目标值和行动方案有机地联系起来,从而保证企业战略的有效执行。

5)财务分析

财务分析是以会计核算和报表资料及其他相关资料为依据,采用专门的分析技术和方法,对企业等经济组织过去和现在有关筹资活动、投资活动、经营活动、分配活动的盈利能力、营运能力、偿债能力和增长能力状况等进行分析与评价的经济管理活动。目前常用的财务分析方法有趋势分析法、比率分析法和因素分析法。

6)投资决策

投资决策可以正确处理和认识投资项目的技术复杂性和投资经济效益的不确定性之间的关系。现代化企业投资项目的技术结构复杂,涉及面广,影响投资实施的因素繁多,这就要求在投资项目确定之前,要全面研究投资实施中的各个有关环节,认真分析投资实施过程中各种相关的有利与不利因素,经过技术论证,选择最佳的投资方案。另外,不同的投资行动方案,将会产生不同的效益,企业为了追求最大的投资效益,就需要对各个不同的投资备选方案进行比较选优,以找出最佳的投资方案。由此可见,企业投资决策是决定一项投资成败的关键所在。在财务管理数字化环境下,投资决策通过计算机系统,采用更为先进的手段和方法,对投资项目的财务可行性进行评价,为企业投资决策提供支持,最大限度地保证了投资决策的科学性。

7)筹资决策

筹资决策是指为满足企业融资的需要,对筹资的途径、筹资的数量、筹资的时间、筹资的成本、筹资风险和筹资方案进行评价和选择,从而确定一个最优资金结构的分析判断过程。筹资决策的核心,就是在多种渠道、多种方式的筹资条件下,如何利用不同的筹资方式力求筹集到最经济、资金成本最低的资金来源。其基本思想是实现资金来源的最佳结构,即使公司平均资金成本率达到最低限度时的资金来源结构。

8)股利分配

股利分配是指企业向股东分派股利,它是企业利润分配的一部分,包括股利支付程序中各日期的确定、股利支付比率的确定、支付现金股利所需资金的筹集方式的确定等。企业在制定股利分配政策时,要遵循一定的原则,并充分考虑影响股利分配政策的相关因素与市场反应,使公司的收益分配规范化。

9)经营决策

经营决策是企业为实现一定目标,按照科学的程序方法对有关企业全局性重大问题进行分析、研究对比,选择其中一个最佳方案,并加以组织、实施的过程。经营决策主要包括生产决策、销售决策、人事决策和财务决策。在数字化环境下,企业部门间便利的信息沟通,使生产经营决策和财务决策可以实现有效的协同,共同支持企业决策。例如,根据利润规划进行生产安排,制订采购计划时控制现金支出及进行生产成本控制等。

2. 企业级财务管理数字化的实现策略

企业级财务管理数字化的实现主要面向临时性、偶然性或独立的财务管理需求,缺乏系统性,要求采用灵活的手段,迅速生成所需的决策结果或报告。因此,在企业财务管理数字化应用中,其实现策略主要是面向决策需求,利用工具软件或二次开发平台,构建财务管理模型,并通过模型调用完成相关信息分析,生成辅助决策结果。

1)利用工具软件实现财务管理模型构建

在局部应用阶段,利用工具软件实现财务管理模型构建的流程如图 11 - 1 所示。

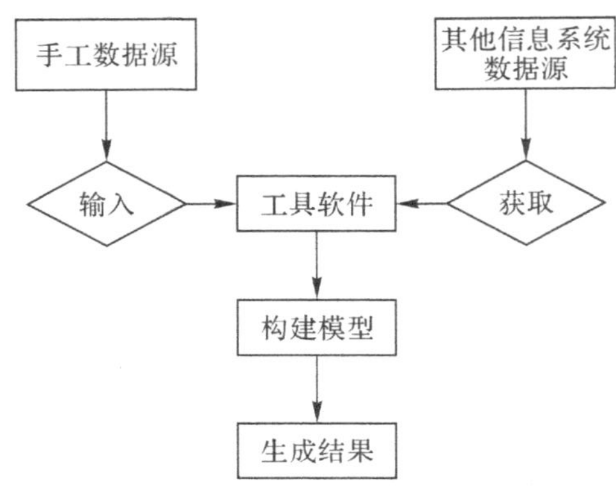

图 11 - 1　利用工具软件构建财务管理模型的流程

(1)数据获取。在这一模式下,由于缺乏覆盖企业范围的网络平台和数据仓库技术的支持,财务决策与控制所需的基础数据并没有独立地存在,而需要依赖其他信息系统提供。在局部应用阶段,数据获取的主要方式如下。

①手工录入:用于少量数据的获取。将在其他信息系统中检索的数据直接输入工具软件中。

②查询导出:利用会计软件或其他软件提供的数据导出功能,可以将查询获得的批量数据导出,并以工具软件兼容的数据格式保存。在工具软件中可以直接打开该数据。

③数据库数据导出:无论是桌面数据库还是大型数据库,均提供了数据导出功能,可以将数据库(表)以指定的格式转出,为财务管理决策提供基础数据。

④获取外部数据:工具软件提供了"获取外部数据"功能,实际上是通过 ODBC(开放数据库互联)直接访问计算机内的数据源,并通过 SQL(结构化查询语言)语句的构造,直接从数据源中检索出所需的数据。一旦"查询"语句构造完毕,可以随时更新查询。

以上四种方式,只有第四种实现了对数据的动态获取,其余的方式只适用于一次性的数据获取。但第四种方式应用难度较大,要求使用者熟悉 SQL 语句并能够识别会计信息系统的数据库结构。

(2)工具软件的选择。在局部应用阶段,主要是利用工具软件来支持财务管理的活动,通过现有的一些软件,如 Excel 等电子表格软件和 SPSS、SAS、Stata 等统计软件进行财务预测和决策,有的软件提供 OLE(对象链接与嵌入)接口,可直接进行数据传输,否则要手工输入有关财务数据。用于财务管理决策支持的工具软件应具备如下特征:首先,工具软件要提供大量的计算和分析方法。Excel 中提供了大量的函数,不仅可以完成简单的计算工作,还可以进行统计、分析、预测等方面的工作,并支持线性规划、单变量求解、数据透视等多种功能。其次,工具软件要提供构建决策模型的平台。财务管理中,大部分决策模型可以通过表格或图形的方式来构建,因此,工具软件要具有强大的表格制作能力和图形生成能力,以支持模型的构建活动。再次,工具软件应该具有一定的数据获取能力,可以帮助决策者获取所需的各种数据。实际上,在财务管理数字化初级阶段,制约决策效果的主要因素是无法获得有效决策所需的数据。工具软件虽然能够获取不同数据源下的相关数据，但其本身的数据存储、管理能力较弱。最后，工具软件应该具有良好的用户界面。决策过程的特征决定了财务管理数字化系统与会计信息系统相比，应该具有更强的交互能力，以帮助用户确定决策需求、获取决策数据并生成决策结果。因此，在财务管理数字化的初级阶段，以 Excel 作为实现简单财务决策和分析的工具是一个较好的解决途径。

(3)构建模型。Excel 因其强大的数据计算和分析能力及良好的用户界面，成为构建财务管理决策模型常用的工具软件之一。在 Excel 中建立财务管理决策模型的步骤概括如下。

第一步，构建财务管理决策所需的数学模型。可以根据财务管理的相关理论，构建出决策所需的数学模型。在实务工作中，数学模型构建正确与否，是决策模型建立的关键。

第二步，确定模型中所需的参数及其来源。进一步确定模型中涉及哪些参数，参数如何获取。在 Excel 中获取决策所需的参数有三种途径：对于零星的数据可以直接输入；对于批量数据可以先利用财务软件提供的“数据转出”功能，将其转化为中间数据状态，再利用 Excel 外部数据导入功能，引入 Excel 参与决策分析：还可以利用 Excel 中提供的“获取外部数据建立查询”功能，通过构造 SQL 语句，直接检索所需的数据。

第三步，设计决策模型表格。Excel 一般以表格的形式表达决策过程和结果。设计表格时，不能仅表示计算结果，还要让决策表格易于理解，并且能够实现多次复用。常见的决策模型一般把决策参数和决策结果用两个或两个以上的表格表达，同时对公式单元和计算结果单元采取一定的保护措施，以防止模型损坏，并通过设计较为友好的界面让使用者理解决策过程和结果。

第四步，定义公式。Excel 提供了丰富的财务运算函数，在定义公式过程中尽可能地使用这些函数，并通过其他函数的配合使用，使公式易于理解。

第五步，计算结果，并以直观的形式对结果予以表达。利用 Excel 建立决策模型时，常常以图形作为表达结果的方式或作为分析的直观工具，因此，对于复杂的决策模型，通过图形进行分析或表达结果是必不可少的步骤。常用的图形有直方图、饼图、折线图、散点图等。

(4)调用模型生成结果。调用模型并生成相关的结果，也可针对制作好的模型编制目录和调用界面，以便模型的复用和执行。

2)利用独立的会计软件实现部分财务管理功能

(1)通过会计软件的专设模块实现。现行会计软件通常具有往来账、部门核算、项目核算等辅助财务管理功能，可以进行一些财务分析。应收账款核算子系统和应付账款核算子系统将企业所有的往来账都用计算机进行处理，一个企业设立单独的一个代码，通过查询该代码可将所有往来明细列示。对每个客户进行账龄分析，从而了解该客户的信用情况，为制定销售折扣政策提供依据。通过对供应商的账龄分析可得到企业对该供应商现金折扣的利用情况，比较各供应商的优惠条件。在部门核算中根据责任中心设置部门名称，在输入每笔凭证时输入部门代码，将费用归集到各责任中心，这样各部门的所有费用就一目了然。有的软件还有预算定义的功能，把企业的年度财务预算输入系统中，年度进行业绩考核时，将各责任中心的预算与实际费用比较，从预算和实际的差异中分析产生的原因，给绩效评定和制定下年度预算提供数据。项目核算功能主要是为那些主营业务均按项目进行管理的企业而设计的，在项目管理中设定企业的各个项目名称和项目代码，每个大项下还可细分小项，类似科目的设置具体分成几级视企业管理的需要。在项目设置时要将按项目核算的科目选定，这样输入凭证时才能链接到项目上。每输入一张凭证时，就检查是否有项目连接，系统自动弹出窗口给用户选择项目代码，实现项目费用的分配。可以将每个项目视为一个利润中心，该利润中心的收入和成本通过项目管理得到数据，辅助企业的收益分析。有的软件提供了简单的财务分析功能，如资产负债率、流动比率、速动比率、存货周转率、应收账款周转率等指标分析，以及各项构成数据的结构比率的报表分析。

(2)通过会计软件的报表功能实现。现行会计软件中的报表处理子系统功能非常强大，可以从软件任何一个子系统中获得数据。用户完全可以按照财务管理的需要设定分析表格格式，文字和公式均可由系统提供。运算所需数据既可以是其他子系统中的数据，又可是运算的结果。财务报表定义好并存储后，可定期调用生成分析结果，当财务管理需求不同时才需要修改分析报表。

3)利用企业管理软件实现财务管理功能

企业资源计划(ERP)，作为20世纪90年代初兴起采用现代信息技术形成的经营管理模式，是一种融合了企业最佳实践和先进信息技术的新型管理工具。它扩展了MRPⅡ(制造资源计划)的管理范围，将供应商和企业内部的采购、生产、销售等紧密联系起来，便于对供需链上的所有环节进行有效管理，实现对企业的动态控制和各种资源的集成与优化，提升基础管理水平。

传统的会计信息系统，包括MRPⅡ中的会计和财务模块，主要的特点是用于事后收集和反映会计数据，在管理控制和决策支持方面的功能相对较弱。另外，系统的信息处理一般都是对手工会计职能的自动化，系统的结构是面向任务和职能的，这对满足会计核算的要求来说已经足够，但在业务流程的监控和与其他系统的集成性上还需要加以完善。

新一代ERP系统中的财务管理模块已经完成了从事后财会信息的反映，到财务管理信息处理，再到多层次、全球化财务管理支持的转变。这些转变具体体现在以下方面。

(1)吸收并内嵌了国际先进企业的财务管理实践，改善了企业会计核算和财务管理的业务流程，如支持凭证的集中式审核，加快了期末关封账的速度，使得财务管理的效率得到提高。

(2)财务系统不仅在内部的各模块充分集成，与供应链和生产制造等系统也达到了无缝集成，使得企业各项经营业务的财务信息能及时准确地得到反馈，从而加强了对资金流的全局管理和控制。

(3)更全面地提供财务管理信息，为包括战略决策和业务操作等各层次的管理需要服务。除了提供必需的财务报表外，还能提供多种管理性报表和查询功能，并提供了易于最终用户使用的财务建模和分析模块。

(4)支持企业的全球化经营，为分布在世界各地的分支结构提供一个统一的会计核算和财务管理平台，同时也能支持各国当地的财务法规和报表要求。如提供多币种会计处理能力，支持各币种间的转换。

11.2.2 企业集团级财务管理数字化应用

1.企业集团级财务管理数字化应用的主要内容

由母公司和子公司组成的企业群体，称为企业集团。企业为了实现增强竞争能力、提高市场占有份额、获得协同效应、实现长远发展战略等目的，通过合并、分立、收购、联营、直接投资等形式，拥有和控制了许多独立核算、独立经营的子公司，因此形成了由众多企业组成的企业集团。数字化环境促进了企业之间的交流和融合，一定程度上也催生了大量的企业集团。

在数字化环境下，企业集团级财务管理数字化应用的主要内容包括以下几点。

1）财务战略管理

战略管理是指为实现目标而进行的规划和控制过程，包括确定战略目标、制定战略规划、实施战略部署、进行战略业绩评价等方面的内容。现代企业集团财务战略主要包括以下几个方面的内容。

（1）资金筹措战略，是企业集团总战略的实施及资金投放战略实施的前提。

（2）资金投资战略，是企业集团总战略的意图表达，是企业集团总战略的重要推动力。投资决策是否科学、合理，是一个企业集团兴衰成败的关键。

（3）企业收益分配战略。它不仅与企业资金筹措战略紧密相关，而且是协调企业集团内部各产权主体关系的重要手段。

企业集团财务战略是内部资源与外部环境相互作用的基本模式。在企业集团财务战略管理中，无论是战略的形成，还是战略的评价与实施，都应从所处的具体环境出发进行考虑。财务战略应该从整个企业集团的角度出发，在对国家政策、市场状况的情况进行充分研究的基础上，结合实际情况制定出适应本企业集团的财务战略，并使各子公司财务管理工作协调一致，都围绕企业集团总战略管理目标开展具体的工作，实现企业价值或股东权益最大化的目标。

2）报表合并

报表是企业财务经营成果的反映。报表合并是企业集团必须要处理的财务问题。报表合并的前提是企业集团内部会计政策的统一。企业集团应按照国家会计政策法规的规定及本企业集团的特点统一制定企业集团内部会计制度，统一各项会计政策。企业集团内部各企业按统一的企业集团内部会计制度进行会计核算和会计计量，使各成员企业间会计核算口径一致，会计报表各项目反映的内容一致，有利于成员企业间相互比较，并且有利于真实准确地反映企业集团整体的财务状况及经营成果等情况。

3）资金管理

资金管理是财务管理工作的重中之重，但是相当数量的企业集团碍于管理模式和手段的限制，存在着资金管理松散的问题。在松散的管理体制下就暴露出一系列的问题，如企业多头开户、资金体外循环、随意性投资、资金周转缓慢、资金使用效率低下等。在传统的技术手段下，对以上问题的解决虽然提出了系列解决对策，并发挥了重要的作用，但是数字化的投入使用将使以上问题的解决在质量和效果上更进一步。因此，企业在实施财务管理数字化的过程中，仍然将资金管理摆在头等地位，提出了资金集中管理与共享等模式，并建立集团统一的资金计划、资金业务处理、票据管理、授信管理、计息管理、信贷业务、报表分析等功能模块。通过财务管理数字化的投入使用，企业集团期望达到管理规范化、费用节约化、效率高速化，并极大地规避风险，优化资金管理的流程，发挥企业集团的整体资金优势。同时，集团也加强了对下属公司的资金管控力度，能及时地了解下属公司的资金流向，有利于集团资源的优化配置。

4)预算管理

预算管理是企业集团进行财务管控的基础与主要手段,贯穿于企业财务管理工作的始终,并且也贯彻于企业管理的方方面面。在理论上,企业完善的预算管理包含预算编制、预算控制、预算执行、绩效管理四个方面,但是四个方面并不是相互独立的,而是环环相扣、一体化、互动、循环的过程。基于信息捕捉技术落后及传递滞后而导致的不对称等问题,使得实务中的预算管理工作很难贯彻实施,其管理方式多数停留在粗放、低效阶段,不能达到全面预算管理的预设期望。但是,基于计算机、通信、网络以及移动网络等技术条件下的信息化手段,打破了集团及其分子公司间的时空距离阻碍,为实现信息的实时传递与共享,实现预算执行的事前计划、事中控制、事后分析提供了良好的技术支持,对预算与执行的精确管理以及互动提供了重要的支撑。同时,基于动态的信息反馈与调整机制,可以保障预算编制的合理化,增强预算的执行力,使全面预算管理落到实处,保障各项财务管控措施的顺利实施。也正是这一预期的有望达成,使得预算管理逐步成了企业集团实施财务管理数字化的又一大核心环节,使得预算管理成了企业集团财务管控的主要手段。

5)财务决策信息支持

财务信息是企业做出各项决策的重要数据支撑,然而作为企业集团,由于有大数量且多层次的下属企业,财务信息滞后与失真一直是企业集团财务管理上的突出问题。这主要是由于各下属企业受到部门利益和业务能力的影响,延迟或者制造虚假财务信息,对内、对外两本账。同时,企业合并报表的信息反馈形式,掩盖了许多下属企业存在的经营问题,不利于集团对下属企业的管控,影响集团的某些重大经营问题及财务问题上的决策。通过实施财务管理数字化则能够有效地预防此类问题的发生。首先,通过建立一套账,执行统一的会计政策、核算与管理控制制度等方式来实现集中监控,基于统一平台构建集团完善的财务报告体系和内控制度,消除和杜绝财务信息作假现象,实现财务管理及时、准确的反馈。其次,实现集团的横向与纵向集成,实现横向的采购业务协同、销售业务协同,财务管理与其他系统无缝集成;实现纵向方面计划体系深入车间任务管理,实现动态生产调度、采购与计量管理系统集成。以此,使业务数据的采集深入业务前线,业务信息的记录做到“原汁原味”,并通过商业智能的引入,深入发掘决策有用信息,并将其转化为知识,以为企业集团各层管理者提供更有价值的决策信息。

6)企业集团财务绩效评价

在数字化环境下,企业集团财务绩效评价的目标在于全面衡量集团价值。传统的财务评价模型,如杜邦财务分析、沃尔评分法都是以利润指标作为衡量企业财务状况的标杆。数字化环境下的财务评价则更多地从系统角度,对企业进行综合评价,如运用平衡计分卡评价等,通过对企业的横向和纵向比较,发现企业集团管理的薄弱环节,优化流程,提高管理效率。

2. 企业集团级财务管理数字化的总体运行框架

企业集团级财务管理数字化的总体运行框架包括三个层次,即子公司、集团控制管理层、集团决策层,如图 11-2 所示。在子公司层面完成业务处理、财务核算和报表管理等财务相关活动。在集团控制管理层,主要完成预算管理、资金管理、报表合并等任务,也就是说,在目前的企业集团中,主要是以预算管理完成对各子公司发展层面的控制,以资金管理完成对各子公司运行状况的控制,以报表合并完成对各子公司会计政策、核算方法的控制。而在集团决策层,则以绩效评价和决策支持信息为依据,确定财务战略决策。

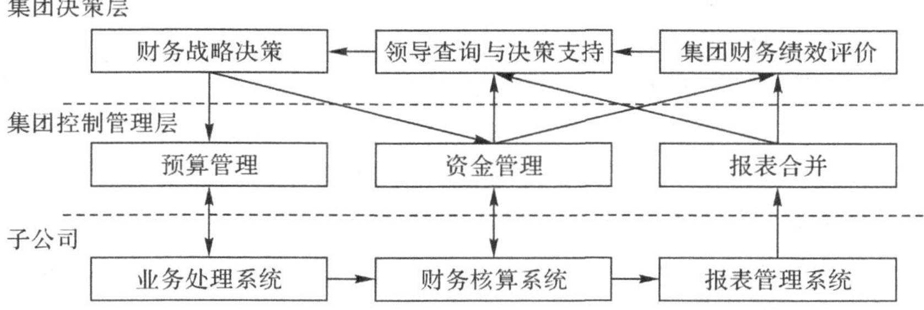

图 11-2 企业集团级财务管理数字化的总体运行框架

3. 企业集团级财务管理数字化的实现策略

企业集团级财务管理数字化与单体企业级财务管理数字化表现出诸多不同，主要表现在：在管理目标上，企业集团财务管理更侧重于宏观决策和控制，追求的不是单体最优，而是整体最优；在决策内容上，企业集团更加注重长期决策和宏观决策，并不要求实时进行决策和分析，同时，决策的效果不会在短时间内显现；在控制层面，企业集团对信息的及时性要求较高，要求及时获取相关信息并强化控制，保证企业集团战略目标的实现。

对于不同类型的企业集团，其实现策略并不相同。

1）完全集中式

完全集中式是指企业集团内的每个业务单位在经营业务发生时，数据通过网络同步储存在集团总部的核算账套内，分支机构不再进行独立的业务数据储存。

这种方式效果最好，总部控制最完善，信息最及时，但要求下属企业与总部要具有良好的网络链接。这种方式的管理要求也最高，总部可以制订下属企业的财务计划和各种预算指标，并进行实时控制。这种模式是跨地域企业集团的主要选择方案。

2）分布集中式

分布是指每个分支机构在当地建立独立的核算账套和进行独立的数据储存，日常业务的处理都在本地完成。集中是指集团总部定期或非定期地将分支机构的数据账套，通过远程数据复制的方式，集中在集团总部的数据服务器上。

这种方式也可以理解为定期集中式。与完全集中式相比，该方式不是实时的数据集中，而是定期进行数据的集中。为了保证这种模式的运行，必须提供有效的手段，保证数据能够及时、自动进行传递。

在这种方式下，由于数据首先存放在下属企业，上级主管如果需要实时查询下级单位的数据，可以使用远程网络查询模块，直接远程查询下级单位的账套数据，这就保证了查询的实时性，也可作为定期传送数据模式的补充。

但是在这种模式下，集团总部将无法对下属企业数据进行实时监控，从某种程度上讲，削弱了管理力度。

3）混合式

这种方式应用在多层级的企业集团中，不同的业务单位根据上级管理的需要，分别采用分布集中式和完全式集中的管理方式，对数据进行集中管理。

具体来说，实现企业集团级财务管理数字化应着重关注以下几个方面。

1)合理规划,科学决策,有序实施

财务管理系统是企业集团数字化系统的一部分。企业集团在项目决策之前,需要进行全面深入的调研,要分析数字化现状与各种业务特点,要分析综合业务、系统、能力、风险等各方面需求,制订数字化整体规划方案,明确数字化目标、范围、步骤、标准等。同时要争取财务与其他系统多个部门、多个层次的管理者支持,组成项目团队,共同实施。另外企业集团业务复杂,财务主体多,财务管理数字化需要根据整体规划逐步推进,对财务核算、预算管理、成本管理等分别按照一般顺序先后实施财务核算,然后再整合核算、预算、业务系统,届时才能真正发挥财务管理数字化系统的优越性。

2)完善企业集团级财务管理数字平台

按照现代企业财务管理模式要求,企业集团财务管理必须依托现代化的信息技术,在现有的会计信息系统的基础上,基于战略管理模式,构建一套企业集团财务管理数字平台。

(1)完善企业集团财务核算体系。企业集团内部各成员企业在同一数据库下,在统一的会计核算体系下进行账务处理,其母公司可快速查询其凭证信息、报表数据及实时生成母公司的汇总报表,从而构建统一的会计核算平台。该系统可以帮助企业真正做到业务协同处理、经营实时监控、数据实现集中、信息及时掌握,从而提高会计核算质量。

(2)完善企业集团全面预算管理体系。企业集团全面预算管理体系应支持预算从编制到执行到监控再到事后分析及业绩考评的全过程管理,支持从上到下及从下到上的多回合协商、多种编制模式和编制过程。健全的全面预算管理体系可以提高预算编制效率与可执行性,可以加强预算的执行控制与管理,可以方便预算的执行情况反馈与分析。

(3)完善企业集团资金管理体系。企业集团资金管理体系应对集团公司的资金进行全面掌控,实现集中管理,对下属单位资金进行全面监控,实行统一调度。该系统应以账户管理为核心,实现与财务会计系统的统一协调。同时要与票据管理系统接口,要与结算中心接口,实现网上银行服务。

(4)完善企业集团财务分析体系。该体系应根据企业集团关心的问题,运用相应的分析指标,建立可靠的财务分析体系,分别从财务和业务系统的数据库中读取需要的数据,通过友好的检索模块和分析模型,让集团管理层及时了解全集团的盈亏状况、资源配置情况,知道各子公司的经营业绩、经营风险、财务状况、获利能力、经营成果等,为管理层决策提供全面、准确、科学的数据信息,例如,业务收入分析、业务费用分析、利润分析、成本分析、现金流量分析、客户分析、计划执行情况分析等。

3)做好信息集成,实现资源共享

企业集团级财务管理数字化最主要目的在于:实现财务、业务、生产一体化,实现信息流、物流、资金流的高度一致性和同步性,实现财务预算、财务控制、财务分析的完全动态化。企业财务管理数字化系统中的信息集成,不是简单的信息共享,而是围绕业务来组织数据和进行管理,是信息及产生信息的系统之间的互动,其业务处理范围从财务部门延伸到业务部门,它在处理业务的同时通过与会计核算体系对应的方式直接产生财务数据,所以更多地表现为动态行动。它彻底打破了企业财务信息还主要停留在以会计核算为主,局限于财务部门的模式。信息集成不仅能准确反映各个下属企业财务状况的实时动态,实现企业集团整体资源的优化配置和管理,而且解决了企业横向不能与银行、税务等部门信息共享,纵向不能与客户、供应商及时沟通的问题。

11.2.3 价值链级财务管理数字化应用

1. 价值链级财务管理数字化的主要内容

价值链(value chain)概念首先由迈克尔·波特(Michael E. Porter)于 1985 年提出。最初,波特所指的价值链主要是指针对垂直一体化公司的,强调单个企业的竞争优势。随着国际外包业务的开展,波特于 1998 年进一步提出了价值体系(value system)的概念,将研究视角扩展到不同的公司之间,这与后来出现的全球价值链(global value chain)概念有一定的共通之处。之后,科格特(Kogut)也提出了价值链的概念,他的观点比波特的观点更能反映价值链的垂直分离和全球空间再配置之间的关系。2001 年,格里芬(Gereffi)在分析全球范围内国际分工与产业联系问题时,提出了全球价值链概念。全球价值链概念提供了一种基于网络、用来分析国际性生产的地理和组织特征的分析方法,揭示了全球产业的动态性特征。

价值链上的财务管理主要包括以下内容。

(1)价值链成本控制。价值链成本控制是一种全面性与前瞻性的管理模式,是价值链管理和成本控制相融合的产物,是传统成本控制对竞争环境变化所做的一种适应性变革,是现代成本控制发展的必然趋势。价值链的核心所在是通过上下游企业之间的协同,有效地控制成本,进而增加价值链的竞争优势,获得超额利润。因此,成本控制成为价值链上企业关注的核心问题。与单体企业关注生产成本不同的是,价值链上的企业通过供应链的合理控制和规划,降低企业采购成本,进而降低价值链成本。

(2)价值链财务协同。价值链财务协同是指价值链上的企业彼此交换财务信息,并利用电子商务平台实现网上支付。

(3)价值链财务决策。价值链财务决策不同于单体企业和企业集团的财务决策,因为它的决策主体不同,决策的目标也不同,寄希望于价值链上的企业能够按照价值链最优做出决策并不符合企业管理的基本原理,即价值链上的企业仍然会按照个体价值最大化来进行决策,只不过在决策过程中,会充分考虑其他企业的反应,因此,价值链上的财务决策属于博弈性决策。

2. 价值链级财务管理数字化的实现策略

价值链级财务管理数字化的实现策略根据价值链的特点,有以下两种形式。

1)由核心企业主导的价值链财务管理

在价值链上,由于某个企业处于支配地位,从而确定了其在财务管理模式上的主导地位。在此模式下,一般由核心企业确定财务管理模式并搭建财务管理平台,价值链上的其他企业在加入这一价值链的同时,也必须接受核心企业财务管理的相关标准,并进行交易活动。例如,在市场上某一畅销产品生产企业和销售该产品的各级销售代理企业之间,销售代理企业一般可通过登录生产企业的财务数字化平台完成产品订购、结算、销售等相关业务。

2)无核心企业主导的价值链财务管理

价值链上没有一个处于支配地位的核心企业,在这种模式下,财务管理数字化的实现更多依托于社会数字化程度的提高和数字化运行环境的改善,如信息和数据交换标准、接口标准的推行。价值链上的企业均采用这一标准进行数据的交换或处理,或采用第三方提供的财务管理平台进行财务管理相关活动。

11.3 数字化应用的挑战和解决方案

数字化时代的到来,使得企业可以更轻松地收集、处理和分析大量数据,从而为决策提供支持。然而,数据安全和隐私问题也随之而来,这些问题需要得到解决。

11.3.1 数据保护技术和方法

数据保护技术和方法是防止数据泄露和滥用的关键。以下是一些常用的数据保护技术和方法。

(1)加密。加密技术是将数据转换为密文以保护其安全性的一种方式。企业可以使用对称加密或非对称加密技术对数据进行加密。对称加密技术是指使用相同的密钥对数据进行加密和解密,而非对称加密技术则是使用公钥加密和私钥解密。

(2)访问控制。企业可以使用访问控制技术来限制对敏感数据的访问。访问控制技术可以基于角色、身份、位置等进行控制。

(3)数据备份和恢复。企业应该对数据进行定期备份,以便在数据丢失或受损时进行恢复。

11.3.2 法规和政策的影响

随着数字化技术的发展,越来越多的国家和地区开始出台相关法规和政策来保护数据隐私和安全。企业需要遵守相关的法规和政策,以确保数据的合法使用。

例如,欧盟出台的《通用数据保护条例》(GDPR)是一项针对数据隐私和安全的法规,该法规对企业在处理欧盟公民数据时进行了详细的规定和要求。企业需要遵守 GDPR 规定,否则可能面临罚款和声誉损失。

在中国,《中华人民共和国网络安全法》和《中华人民共和国数据安全法》也对数据隐私和安全进行了规定和要求,企业在处理个人信息时需要遵守法律规定。此外,各地还有各自的法规和政策,企业需要遵守当地的规定。

综上所述,企业在进行财务管理数字化应用时需要注意数据的安全和隐私保护问题,采取相应的数据保护技术和方法,并遵守相关法规和政策。

11.3.3 组织文化变革

数字化转型对组织文化带来的挑战是不可避免的。许多企业的文化基础建立在传统的商业模式上,难以适应数字化时代的要求。组织文化的改变需要经过一个漫长而艰难的过程,需要从顶层领导者到基层员工的共同努力。

1. 数字化转型与组织文化的冲突与融合

数字化转型意味着企业要改变其商业模式、流程和文化,这可能会导致一些员工对变化的抵触和担忧。管理层需要重视员工的态度和情感,认真倾听他们的反馈并采取适当的措施来缓解他们的担忧和不安。同时，组织文化也需要与数字化转型相互融合。组织需要建立开放、创新、适应性强的文化，以便更好地应对数字化转型带来的挑战和机遇。

2. 培养数字化人才和创新文化

企业需要培养具备数字化技能和知识的人才，这些人才可以帮助企业更好地应对数字化时代的挑战。数字化技能包括数据分析、机器学习、人工智能、云计算等。同时，企业需要建立一种创新文化，鼓励员工提出新的想法和解决方案，积极推动数字化转型。创新文化的建立需要从领导层开始，他们需要积极支持和推动员工的创新行为。

总之，组织文化变革是数字化转型的重要组成部分。只有通过改变组织文化，企业才能更好地适应数字化时代的要求，并在数字化转型中取得成功。

11.3.4 专业技能不足

数字化应用的发展需要具备相应的技术和专业知识，而在实践中发现许多企业在应用数字化技术时存在人才短缺的问题，财务人员缺乏掌握相关技能和知识的能力，这会影响数字化应用的有效性和效率。解决专业技能不足的问题需要从以下两个方面入手。

1. 数字化应用的专业技能和能力要求

财务管理数字化应用的复杂性和多样性需要人员具备多种技能和能力。财务人员需要掌握数据分析和处理的技能，了解财务软件和工具的使用方法，具备数据可视化和呈现的能力，同时需要理解人工智能和自动化技术的原理和应用场景。除此之外，还需要具备项目管理和沟通协调等综合能力，以便更好地协调各个部门间的合作。

2. 培训和教育方案

为了解决专业技能不足的问题，企业可以制订相应的培训和教育方案，加强员工的技能和知识培训。企业可以通过内部培训和外部培训来提高员工的数字化能力，通过工作坊、研讨会、在线课程等方式，提供数据分析、人工智能和自动化技术等方面的专业知识和技能培训。此外，企业还可以建立数字化专家团队，为企业内部提供数字化咨询和支持服务，帮助员工解决数字化应用过程中遇到的技术和专业问题。

总之，通过制订科学的培训和教育方案，加强人员的数字化技能和知识的学习，企业可以有效地解决专业技能不足的问题，提高数字化应用的效果和效率。

11.4 数字化应用的进一步发展

11.4.1 数字化应用在财务管理中的作用和优势

数字化应用在财务管理中发挥着越来越重要的作用，并带来了许多显著的优势。

1)提高效率和准确性

数字化应用能够自动化流程，提高工作效率，并减少错误率。通过自动化流程和减少人为干预，可以显著减少操作风险和错误，从而提高财务管理的准确性和可靠性。

2)实时进行数据处理和分析

数字化应用可以实时采集、处理和分析数据,帮助企业快速了解财务状况和业务趋势,以便做出更准确的决策。

3)实现更好的数据可视化

数字化应用可以帮助财务管理人员更好地展示数据,通过可视化图表和报表呈现,使数据更加易于理解和分析,从而更好地为业务决策提供支持。

4)实现精细化财务管理

数字化应用可以帮助企业实现精细化财务管理,更好地控制成本和管理风险,从而提高企业的盈利能力和财务稳健性。

5)改善客户体验

数字化应用可以提高客户服务质量和满意度,通过数字化的财务流程和更加精准的数据分析,客户可以更加便捷地进行交易,同时获得更好的体验。

总之,数字化应用为财务管理带来了诸多的优势,可以提高效率、准确性和质量,改善客户体验,提高企业的盈利能力和财务稳健性。

11.4.2 财务管理数字化应用未来展望

财务管理数字化应用是未来财务管理的趋势和发展方向。随着信息技术的不断发展和创新,财务管理领域的数字化应用将会不断推陈出新,从而带来更多的机遇和挑战。未来,财务管理数字化应用将会呈现以下趋势和展望。

1)人工智能技术的应用将会更加广泛和深入

随着大数据技术和云计算的发展,人工智能技术将会在财务管理领域得到广泛的应用,从而提高财务决策的精度和效率。

2)区块链技术将会被广泛应用于财务管理领域

区块链技术的去中心化和可追溯性特点可以有效地解决财务数据安全和隐私保护等问题,同时还可以降低财务管理的成本和风险。

3)数据分析和可视化技术将会更加成熟和普及

随着数据分析和可视化技术的不断发展和普及,财务管理人员将会更加方便地进行数据分析和可视化,从而更好地支持财务决策。

4)企业数字化转型将会成为常态

随着数字化转型的深入推进,越来越多的企业将会推进数字化财务管理,这将会带来更高的效率、更精准的决策和更低的成本。

5)金融科技将会对财务管理产生深刻的影响

随着金融科技的发展和创新,越来越多的金融科技企业将会涌现,这将会对财务管理产生深刻的影响,从而带来更多的机遇和挑战。

11.5 案例分析:Z公司的财务管理云计算运用之路

Z公司是一家小规模科技公司,由于资金水平有限、管理人员匮乏、研发设备落后,其在财务管理数字化的实施上进展缓慢。然而,云财务的出现为Z公司的财务管理数字化系统建设带来了新的曙光。与传统的财务管理方法不同，云财务有着许多显著优势，例如低投入、高回报、支持自助服务、增强业务功能和促进财务转型等效用。这些特点使得Z公司能够应对自身问题，成为自身高速发展的有效助力。

11.5.1 云计算时代中小企业的财务管理数字化建设

云计算可以被划分成三种不同的模式，而这三种模式对应着三种层次的服务：IaaS(基础设施即服务)、PaaS(平台即服务)以及SaaS(软件即服务)，形成了三层体系架构(见图11－3)。按照不同的部署环境，云计算可以被划分为私有云、公有云和混合云三种形式。为了满足不同客户的需求，中小企业应该仔细挑选云计算服务提供者，并选择相应的云财务解决方案，签订合同参加培训，以及不断完善和扩大自身的业务范围。

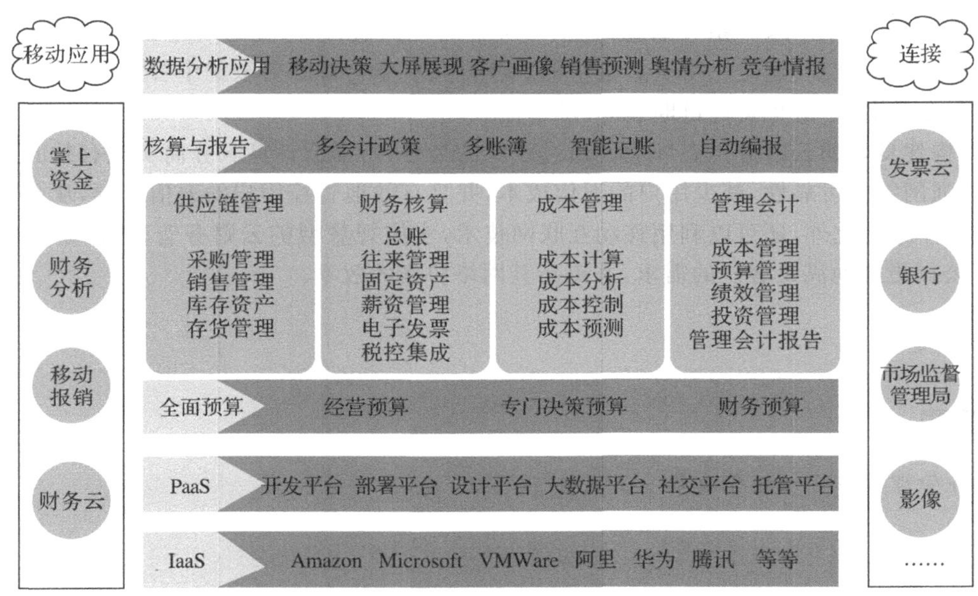

图11－3 云财务平台的体系架构

11.5.2 云计算下Z公司财务管理数字化系统存在的问题

1. 安全问题

随着大众对隐私安全的重视，云财务平台的安全性也日益受到关注。首先，在上传与传输云财务数据的同时，数据的准确性、完整性以及真实性不能得到完全的保障。其次，企业的云财务数据中可能会包含一些私密的隐私数据，存在遭遇数据泄露和破坏的风险，比如出现黑客偷窃企业重要财务信息、病毒入侵、非法篡改数据等情况。此外，如果由于云服务提供者的破产或者其他不可抗力而使得云财务平台无法正常运行，那么用户的财务信息是否还能被安全、稳定、方便地转移至其他云财务系统？

2. 关联问题

云财务平台的开放性仍有待提高，未来的发展应将使它能够与银行、税务、审计、社保等多个信息系统实现有效的数据交换，从而实现无缝衔接，为企业提供更加便捷的服务。

3. 数据采集问题

Z公司的云财务业务数据仍是人工收集整理，耗费大量人力与时间。Z公司的云财务业务数据采集应从传统的手工收集转变为更加智能化的数据采集方式，可以自动获取来自政府、客户、供应商、税务机关、银行等企事业单位的电子凭证，并且可以实时生成账簿和报表，从而更好地满足企业的需求。

11.5.3 云计算下Z公司财务管理数字化的优化之路

(1)为了达到更好的绩效，公司应该根据其长远的战略，精心设计一套完善的云财务策略，以确保其有序运行，并且有助于提升公司的整体运营水平，从而达到更好的绩效。在设计云财务框架时，应该充分考虑公司的长远利益，避免出现过度的偏离。

(2)Z公司应该采取一系列措施，包括对资金的统一监督、流程的改进、组织结构的调整，并结合软件资源规划，制定一个资金集中的、实时的、科学合理的资金集中管控机制，以最大化地发挥资金的潜力，避免资金链断裂，开源节流。

(3)构建良好的云财务生态环境。通过政府的指导，帮助云计算服务商实施有效的发展战略，以加强网络的可靠性，减少用户的通信成本，并且有效地管控用户的通信资源，从而保证用户的通信体验。此外，还可以利用移动互联网技术，实施智慧型的云财务管理，以帮助中小企业如Z公司更好地满足客户的需求，并提高其网络协作的效率。

习题

名词解释

财务管理数字化　经营决策　价值链

简答题

1. 简述财务管理数字化应用的关键元素。
2. 简述企业集团级财务管理数字化的框架。
3. 分析企业财务管理数字化转型所面临的困境。

第12章 财务共享服务

学习目标

1. 了解财务共享的概念、发展和未来发展趋势。
2. 掌握集团财务共享服务中心建设方案。

12.1 财务共享服务概述

财务共享服务的概念起源于20世纪80年代的美国，并随后在全球范围内传播开来，被广泛应用于大型企业。相对于传统的财务管理模式，财务共享服务以一种创新型的财务管理模式出现，并以全面整合资源、提升管理效率的优势获得越来越多企业集团的认可。财务共享服务建立在丰富的理论基础之上，其中最具代表性的包括规模经济理论、组织结构理论、业务流程再造理论、集团管控理论以及资源配置理论。这些理论为财务共享服务提供了坚实的理论基础，并为其扩展和应用提供了充分的理论支持。

12.1.1 财务共享服务的概念

财务共享服务是依托信息技术以财务业务流程处理为基础，以优化组织结构、规范流程、提升流程效率、降低运营成本或创造价值为目的，以市场视角为内外部客户提供专业化生产服务的分布式管理模式。

1. 以信息技术为基础

信息技术的广泛应用已成为现代财务共享服务的基础，财务共享服务中心信息技术应用多为ERP财务模块，但呈现ERP财务模块—ERP非财务模块—ERP外围辅助业务系统的转移趋势。同时工作流、票据影像、OCR等信息技术工具得到广泛应用。

2. 以业务流程为核心

财务共享服务中心的组织形式更多地考虑到流程的因素，基于流程加强专业化分工能力，提高生产效率。

3. 具有多样化的实施动机

内部服务型财务共享服务中心的建立可能成为优化整个财务组织架构的契机，并在此基础上达到规范流程、提升流程效率、降低运营成本的目的，此外企业借助财务共享服务加强内部控制的行为也较为常见。服务经营型财务共享服务中心以业务流程外包服务为主导，以获取利润为主要目的。财务共享服务行业呈现多样化实施动机。

4. **保持市场化的视角**

无论内部服务型或者服务经营型财务共享服务中心，均应保持市场化的视角。财务共享服务中心应重视客户，为客户提供满意服务，并在服务过程中体现其其他运营动机。

5. **生产式服务**

财务共享服务视财务服务为生产运营，关注生产效率及生产质量，建立完善的现场绩效评估体系及生产质量控制体系。

6. **提供分布式服务**

财务共享服务视财务共享服务中心为服务端，商业单元为客户端，提供基于客户/服务模式的分布式业务支持。

7. **是一种管理模式**

财务共享服务是一种管理模式，是包括信息技术、组织管理、服务管理、质量管理、绩效管理等多种管理手段的综合体，不可狭义理解为其中一种。

12.1.2 财务共享服务对企业的价值

根据2013年德勤会计师事务所的调研报告显示，中国已有超过一半的大型企业开始采用财务共享服务，并且预计未来几年将有越来越多的企业采用这一模式。财务共享服务被认为是企业财务管理改革的新方向，其快速发展主要归因于其潜在优势的凸显。财务共享服务的优势主要包括以下几个方面。

1. **优化组织结构**

财务共享服务中心通过拆分和重新组合企业的组织结构，对每个岗位进行重新划分和设定，从而实现最大的运营效率。特别是在费用报销方面，财务共享服务中心采用网上报销和移动报销的方式，可以整合各地区的人员，并由财务共享服务中心的人员代替完成报销，实现对组织结构的优化。通过优化组织结构，企业可以从分散管理模式转变为集中管理模式，实现集权化的管理。

2. **降低财务管理成本，提高服务效率**

财务共享服务中心通过流程重塑和人员精减，为内部客户提供统一的、标准的、专业的服务，实现价值的创造，有效实现价值整合、成本降低和效率提高，获得规模效应。

通过建立财务共享服务中心，企业能够实现人力资源的精简和资金的节约。传统的财务管理需要在各个部门分散配置财务人员，而财务共享服务中心将财务人员集中在一起办公，节省了独立办公室的资金开支，并减少了人力资源的需求。据德勤会计师事务所的研究，建立财务共享服务中心可以帮助企业减少相关员工需求量达到26%。

财务共享服务模式的优势在于简化流程、提高效率。通过财务共享服务中心，企业能够整合多区域、多分支的财务数据，细化和规范财务管理流程，减少管理环节的错误。同时，财务共享服务中心的集中办公模式促进了财务人员之间的交流与合作，有利于财务信息的交互和分享，提高了工作效率。此外，财务共享服务中心还能够建立新型的组织结构和激励制度，形成进取的企业文化，营造良好的工作环境和氛围。

在财务共享服务中心的模式下，每个员工都有明确的职责分工，便于进行大范围的员工培训，提高员工的工作能力和效率，同时降低企业的培训成本。此外，财务共享服务中心还能够提供统一的财务数据和报表，方便企业实现财务信息的整合和分析，支持企业的决策制定和业务发展。

由此可知，财务共享服务中心通过流程重塑和人员精简，能够为企业带来诸多优势，包括成本节约、效率提高、流程简化和财务信息整合等，有助于企业实现财务管理的优化和高效运作。

3. **降低财务风险，加强财务管理**

在传统的财务会计管理模式下，由于内部控制缺乏独立性，不同部门之间容易受到各种限制，无法有效监督和管理，从而导致了"人情审批"和欺诈行为的发生。然而，财务共享服务中心的建立打破了这种格局。通过统一工作流程和标准，实现业财融合，财务共享服务中心能够将预算进一步落实到各单位和部门的具体活动中，实现对各项业务的精准预测和监控，有效避免代理中的信息不对称风险，提升财务工作的质量和准确性。企业利用财务共享服务中心，能够及时获取下属单位的财务信息，及时解决存在的问题，弥补了传统财务管理中信息获取速度慢、财务信息不透明的缺陷。此外，通过技术手段可降低财务风险，加强风险控制，为企业的发展提供稳固的基础。同时，在监测财务共享服务中心工作状况时，采用绩效管理和服务管理方式，能够大大提升财务共享服务的质量。

作为企业最大的利益相关方，股东通常关注利益和财务诚信两个基本要素。利益追求决定了资本市场对股票的评估必然遵循公允、真实、全面、规范、及时的年度财务报告内容，包括主营业务收入、主营业务利润、其他业务利润、利润总额、应交所得税、税后利润、每股收益率、净资产收益率、每股净资产、每股现金股利等。财务诚信要求在国际、国内、政治、经济等多个因素的影响下，尽可能防止人为因素对上市公司和资本市场产生重大负面影响。通过建立规范、严谨、诚信的财务信息管理模式，可以最大限度地减少类似美国安然公司等企业的假账情况的出现。在财务共享服务模式下，财务数据的公开化有利于股东及时了解和掌握企业的运营和财务情况，进而降低财务风险，加强财务管理。

4. **用数据支持科学决策，提高企业价值**

在传统的财务管理模式中，每个分支机构都设立财务部门，财务信息需要逐级传递，导致传递速度较慢，影响了财务信息的准确性和可靠性。然而，通过财务共享服务中心基于专业数据系统（如 ERP 系统）的实施，实现了流程标准化，保证了财务数据的可靠性、真实性和准确性。财务共享服务中心重塑了财务人员的结构岗位，实现了专业化分工，提高了财务信息的质量，使数据更加科学可信。

财务共享服务中心能够有效汇总和整合各个区域、分支机构的财务数据，形成关于战略、经营、资金链、客户流等方面的具体、专业的财务信息。这些科学的数据帮助集团管理层从整体角度进行财务分析，做出准确的战略决策，提高企业的预算和监管水平。

财务共享服务中心的建立加快了财务工作的速度，将工作板块模式化，从人力成本、管理成本和营运成本等方面节约了企业的资源和成本，帮助企业获取市场竞争优势，提高经营的灵活性。此外，企业可以利用节省下来的成本进行再投资，扩大企业规模，优化资本结构，提升企业的价值。

5. **促进财务人员职能转型**

财务共享服务模式在中国大型企业中逐渐被引入,并已成为许多大中型企业的标配。相比传统的财务管理模式,财务共享服务模式依托于信息技术系统,对运作流程和方式等方面产生了重大改变,对财务人员的要求也有很大差异。

第一,财务人员需要提高信息技术技能。自德勤会计师事务所于2016年引入人工智能以来,现代财务管理越来越依赖于信息技术。在大数据时代,人工智能能够高效准确地将财务数据与管理系统连接起来,帮助财务部门完成各个流程的核算和管理。用人工智能管理财务已成为财务管理的不可逆转趋势。在这一背景下,财务管理对财务人员的技能要求更加严格。财务共享服务追求财务税务工作的流程化、系统化,确保资金和信息以准确、快速、透明的方式流动。这要求财务人员掌握更多的财务知识,尤其是共享服务系统的操作和管理知识,能够高效处理财务业务,并有能力处理突发财务事故。当然,企业通常会对财务人员进行相关专业培训。

第二,流程化的运作标准将工作内容更细化,要求财务人员在某一财务工作领域更加专业。在财务共享服务模式下,企业需要重新分类传统的财务管理工作,并对财务人员的职能进行划分和重塑,甚至设立新的岗位。因此,要确保共享服务模式的高效协调运转,必须确保财务岗位上的工作人员具备专业能力,进一步细化业务分工,推进财务制度完善,从而促进企业经济效益提高。

在以信息系统为支持的财务共享服务模式下,财务人员将逐步摆脱烦琐的基础会计业务,承担更多管理性质的财务任务。因此,财务人员除了掌握基础会计知识外,还必须具备投资、规划、资本运作、风险控制等方面的能力,保持宏观的财务会计思维和高度的专业敏感性。此外,财务人员还需要充分了解企业价值链上的研发设计、生产、经营和销售等各个环节的活动。具备相关思维和能力后,财务人员将参与企业财务战略的设计和制定,做出有利于企业短期盈利和长期发展的财务战略决策,并有更多机会参与管理活动。在财务共享服务模式下,财务人员的沟通协作能力也变得更加重要,他们需要与各部门进行良好的沟通,协调研发、生产、销售等部门之间的关系,以进行战略制定、成本规划、经营指导、预算编制和绩效考核等工作。总之,在财务共享服务模式下,财务人员需要成为基础知识扎实、专业能力过硬的复合型人才,拓展专业领域的广度和深度。

6. **聚焦效应,提高企业核心竞争力**

通过建立财务共享服务中心,企业可以整合人力资源部门、财务部门和信息技术部门等,实现各部门财务数据和业务进展的统一管理和协调。这样,企业能够迅速建立新的业务体系,减少传统财务会计处理所带来的误差。同时,将所有信息放在同一维度下进行比较,可以提升管理层对企业的掌控能力,并集中精力增加企业核心业务的价值。

12.1.3 财务共享服务的适用范围

并非所有企业或企业集团都适合采用财务共享服务中心的运作模式。这种模式主要适用于大型跨国企业、跨地域企业或企业集团,因为它们通常具有较大的规模和体量。通过整合各业务单位的非核心业务到财务共享服务中心,可以减少业务人员数量,降低人力资源成本。同时,整合后的业务能够快速统一服务标准、行为方式、业务规则等,提高运营效率和标准化程度，实现规模经济，从而降低企业成本。对于重组、并购、变革频繁的企业，财务共享服务中心也是适用的。它可以集中处理企业的财务后台支撑业务，避免为新业务、新业务单元建立财务支撑功能，从而降低管控难度，促进新业务的快速整合。

然而，并非所有中小集团公司都不能采用财务共享服务中心的模式，只要一个公司拥有多个业务单元并且需要建立各自的财务体系，就可以考虑推行财务共享服务中心的建设。

从已经实施财务共享服务的行业来看，电信、旅游、运输及物流、零售及餐饮行业采用财务共享服务的比例较高，而软件及高科技、能源及化工、物业等行业采用比例较低。医药及生命科学、消费包装品及制造、银行、金融服务、保险等行业则处于中间比例。企业集团应该根据自身情况，仔细评估成本与收益，并认真对待可能存在的风险，有序地组织和推进，以实现战略目标。

12.1.4 财务共享服务的发展

财务共享服务最初的想法很简单，即通过将企业集团内各子公司的某些事务性功能集中处理，实现规模效应，降低运作成本。随着互联网信息技术的发展，财务共享服务模式被广泛应用于世界各地的企业集团。财务共享服务不仅仅局限于成本控制和效率追求，而是逐渐转变为战略驱动和管控驱动，从成本控制阶段过渡到价值创造阶段。

美国福特汽车公司在20世纪80年代提出并实施了财务共享服务的概念。作为当时汽车行业的领导者，福特汽车公司面临着企业并购重组和大量复杂的财务信息处理工作。为此，该公司于1981年在底特律创建了第一家财务共享服务中心，旨在提高操作效率，并避免在并购过程中出现高昂的成本。福特汽车公司将集团内重复且单一的会计和资金发放工作集中处理，逐渐形成了财务共享服务管理理念，并实现了提高内部管理效率和降低管理成本的目标。

自福特汽车公司创建第一家财务共享服务中心以来，20世纪80年代中后期，财务共享服务和外包行业逐步发展并逐渐壮大。企业跨国业务的增加和科技的迅猛发展促进了业务流程的整合，加速了财务共享服务和外包行业的发展。20世纪90年代初，专属于企业集团内部的财务共享服务在东欧兴起，并且更多公司开始将目光投向亚洲。20世纪90年代末至21世纪初，印度出现了第一批业务流程外包公司，该行业以每年超过10%的增速迅速发展壮大。

在中国，摩托罗拉于1999年在天津建立了亚洲财务结算中心，这是其会计服务中心的前身。2000年，通用电气在大连建立了亚太财务共享服务中心。2001年，牛奶国际有限公司在广州设立了财务共享服务中心。2003年，埃森哲在上海建立了亚太财务共享服务中心，为亚太地区10个国家的1.4万名员工提供服务。2004年，惠普在大连建立了财务共享服务中心，为韩国、日本和中国的机构提供服务。2005年，中兴通讯成为第一家建立财务共享服务中心的中国企业。2006年，中英人寿在北京建立财务共享服务中心。2007年，辉瑞在大连建立了亚太财务共享服务中心，同年，海尔在青岛建立了财务共享服务中心。2009年，敦豪(DHL)、安永和美国百得集团纷纷在中国设立了财务共享服务中心。2011年，澳新银行在成都建立了第三家财务共享服务中心，此前已在班加罗尔和马尼拉建立了财务共享服务中心。2013年12月，中国财政部发布了《企业会计信息化工作规范》，其中第三十四条指出，“分公司、子公司数量多、分布广的大型企业、企业集团应当探索利用信息技术促进会计工作的集中，逐步建立财务共享服务中心”，这为中国企业集团的财务转型升级提供了指导。

12.1.5 数字化背景下财务共享服务的发展趋势

1. 从单一核算向业财税融合转型

财务共享服务中心作为企业财务管理体系的重要组成部分，其职责正在逐步转变，从为战略财务和业务财务提供服务，转为向两者提供赋能。随着企业整体财务管理水平的提升，财务共享也正在从单一的会计核算共享向业财税融合的管理共享转型。所有企业的生产经营管理活动最终都会反映在财务管理活动中，因此财务共享服务的转型升级必须与企业业务直接连接，延伸到企业业务前端，以满足对企业业务过程管控的需求，并直接关联会计信息的质量。

2. 从数据简单加工向数据价值挖掘转型

财务共享服务已经从单一的核算共享发展为一体化的多领域共享模式。这些财务共享服务中心不仅汇集了财务领域的数据，还整合了其他业务领域的数据。这种跨领域数据的汇集方式已经超越了传统企业管理模式中任何一个职能部门的职责范围。财务共享服务中心通过纵向贯通各业务链条以及横向整合业务域和财务域的数据，应用数据治理、数据建模和智能化技术等数字化工具，深度挖掘数据的价值。它利用数据服务来优化企业集团的劳动、资本、技术、管理和数据等全要素资源的配置，实现赋能效果。财务共享服务中心不再是简单的“小型财务数据集”，而是真正的数据中心。

3. 从层级职能式管理向流程协同式管理转型

在数字经济时代，提高组织效率不再依赖传统的层级式职能分工，而是要建立更集约高效的流程化管理模式。这种模式打破了部门和职级的限制和壁垒，将企业的生产经营管理活动细分为不同的流程；通过重新组织流程节点并明确定义各方的职责，强化对过程管控的要求；通过上下节点的无缝对接和协同作用，推动整个流程链的效率提升和逐步优化。在这一过程中，财务共享服务中心必须发挥其作为与财务管理相关流程的下游所天然具备的诊断、优化建议和发起的作用。

4. 从信息集成化向融通平台化转型

财务共享服务的建设过程中产生了大量新需求，加速了信息技术的广泛应用；同时，信息技术的快速进步也推动了财务共享的发展。这两者相互促进的结果是共享服务平台能够实现业务信息和财务信息的高度集成。未来，作为集团财经战略目标的重要承接者，财务共享服务中心将通过共享服务的平台化运营，贯通整个产业链的全流程。它不仅要实现集团内部上游企业和下游企业之间的链接和资源整合，还要利用国家层面会计数据标准化的机遇，实现集团整体价值的最大化。同时，它还将打造企业集团内部成员单位和外部关联方的生态圈，包括合资合作单位、供应商、客户、银行等各方之间的互联共享和合作共赢。

12.2 集团财务共享服务中心建设方案

设计企业财务共享服务中心时需要考虑三个问题：首先是哪些业务无法脱离现场，例如现金收取、现场开票和单据采集等业务，这些业务属于业务财务层，需要深入了解具体业务来进行处理。其次是如何实现集中化和标准化的信息采集、做账和报告，并与其他部门对接。这部分可划分为共享财务，通常需要有专业财务人员进行分工，并制订信息技术实施方案，以确保有效匹配。最后是如何贯彻执行财务政策和目标，这部分可划分为战略财务，需要进行预算编制和风险控制等设计工作。

12.2.1 集团财务共享服务中心建设重点

1. 设计原则

财务共享服务中心的设计基于三个基本原则：岗位集中制原则、流程精简制原则和分工牵引制原则。岗位集中制原则侧重于财务共享层面，将集团下属子公司的核算业务通过财务信息系统传输至财务共享服务中心进行集中处理。流程精简制原则旨在实现扁平化流程，减少层级。分工牵引制原则强调在往来资金核算和总账核算等岗位上进行严格的分工，使业务、管理和核算等职能得到明确的分工，从而在业务集中的过程中实现内部协同。

2. 构建的前期准备

1)思想变革

财务共享服务中心的建立不是由企业内部财务部门主导，而是随着集团发展而产生的管理变革。随着企业规模扩大和业务增加，分支财务机构面临费用膨胀、低效率、重复投资和内部控制风险等问题，限制了企业的发展。因此，企业积极探索解决方案，引入财务共享服务中心。财务共享服务中心的成功运行在很大程度上依赖高层管理人员和基层员工的支持与配合。

财务共享服务中心的建立对企业而言是一次深刻而重要的改革，它对企业的管理理念和方式产生了巨大影响。在这一过程中，企业需要加强管理层和员工对财务共享服务的理解，避免盲目模仿其他企业的做法。企业应根据自身产业特点和发展特性，加强内部沟通，听取基层财务岗位人员的意见和反馈，促进管理层与财务基层之间的交流。此外，企业还需摒弃一些传统习惯和观念，如中国企业常见的“大而全、小而全”的组织观念，应根据标准化、集约化和专业化的流程进行重构；改变依赖纸质审批的习惯，熟悉电子化审批操作；打破传统的“隐蔽”型财务管理模式，营造透明、开放的财务环境。

2)选址问题

在建立财务共享服务中心之前，企业需要仔细分析服务中心的密集程度，并对拟选址城市的经济实力、政策环境、行政效率和综合竞争力等方面进行详细考察；此外，还应对城市的基础设施建设、人均消费水平和居民素质等进行基本了解。从成本角度出发，通过综合比较各个方面的因素，确定最优的选址城市。

3)业务选择

传统的财务管理模式存在许多问题，如业务管理的重叠，不仅影响了会计核算，还降低了财务部门的工作效率。因此，在建立财务共享服务中心之前，企业需要对业务进行分类，并合理选择业务内容。首先，企业应选择具有相同性质的业务；其次，选择通用、标准化且符合企业管理需求的业务单元。

3. 架构设计和流程梳理

1)架构设计

财务共享服务模式是一种先进的、新型的管理模式，需要有效的组织保障。一般情况下，企业在建立财务共享服务中心之后就会取消分支机构的财务机构，收回分支机构的财务权，改变企业的组织架构。

财务共享服务中心组织结构示意如图 12－1 所示。

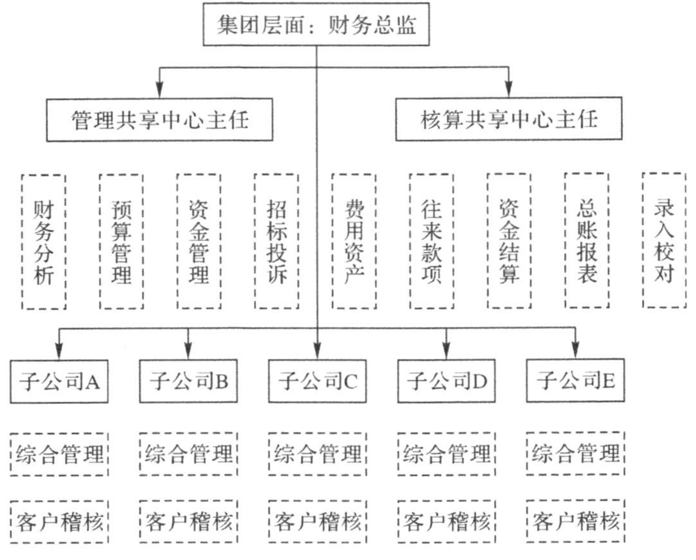

图 12－1　财务共享服务中心组织结构

为满足企业管理与发展需求，实施财务共享服务模式要求财务部门以高效、多维度的信息提供为目标。传统的财务架构无法完全满足这些需求，通常分为分权模式和集权模式。分权模式具有商业智能和客户导向的优势，但分支机构在一线管理上可能庞大，制度和流程的复杂性使得标准化难以实现；而集权模式具有流程标准化和经济规模化的优势，但反应迟钝、与业务分离、不灵活。财务共享服务模式综合了集权模式和分权模式的优势，将重复、共性和标准化业务集中至财务共享服务中心，实现日常业务集中处理，使财务管理在共享服务中发挥更大价值，并向纵深方向发展。

此外，财务共享服务模式推动了财务人员的转型。财务人员的主要职责由简单的记账转向财务管理，为其他部门提供财务信息，并将工作重心转移到增加企业价值的决策支持上，以满足企业战略发展的需求。

2)流程梳理

财务共享服务的本质是流程的共享，财务共享服务的构建其实就是流程的再造。从原理上看，财务共享服务中心是通过对流程、技术、信息及人员的有效整合来实现企业流程的标准化，通常情况下包括申报、审批和入账付款等板块。各个分支机构对实际业务中的票据进行整理，通过财务信息系统形成独立的报销申请单，在经过专门的审理之后送至财务共享服务中心；财务共享服务中心在收到申请单之后，由专门的部门进行登记和分类。权责人收到凭证以后进行审核，形成档案，导入系统，自动生成凭证；在凭证生成后，权限人进行付款，并对相关凭证进行归档。企业集团主要财务标准职能划分示意如图 12－2 所示。

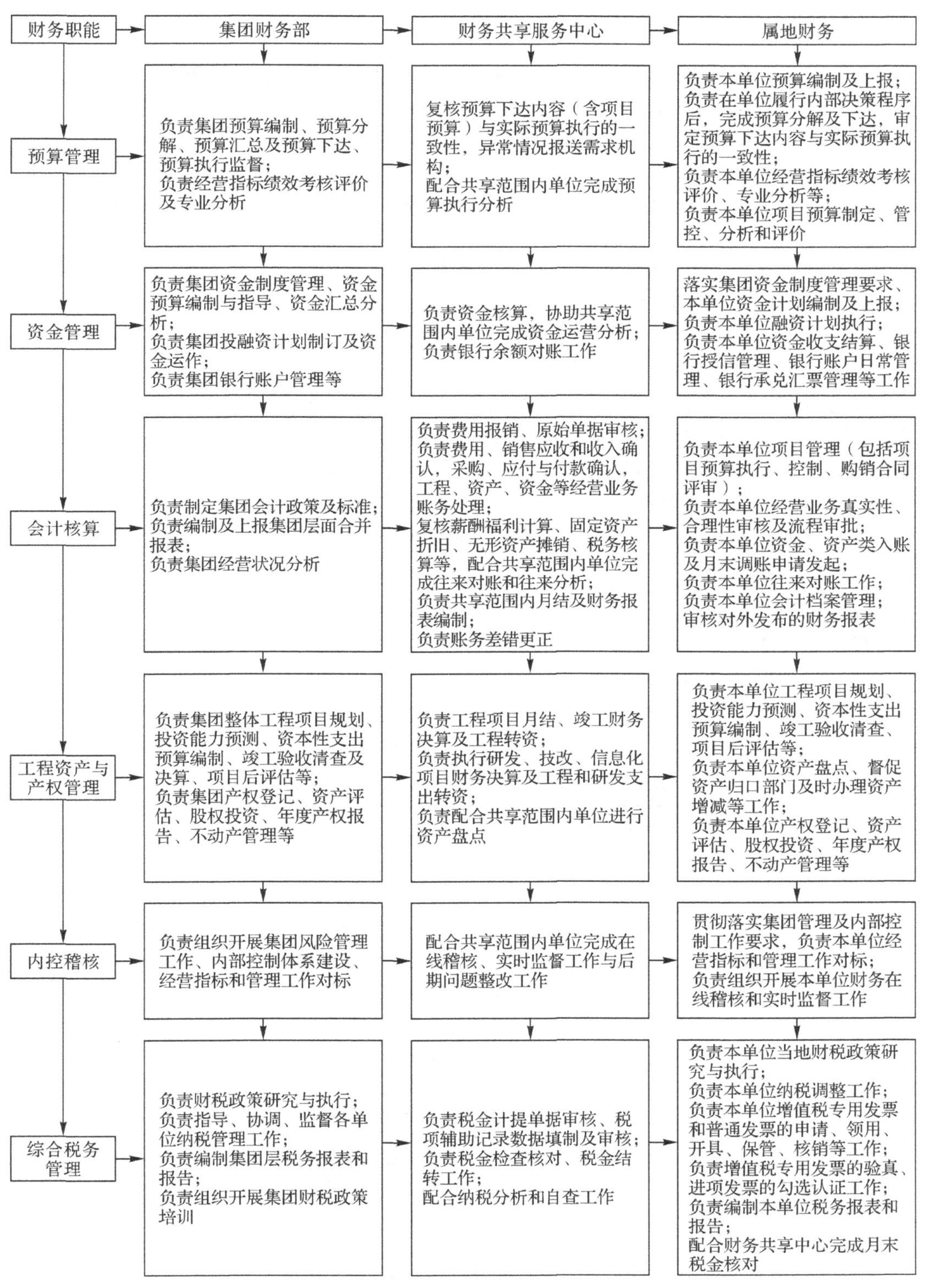

图 12-2　企业集团主要财务标准职能划分

4. **终端信息系统选择**

在构建财务共享服务中心时，统一的技术系统支持是必要的。企业的财务信息系统是实现财务共享服务的基础和保障，因此，首先需要建立一个统一的系统平台来支持共享服务的实施。

为了建立良好的平台，需要制定统一的IT标准和流程标准。在财务共享服务中心的建设过程中，建立一个优秀的IT信息平台非常重要。子公司可以将数据导入系统，实现事前提示、事中控制和事后评价；可以在平台上建立财务模板，尽量减少人工作业，使业务数据自动生成有用的财务信息；通过执行系统标准，可以减少偏差和可能存在的暗箱操作风险；设置自动提示例外和预警功能；利用系统的开放性建立数据共享接口和平台，以满足各方不同的需求；定期生成符合不同会计准则和特殊报表要求的报表等。

通常情况下，企业在建立财务共享服务中心时会采用ERP系统。统一的ERP系统是确保共享服务平台顺利搭建的关键因素。

ERP系统实现了高度集成和丰富功能的特点。它通常包括财务信息系统、供应链管理系统、制造资源管理系统、项目管理系统和人力资源管理系统等几大系列。财务信息系统涵盖了工资核算流程、预算和资金流程、员工借款和费用报销核算流程、税款处理核算流程、产品销售核算流程、支付流程、固定资产核算流程、项目核算流程和总账报表流程等，基本涵盖了企业会计和财务管理的主要职能。企业可以根据自身需求选择适合的财务信息系统。

5. **人力资源配置**

财务共享服务模式下，企业财务流程运作更加标准化，运作分工更加明确细化，这就对财务人员提出了专业化的分工要求。另外，财务人员的职能向管理方向转型，也需要财务人员掌握除基础财会知识以外的管理知识，如投资理财、融资决策等。所以，企业应该大规模地对各地的员工进行培训，制定公司内部的专门教材，帮助员工打下扎实的专业基础，培养员工决策管理能力，增强其沟通能力。财务共享中心人才选拔标准（仅供参考）见表12－1。

表12－1 集团财务共享服务中心人才选拔表

岗位	工作年限	学历	注册会计师	专业	岗位任职要求
主管	≥3年	硕士	优先	财会类优先	①指导会计人员核算业务，检查下属工作执行情况，协助上级领导做好绩效考核工作；能够正确领会上级领导指示，完成上级领导交办的工作任务，积极协调工作组内外部工作。②熟悉主管工作职责，能够及时、高效解决日常工作问题，提出解决方案，能够协调专责落实方案计划。③能够高质量完成自身会计核算或运营管理工作，负责组织教授专责业务操作技能。
专责	≥5年	本科		财会类优先	①熟悉会计核算制度、会计核算手册，保证日常会计核算工作的准确性与及时性；②熟悉各系统操作规则，能够熟练操作；③积极配合落实主管领导的工作要求；④学会总结日常工作问题，及时向主管领导反映问题，能够提出规划建议。

6. **制度统一**

在财务共享服务中心建立之后,需要制定相应的制度来监控系统的运行。如果没有统一的制度,即使进行组织架构改革,仍然会出现问题,所以要有统一规范的财务作业标准与流程。

7. **后续保障**

财务共享服务中心的构建是一个长期过程,需要企业借助团队的力量解决可能出现的问题,帮助新模式逐步成熟,并为未来的全球化管理奠定基础。为确保财务共享服务中心的有效运行,企业需采取相应措施。

(1)强调部门间的配合和沟通,确保各部门协调合作。

(2)不断更新信息支持系统,保持系统高效运转。

(3)财务共享服务中心的人员需要定期接受指导培训,以更新知识,适应技术和业务的发展。

(4)财务共享服务中心应具备开放性,企业内部数据存在失真的风险,需要定期进行审计,以确保数据的真实有效性。

综上所述,在构建财务共享服务中心的过程中,企业需要综合考虑多个因素。在构建之前,企业应明确建立财务共享服务中心的目的,并明确其预期效果;同时需要思考如何转变员工的财务管理思维,并进行选址考察。在构建过程中,企业不仅需要做好合并业务的选择,还要寻找适合的信息支持系统、合理配置财务人员、实施政策集中管控等,并采取措施确保财务共享服务中心持续高效改进和运转。只有通过详细的分析和研究,企业才能更好地构建财务共享服务中心,从而更好地完成财务管理工作,促进财务人员转型,提高企业绩效,为客户提供更优质的服务。

12.2.2 集团财务共享服务中心建设难点

1. **企业财务工作标准难以统一**

企业财务共享服务中心主要在部分大公司进行应用,这就让企业财务共享服务中心建设出现了一个难点。公司规模越大,业务类型和下属子公司越多,每个企业、子公司均有自己的财务工作流程、标准、管理系统。财务工作本身具有复杂性和分散性的特点,财务共享中心很难提出一套适合这种复杂财务工作的工作标准。

2. **财务共享服务中心建设定位不够清晰**

每个企业的财务管理制度、要求及企业的特点、发展方向不同,信息技术的应用程度也有很大的差别,所以在建设财务共享服务中心时,企业容易"随大流",盲目照搬其他企业的模式,缺乏合理准确的规划。一个企业的财务共享服务中心的战略职能主要源于其定位,如果没有准确的了解和定位,财务共享服务中心建成后就会出现很多问题,会失去应有的作用。

3. **企业财务共享服务中心管理流程待优化**

集团企业要立足管理体系标准化及程序化实施财务共享服务中心模式。通常,集团企业存在业态多元化特征,由于领域不同,其业务性质与核算标准也存在着不同,此外,对于独资、控股、参股、合资等不同出资形式的单位,集团企业的管理方式也有很大的差别,这样导致核算标准与操作流程无法实现有效的统一。但是,集团企业的财务共享服务中心建设,一定要包含全部业务的标准化流程,对下属企业进行充分的调研、分析比较、协调沟通,制定不同场景下系统中各种业务的流程定义和表达。可以说,将大量离线操作转移到在线处理,是一个非常庞大而复杂的工程。

4. **系统开发和集成难度大**

财务共享服务中心建设需要依托信息系统,首先要统一会计政策、会计科目、核算流程和规则,并利用信息技术在系统中形成稳定顺畅的线上操作流程。这意味着信息系统的开发需要充分配合,由具备相关知识的财务团队和技术团队共同完成。在财务共享服务中心建设初期,通常会从企业集团内部抽调财务团队成员,但技术部门可能并不熟悉财务共享服务中心所需的技能,导致建设人才严重不足。

同时,为了实现业财系统的一体化目标,需要综合考虑财务系统和业务系统的集成与对接问题。各个下属企业由于不同需求而使用不同的信息系统,导致应用系统十分分散,而市面上不同板块的信息应用系统在互通方面也存在欠缺,这无形中增加了财务共享服务中心系统开发和集成的难度。

12.2.3 集团财务共享服务中心数字化建设

根据集团企业具体的数字化规划以及集团财务数字化顶层设计路线,集团财务共享服务中心建设的集团财务共享信息系统共包括七个信息系统。

1. **共享运营管理系统**

共享运营管理系统是财务共享服务平台的系统模块,其通过基于集团财务共享服务中心管理要求和工作规范,完成集团费用报销、资金结算、应收应付、总账报表等全业务线作业节点拆分,深化作业管理应用,实现财务作业统一处理与集中分配,以每一次财务处理为标准,以贯穿财务共享服务中心内部运作体系为基础,以衔接战略财务、共享财务与属地财务工作界面为核心,提升财务共享作业池业务支撑能力,为财务共享服务中心的业务全覆盖和数据共享提供有力支撑。其基于构建财务共享服务中心内部质量稽核体系、缺陷优化体系和质量报告体系,完善人员及组织绩效考核环评制度,通过财务共享服务中心质量管理、绩效管理应用建设,建立集会计核算与运营管理于一体的财务共享服务应用,为财务共享服务中心科学运营奠定基础。

共享运营管理系统主要包含共享作业管理、共享质量管理、共享绩效管理及服务管理四大系统功能,并实现与员工报销、共享业务协同等业务系统的集成。

2. **员工报销系统**

员工报销系统结合集团业务应用现状,在支持成本预算控制、现金流控制的前提下与成本、应付、总账模块集成,支持员工备用金借款还款、国内差旅费、国际差旅费、国内综合费用、国际综合费用、职工教育经费、职工福利费等一百余种费用类型的报销。

员工报销系统可以将每个报销单据的流程清晰地进行展示,使得从员工到领导以及财务部门均可以透明清晰地看到单据的处理状态。其通过标准化、专业化、模块化的平台,使费用报销业务流程标准化、财务制度固化,引入事件驱动概念,实现三流合一,提高工作效率。员工

报销系统强化一级部署，减小各单位财务数据差异，为综合分析、统一监督提供准确信息。

3. 共享业务协同系统

共享业务协同系统是财务共享服务平台的系统模块，其以销售协同管理、采购协同管理、统计分析、内部交易、财务处理等方面作为核心业务基础，实现业财一体化跟踪与管控，全力提高公司经营管理水平，有效地支撑公司业务的发展。①销售协同管理：对销售及应收进行协同管理，实现对销售合同信息同步集成及维护、生效归档、开票的管理、到款及退款的管理、催款管理及信息查询等。②采购协同管理：对采购及应付进行管理，实现对采购合同信息的同步集成及维护、审批归档、发票的管理、付款预算及申请的管理、信息查询等。③统计分析：对销售与应收、采购与应付及资金的相关数据进行多维度统计及分析，主要包括应收应付综合分析、销售业务层分析和采购业务层分析、资金计划及分析。④内部交易：对销售合同、采购合同以业务为基础进行关联，出具集团内部单位间及集团与客户单位(剔除集团内部交易)的应收应付管理报表。⑤财务处理：对销售收款、采购付款凭证进行预览及过账，通过接口，使SAP系统自动产生会计凭证。

4. SAP系统(可选、可替换)

SAP系统作为一套完整的企业信息管理系统，体现了事前计划、事中控制的管理思想，能够将销售、项目、采购、生产、物流业务横向集成，为企业提供销售合同、采购合同、项目的全过程实时分析与控制能力。

可以选用用友软件、金蝶软件等，实现总账管理、应收管理、应付管理、资产管理成本管理等基础业务功能，并在此基础上，根据集团业务特点，完成订单执行情况分析、项目成本核算及分析、产品型项目核算、预算管理、内部往来分析、报表分析等多种财务数据分析、应用设计。

5. 财务管控系统

依据集团财务集约化方案，结合本地个性化需求完成财务管控优化提升建设。其包括标准管理、集团账务、一键式报表、预算管理、评价稽核、资金管理、产权管理、税务管理、综合管理等九部分。在此基础上，持续进行财务数据治理、会计基础管理、一键式快报流程监控、系统易用优化等功能的优化提升。

6. 电子影像系统(业务凭据电子化)

电子影像系统是财务共享信息系统的重要组成部分，为业务单据审批和财务部门提供各种纸质单据的影像文件信息，实现在线查阅功能，并与其他系统实现无缝对接，实现在线无纸审批，以提高工作效率和优化财务审批流程。

通过外接高拍仪(扫描仪)设备和扫描枪采集设备，电子影像系统能够快速准确地扫描处理纸质票据文件。它实现了发票、业务单据、合同协议文本等费用报销附件的影像扫描和存储管理，将采集到的影像文件传输给影像管理平台。同时，通过扫描枪对纸质单据进行快速定位，授权用户可以在影像管理平台上进行影像的检索、处理等一系列操作。

电子影像系统支持与财务共享服务平台、员工报销系统等其他系统进行集成，确保业务单据与相关原始附件的影像文件建立唯一的检索关联。它能够支持财务共享服务中心的流程，并充分实现影像文件信息资源的共享。

7. 电子会计档案系统

随着财务共享服务中心业务规模的不断扩大,凭证与原始单据的匹配和装订工作量逐渐增加,财务共享服务的理念深入人心,为了进一步提升财务共享服务中心的运营管理精细化,并确保会计档案装订工作的完整性、准确性和安全性,电子会计档案系统成为财务共享服务中心重要的辅助业务信息系统之一。

电子会计档案系统能够实现电子数据的自动匹配归档,无须人工进行顺号、打印凭证、匹配等烦琐操作。它还提供了相关的手工调整工具,以实现电子数据的高效匹配和归档,从而减少纸质单据的手工匹配环节。通过将系统提供的电子数据与纸质资料对照,可以快速定位和查找资料。

电子会计档案系统还提供了归档后的电子数据调阅功能,可以根据各种条件进行检索和查询,根据需要查阅相关的档案资料。它通过接口向相关业务系统开放数据接口,方便在需要查阅档案资料的环节进行数据查阅。这种系统实现了电子数据的最大化利用,促进了电子调阅替代纸质借阅。同时,它减少了纸质资料的反复调取,提高了资料利用效率,降低了资料损毁的风险,提升了资料保管质量。

12.3 案例分析:J公司的财务共享演进之路

12.3.1 背景介绍

建立财务共享服务中心已经是企业发展的大趋势,目前已经有很多企业设立了自己的财务共享服务中心。但财务共享服务中心如何与企业日常活动进行融合,随着科技的发展如何与新技术结合从而能够更加便捷高效地为企业发展提供源源不断的动力,是企业建设财务共享服务中心之后要不断思考、优化、创新的问题。

J公司是一家具有央企背景的航务工程建设一级施工企业,在巩固港航工程、路桥工程、市政工程、房建工程等专业的同时,积极拓展水利水电、水务环保工程、建筑装配化制造、工程养护服务等相关业务,市场遍及国内31个省、自治区、直辖市,以及“一带一路”沿线30个国家和地区。近年来,建筑企业项目数量、规模和复杂性均逐渐增加,项目地域分散、遍布全国甚至多个海外国家,不可控因素增多。随着企业风险管理和专业化管理的需求不断增长,传统的财务管理模式已经不能满足这些需求。为此,J公司率先在建筑行业开展了财务共享服务中心的探索和组织建设,以期解决这些问题。

12.3.2 大型建筑企业实施财务共享的难点

1. 对数字化认识不够清晰

随着建筑企业管理模式的多样化,各企业的经营特点也在发生变化,“跟风式”提出的数字化建设方案未必能满足各种企业的自身需求,反而导致了大量的数据孤岛,使得企业陷入了一种数字化转型的误区。

2.项目地域分散而难以管理

由于大型建筑企业的项目数量众多,规模宏大,复杂程度也不容小觑,而且这些项目的地域分布也比较广泛,财务与现场管理脱节,这就使得财务管理面临着极大的挑战。并且这类企业的项目实施具有周期性、流动性的特点,财务部门也很难实现在每个项目的施工场地进行现场核算;一次性的特点使得项目在不断地调整变化,给财务人员提高了核算的难度。

3.缺少复合型人才

建筑企业在数字化转型中面临着一个严峻的挑战:复合型人才的短缺。他们不仅要掌握行业业务知识,还要具备信息化和互联网运营的技能,但目前这类人才相对稀有。由于复合型人才的短缺,企业很难有效地推动商业模式的创新,也很难向高管提出有效的数字化转型建议。

对于J公司,主要有以下三个方面的挑战:①平台功能与业务需求的匹配度;②海量的数据迁移和初始化需求;③大量异构业务系统的集成需求。

12.3.3　J公司的财务共享服务中心建设之路

第一步:系统改造与接口开发

在共享之前,J公司内部的财务、业务系统是独立运行的,系统间独立运行的状态给日常工作带来了很大不便。为了更好地开展共享,要将各个系统接口统建。各系统间语言逻辑的不统一,给接口开发工作带来了极大的不稳定性。在一次次试错过后,每天几千行代码对于团队成员来说已经是日常。为了确保财务云按时上线,他们与时间赛跑,最终完成了106个接口开发,通过集成平台形成统一的数据分发接口标准。

第二步:数据清洗

之后,要将之前系统里的账务、合同、业务等数据补录进财务云系统。首先要进行数据清理,将从前各个独立的系统数据在此汇合、分类、筛选,最终在主数据平台统一清洗,并与各系统形成联系,在需要时分配数据。在梳理完成后,团队成员通过梳理分析本单位存量数据与相关标准的差异,理清数据间的关系与逻辑,依据差异分析情况,制订数据清洗方案,明确思路,最后根据自动处理、人工治理相结合方式进行梳理,并利用清洗后的数据实现数据的入库、赋码、分发等工作。

第三步:上线准备

为了更好地开展上线准备工作(数据初始化),也就是数据录入环节,团队将原来系统中的数据迁移至财务云系统中来,将数据分类安放在各自合适的位置上。在这期间,由于新系统的不稳定,问题也不断地涌现,财务人员一边与信息化部的同事积极沟通,一边根据新出现的问题制订方案。在技术的支持下,最终所有辅助信息都实现自动导入。

第四步:联调测试

在这一阶段,要完成各单位业务系统、主数据系统、合同系统、财务云系统等的全过程联调联试和上线前的准备工作,看各个系统是不是达到了上线的需求,主要包括细化测试方案、实施联调测试、编制测试报告、进行评估确认等工作。

第五步：财务云上线

经过团队成员的不懈努力，终于迎来了最后一战。在这一阶段，要按照确定的上线模式，实现财务云的上线和切换并轨运行，主要包括系统试运行上线、试运行总结及评估、系统切换等工作。财务云的上线不仅仅是对财务体系的变革，更重要的是通过建立财务数据的标准化，去对公司整个业务系统中的数据进行梳理。

在财务共享服务中心建成前，每个系统都有其各自的标准，对于整体的把控并不到位，这就好比不同语言的人在一起交流，很卖力，却是无效交流。终于，财务云这一门“世界语”应运而生，它将所有孤零零的系统集合起来，实现云上管理，各个系统也可以无障碍地交流，最重要的是全集团使用同样的系统，便于整体管理。相信在不远的将来，J公司将实现财务管理的标准化、信息化、数字化和精细化，为管理决策提供支撑，推动财务管理由事务型向价值创造型的转型升级。

习题

名词解释

财务共享　财务共享信息系统　共享运营管理系统

简答题

1. 如何控制财务共享服务的风险？
2. 财务共享对企业的财务管理有什么影响？
3. 简述如何建立一个有效的财务共享平台。
4. 分析财务共享服务的未来发展趋势。

案例分析

中兴通讯是一家全球领先的综合通信解决方案提供商，成立于1985年，在香港和深圳两地上市。通过为全球160多个国家和地区的电信运营商和企业客户提供创新技术与解决方案，中兴通讯让用户实现语音、数据、多媒体等全方位沟通。

中兴通讯是财务共享服务模式的典型企业之一。早在2005年，中兴通讯就引入了财务共享服务管理模式，成为中国最早采用这一国际先进管理模式的企业之一。公司建立财务共享服务中心的主要目的是实施成本领先战略和满足国际化需求。成本领先战略是中兴通讯的重要战略之一，也是其在国际金融危机中保持竞争力的关键因素之一。随着国际业务的持续增长，公司对财务管理提出了新的要求，既需要内部科学管理，又要满足国际业务拓展的需要。2005年，中兴通讯执行副总裁兼财务总监韦在胜制定了财务共享服务管理规划，并正式成立了财务共享服务中心。

中兴通讯建设财务共享服务中心的发展历程可大致分为四个阶段，如图12-3所示。

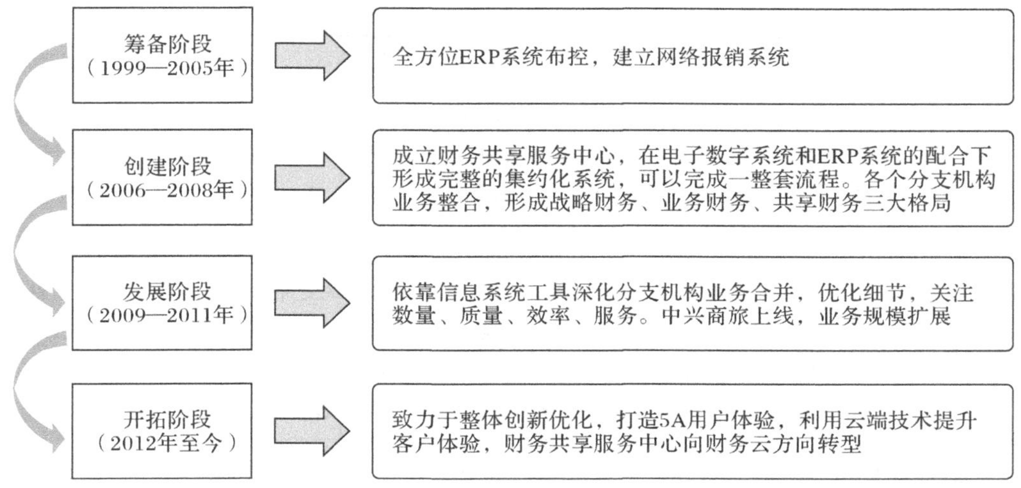

图 12－3 中兴通讯财务共享服务中心发展历程

中兴通讯的财务共享服务中心采用了兼具管控模式和服务模式的财务共享服务模式。在其发展过程中，不断完善了业务流程和信息系统，扩大了业务范围，实现了企业集团财务业务的集中化管理，并实现了附加业务利润增值的目标。

(1)财务共享服务中心筹备阶段(1999—2005 年)。在这个阶段，中兴通讯建立了三代网络报销系统，为员工提供了高效快速的费用支付服务，实现了无地域、无时间限制的操作。第三代网络报销系统不仅能实现网络报销、资金管理和预算，还具备票据实物流和影像管理、对账管理、合并报表等功能。同时，中兴通讯搭建了以 ERP 系统为基础的信息管理平台，构建了一个多层的财务信息化系统，涵盖核算、财务业务运营、资金管理、决策支持等功能。此外，中兴通讯还为部门提供了协同电子商务、电子采购管理等业务与财务信息交互平台，实现了内部数据的自动上报、汇总、合并和分析。在这一阶段，中兴通讯实现了资金的统一调配、统一管理和资金运作的集中监管。

(2)财务共享服务中心创建之后(2006 年至今)：中兴通讯在半年多的时间内完成了财务共享服务中心的改造。为了确保财务共享服务中心的全面持续运营，中兴通讯建立了共享服务管理体制，包括组织管理、流程管理、信息系统、绩效管理等方面，基本覆盖了共享服务中心管理工作的主要内容。通过这样的管理体制，中兴通讯实现了雷达扫描式的管理，持续监控和改进财务共享服务中心的运营情况(见表 12－2)。

表 12－2 中兴通讯财务共享服务管理体制

类型	内容
组织管理	中兴通讯财务共享服务中心实行专业化分工，按照业务类型分成不同的业务处理组，让专业的人处理专业的事，采用会计工厂的运营模式，整合分散而重复的业务，保证效率的提高

续表

类型	内容
流程管理	流程是企业管理制度基础中的基础。中兴通讯财务共享服务中心在实践中总结出对于流程管理的方法，如对业务模块逐级分解，建立每个子模块的流程清单，形成流程管理的工具；在流程优化方面，实行 PDCA 循环[P(plan，计划)，D(do，执行)，C(check，检查)，A(action，处理)]与实时监控，定期梳理需要改进的流程
信息系统	建设财务共享服务中心的信息系统平台。电子报账系统是中兴通讯自主研发的系统，包含人事系统、营收系统、商旅管理系统，实现预算控制同 ERP 系统无缝对接，外联银企系统。采用企业开发的票据影像管理系统，只要将提交给财务的单据扫描上传服务器，财务人员通过影像系统调阅票据实物影像，就可进行线上操作，大幅提高财务运营效率
绩效管理	制定包括数量、质量、效率、服务等四个方面的考核指标，实行操作人员计件工资制。财务共享服务中心的整体运营效率根据分析数据及时优化改进。运用大屏幕滚动系统对运营数据进行系统分析，展现实时报表，传递绩效压力

中兴通讯财务共享服务中心建立以后，不断通过业务整合和流程再造来优化企业的 IT 系统，进行专业化分工，分析顾客的偏好等，使得单位财务运营成本降低 50%左右，客户满意度不断上升，实现了财务管理集中化。财务共享服务中心总部迁址西安后，企业还拓展出了更多附加业务和盈利业务，并且在降低企业运营成本、提升客户满意度等方面取得了一定的成就(见图 12-4)。

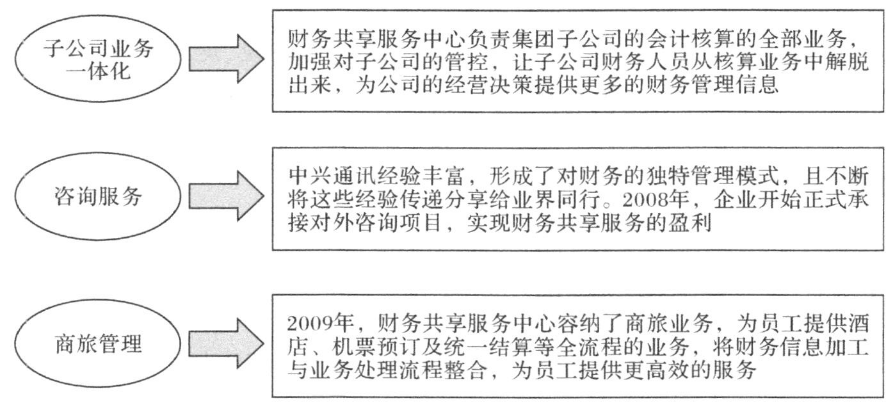

图 12-4　中兴通讯拓展业务

中兴通讯在西安设立了全球票据中心，通过扫描将原始凭证以电子化方式快速传递，解决了票据资料查找困难的问题，也解决了不能同时调阅一份凭证、异地借阅、原始凭证由于时间过久或多次阅读而字迹模糊等问题。中兴通讯的票据处理流程如图 12-5 所示。

图 12-5 中兴通讯票据处理流程

中兴通讯财务共享服务中心的建立推动了整体财务核算和管理水平的提高，凸显了共享价值。

首先，运营成本大幅降低。实施财务共享服务模式后，财务处理成本比以前降低了 50%。每个单据的处理成本从 2005 年的 14.98 元下降到 2007 年的 7.34 元。其次，运作效率和服务质量得到提升。财务共享服务中心的建立统一了财务处理流程，并通过统一的接口和界面与员工进行交流，提升了服务质量和员工满意度，使财务处理效率也得到显著提高。最后，推进了企业财务一体化进程。中兴通讯形成了完整的财务体系，包括营销财务、研发财务、产品财务、子公司财务、海外财务等，满足了基础财务业务的要求，实现了集团化战略的落地。同时，财务共享服务中心确保了业务的透明性。所有业务都可以在财务共享服务中心查到，从而保证了及时发现和解决问题，促进了集团的财务监控。

通过这些改革和创新，中兴通讯在财务管理方面取得了显著成效，进一步提升了企业的竞争力和可持续发展能力。

参考文献

[1]张瑞君.计算机财务管理:财务建模方法与技术[M].3版.北京:中国人民大学出版社,2011.

[2]胡玉明,陈晓敏.数智时代的全面预算管理:预算编制、技术赋能与案例实战[M].北京:人民邮电出版社,2022.

[3]王海林,续慧泓.财务管理信息化[M].3版.北京:电子工业出版社,2021.

[4]宋雨澄,高菁妤,周佳悦.数智化背景下企业财务管理职能的转型探究[J].互联网周刊,2023,80(6):63-65.

[5]吕军.数字经济时代的企业财务管理转型[J].中国集体经济,2023(7):141-144.

[6]罗斯,威斯特菲尔德,杰富,等.公司理财(原书第11版)[M].吴世农,沈艺峰,王志强,等译.北京:机械工业出版社,2017.

[7]孙茂竹,王建英,方心童.初级财务管理学[M].北京:中国人民大学出版社,2016.

[8]韩向东,屈涛.基于数据中台的管理会计信息化框架及创新应用[J].管理会计研究,2020(1):116-124.

[9]王兴德.管理决策模型55例[M].上海:上海交通大学出版社,2000.

[10]李心合.企业财务理论研究40年:回望、反思与前瞻[J].会计研究,2018(7):3-12.

[11]POON M,PIKE R,TJOSVOLD D. Budget participation goal interdependence and controversy:a study of a Chinese public utility[J]. Management Accounting Research,2017,12(1):101-118.

[12]ROSS S A,WESTERFIELD R W,JAFFE J F. Corporate Finance[M]. 9th ed. New York:McGraw-Hill/Irwin,2010.

[13]LERCH C,GOTSCH M. Digitalized product-service systems in manufacturing firms:a case study analysis[J]. Research-Technology Management,2015,58(5):45-52.

[14]荆浩,刘垭,徐娴英.数字化使能的商业模式转型:一个制造企业的案例研究[J].科技进步与对策,2017,34(3):93-97.

[15]刘淑春,闫津臣,张思雪,等.企业管理数字化变革能提升投入产出效率吗[J].管理世界,

2021,37(5):170－190.

[16]谭志东,赵洵,潘俊,等.数字化转型的价值:基于企业现金持有的视角[J].财经研究,2022,48(3):64－78.

[17]曾德麟,蔡家玮,欧阳桃花.数字化转型研究:整合框架与未来展望[J].外国经济与管理,2021,43(5):63－76.

[18]贺伟.基于数字化的工程项目管理体系研究[J].数字技术与应用,2021,39(9):204－206.

[19]陈剑,黄朔,刘运辉.从赋能到使能:数字化环境下的企业运营管理[J].管理世界,2020,36(2):117－128.

[20]李昕凝,刘梅玲,钱维娜,等.智能财务建设之制度设计与管理[J].会计之友,2020(18):146－149.

[21]荆新,王化成,刘俊彦.财务管理学[M].7版.北京:中国人民大学出版社,2015.

[22]布雷利,迈尔斯,艾伦.公司财务原理(英文版原书第10版)[M].赵英军,译注.北京:机械工业出版社,2012.

[23]刘淑莲.高级财务管理理论与实务[M].3版.大连:东北财经大学出版社,2015.

[24]刘淑莲.财务管理[M].4版.大连:东北财经大学出版社,2017.

[25]本德,沃德.公司财务战略[M].3版.杨农,邱南南,等译.北京:清华大学出版社,2013.

[26]尤恩,雷斯尼克.国际财务管理(原书第7版)[M].张华,赵银德,常光辉,等译.北京:机械工业出版社,2015.

[27]罗斯,韦斯特菲尔德,乔丹.公司理财(原书第10版)[M].精要版.谭跃,周卉,丰丹,译.北京:机械工业出版社,2014.

[28]王海林,张玉祥.Excel财务管理建模与应用[M].北京:电子工业出版社,2014.

[29]中国注册会计师协会.财务成本管理[M].北京:中国财政经济出版社,2014.

[30]唐现杰.财务管理[M].北京:科学出版社,2012.

[31]唐现杰.中级财务管理[M].北京:科学出版社,2015.

[32]唐现杰.财务管理学[M].北京:经济科学出版社,2016.

[33]王棣华.财务管理案例精析[M].2版.北京:中国市场出版社,2014.

[34]王化成.财务管理[M].4版.北京:中国人民大学出版社,2013.

[35]希金斯.财务管理分析[M].10版.沈艺峰,等译.北京:北京大学出版社,2015.

[36]张庆龙,张延彪.我国财务信息化的发展历程与趋势[J].新理财,2020(10):28－32.

[37]陈龙章.全面预算管理信息化案例研究[M].北京:经济管理出版社,2012.

[38]布里格姆,休斯敦.财务管理精要(亚洲版·原书第3版)[M].徐俊明,贡允基,巴尼-阿里芬,改编.周卉,谭跃,译.北京:机械工业出版社,2017.

[39]张先治.财务学[M].3版.大连:东北财经大学出版社,2017.

[40] BRIGHAM E F, GAPENSK L C. Financial management: theory and practice[M]. Mason: South-Western Pub, 2002.

[41] HIGGINS R C. Analysis for financial management[M]. 9 版. 北京：北京大学出版社，2015.

[42]林红珍，郑弘，杨倩倩. 数字化驱动企业财务管理转型的步骤设计：基于兴业证券的案例研究[J]. 管理会计研究，2021，(4)：6－12.

[43]袁天荣，王霞. 物联网时代企业数字化财务创新研究：以海尔集团为例[J]. 航空财会，2021，3(5)：4－10.

[44]田华，牛孜飏，何昌杰. 建筑企业数字化转型经验做法及发展展望[J]. 建筑经济，2021，42(10)：5－10.

[45]由瑞凯，赵璐，刘婉平. 建筑企业数字化转型策略与实践[J]. 建筑经济，2021，42(8)：10－14.

[46]赵强. 建筑企业数字化转型与管理能效的优化研究[J]. 房地产世界，2021，(16)：123－125.

[47]陈冬梅，王俐珍，陈安霓. 数字化与战略管理理论：回顾、挑战与展望[J]. 管理世界，2020，36(5)：220－236.

[48]刘刚. 数字化转型构筑建筑企业数字竞争力[J]. 中国建设信息化，2020(14)：44－49.

[49]罗慧. 伊利集团基于数字化转型的成本管理问题探讨[D]. 南昌：江西财经大学，2020.

[50]陆灵花. “大智移云”背景下的企业成本管理创新：以霄羽伊地产集团有限公司为例[J]. 经营与管理，2020(1)：68－70.

[51]师丽娟，马冬妍，高欣东. 企业数字化转型路径分析与现状评估：以某区工业企业数字化转型为例[J]. 制造业自动化，2020，42(7)：157－161.

[52]TAYLOR F W. The principles of scientific management[M]. Charleston: Bibliobazaar Press, 1911.

[53]SIMMONDS K. Strategic management[J]. Management Accounting, 1981, 59(4): 26－30.

[54]ROTHSCHILD M, STIGLITZ J. Equilibrium in competitive insurance markets: an essay on the economics of imperfect information[J]. The Quarterly Journal of Economics, 1976, 90(4): 629－649.

[55] WESTERMAN G, CALMEJANE C, BONNET D, et al. Digital transformation: a roadmap forbillion-dollar organizations[D]. MIT Center for Digital Business and Capgemini Consulting, 2011: 1－68.

[56]李湘琼，孙万岭. 基于目标和全面成本管理理论的企业成本管理模式构建[J]. 财经界(学术版)，2012(3)：47－49.

[57]李秋梅. 财务风险下的中小企业成本精细化管理研究[D]. 桂林：广西师范大学，2014.

[58]冷思平.战略成本管理在高新技术企业中的应用[J].财会通讯,2016(11):72-74.
[59]侯增周,齐建民.石化企业全员目标成本管理体系建设[J].财会月刊,2016(5):32-34.
[60]王莉娜.数字化对企业转型升级的影响:基于世界银行中国企业调查数据的实证分析[J].企业经济,2020(5):69-77.